U0139614

霸权之侧

后冷战时期法俄相处之道

张红 著

In the Shadow
of Hegemony

How France and Russia
Deal with Each Other in the
Post-Cold War Era

上海人民出版社

序　言

可能没有比国际关系这一学科更幸运,能如此经常地看到各个大国之间频繁的战争与和平、亲近与疏远、结盟与散伙。1812 年拿破仑率领大军长途跋涉,刚刚攻入过沙皇俄国首都莫斯科。而经过两年鏖战,1814 年沙皇亚历山大一世又联合盟军,打败了拿破仑。而且,当作为胜利者的亚历山大一世身着戎装进入巴黎市区之时,居然又受到了骄傲的巴黎市民的夹道欢迎。此后欧洲虽有几十年和平,但尚未享有人们所称的真正"百年和平"。第一次与第二次世界大战之前的若干年中,欧洲各国之间的结盟与分离,如同儿戏,处于令人眼花缭乱、反复无常的境地。自然,这远非吉兆,都预示了尔后迅速爆发的残酷惨烈、并且延绵多年的大战。自苏联解体、冷战终结大体以和平方式告一段落后,大国之间也保持了三十余年的总体和平。但当世界正在进入 21 世纪第三个十年之际,各大国之间变化多端的结盟与抗争,似乎又重趋活跃。变局之下,人类能否避免战争的灾难,虽远非取决于国际关系这一个新兴学科领域本身能有多大长进,但无论如何,推进这样一个知识门类的生产与传播,理应有助于人类良知趋于成熟。

国际关系与国别地区研究是一个具有十分鲜明的交叉学科特性的学科门类。即以本书主题所及的俄罗斯与法国关系来说,首先不能离开俄法两国相互关系的历史。当人们游历圣彼得堡的叶卡捷琳娜女皇的宫殿时,多少会为当年这位女皇尚有魄力延请法国启蒙学者来俄国传经布道而节节赞赏。当人们荡漾于塞纳河上,目睹名为亚历山大三世的大桥端坐于巴黎城市中心,不由发问,何以以一位沙皇俄国君主的名字命名的建筑会成为巴黎都市中心的一道景观。对于俄法关系的研究自然也少不了对于各国政治背景、精英阶层,乃至于整个国际环境变迁的考量。为什么 20 世纪的两次世界大战,俄苏国家始终成为法国的盟友？为什么从戴高乐到马克龙，人们总能够听到与其他的西方大国——特别是美国——远不相同的外交立场宣示。对于俄法关系的研究来说，思想与人文研究尤其是一个极富可挖掘潜能、并且令人生趣的学术方向。国际关系并不仅是和平与战争。俄罗斯与法国之间千丝万缕的文学、艺术、哲学等诸多领域之间的相互关系，不仅可探究这些心灵的交往是怎样在强化着相互间关系，同时也可进一步研究精神文明的传播，是如何为这两个世界文化大国的精神文明创造提供铺垫。世纪之交的几年当中，因为笔者所在的华东师范大学与法国巴黎高师、巴黎人文之家等机构的合作，曾多次前往巴黎出差。漫步于巴黎街头，我发现，世界上大概没有任何一个都市，会像巴黎那样至少有三到四家相当有规模的俄文书店。可见，俄罗斯与法国之间交往水平之深入。总之，无论是对于法俄关系，还是对于其他国家间关系的研究来说，学科交叉，很可能是一条尽管依然艰难，但必定会有成效的通道。

值得指出的是，多学科的交叉并不是各个学科门类知识的简单叠加，更不是从事各个学科的人坐在一起，便可称为"跨学科""交叉学科"的学术创造的。至少，任何多学科研究应该具有一个学术研究的特定框架。这个框架不仅能容纳各学科的知识，而且，应使得它们各得其所，建立起有机的相互关系。就一般而言，任何多学科下的各个门类的交叉，应该能逐步地形成为独立于原有学科的新的范畴与方法。到这个时候，才真正是进入了"跨学科"的境界。

本书的作者张红博士，本身也是一位经历过好几个学科门类修炼的年轻专业人士。她本科毕业于华东师大哲学系；然后硕士就读于社会学系，在华东师大与法国高师集团联合培养硕士项目的学习过程中，有机会聆听中法两国优秀学者的授课，撰写的论文也获得法国老师的好评；此后又专攻国际关系的博士学位，获得法国政府奖学金前往巴黎深造，得到法方主管机构学者的很高评价。留校工作以后，她参与和法国、加拿大等多国学者的学术交往，均获得国际同行们的赞许。《霸权之侧——后冷战时期法俄相处之道》是作者多年积累基础上所写成的一部学术著作，非常期待这本书成为她今后学术发展道路上的一个里程碑，见证她进一步的学术创作。

冯绍雷

2021 年 12 月

前　言

　　后冷战时期,国际格局风云变幻。以苏联解体、东欧剧变为标志,以美国和苏联为首的两大阵营对峙局面终结,单极世界应运而生。美国通过北约和在亚太地区的盟友以及非正式伙伴牢牢主宰着欧亚大陆的两个重要侧翼——欧洲半岛和东亚海洋国家,维持着"美国治下的和平"。然而,21世纪以来,伴随着经济的全球化、政治的多极化以及新技术的迅猛发展,世界呈现更为多元的样貌,国际力量对比呈现更为扁平化的特征。以美国为首的西方国家经历衰落,而以中国为代表的新兴经济体则体现出群体性的崛起,世界政治、经济和战略重心也从大西洋转向太平洋,总体呈现"东升西降"的态势。

　　近几年来,中美贸易争端不断,面对可能到来的中美竞争的格局,美国竭尽所能奉行对俄、对华的"双遏制"政策。事实上,自拜登执政以来,美国已在悄然调整其与盟友之间的关系,大国关系进入重大调整期。而2020年席卷全球的新冠肺炎疫情则给正在经历深刻转型的国际格局注入了更多的不确定性,原有的结构性矛盾加速发展,世界主要大国也纷纷结合变化的国际形势跃跃欲试,希望通过战略性的政策以及互动来塑造和构建新型世界秩序,并希图在这种新型世界秩序中拥有较为优势的地位,服务于本国的国家利益。在这一背景之下,不仅关注于美国这一霸主的战略动向,而且将目光投向其他具有战略影响力的世界性大国,对于把握未来国际格局之走向无疑具有重要意义。其中,法国和俄罗斯之间的关系就具有这样的典型意义。

　　首先,法国和俄罗斯是两个具有战略影响力的世界性大国,都奉行独立自主的外交政策,对未来世界秩序构建有着重要影响。地处欧洲大陆最西端的法国,是西方中世纪、近现代文明的代表,也是西方现代

1

思想的起源地,在西方世界有着特殊的地位。地处欧亚大陆核心、处于东西方文明结合部[1]的"既东又西""既不东又不西"的俄罗斯,是世界上最具特色同时也最具争议的国家,社会主义在这里生根发芽,却又如昙花一现般遭遇挫折。法国,客观身份上是西方社会的一员,但不满于美国霸权,望向东方、望向俄罗斯,努力开拓在东西方之间周旋和平衡的空间。俄罗斯,客观身份介于东西方之间,主观认同于西方属性,但因未能得到西方社会的普遍尊重和认可,被排挤和被驱逐。法国和俄罗斯在身份和认同上均存在错位。

其次,法俄关系具有特殊性。正如法国前总统戴高乐所说的"彼此天生相互吸引,天然对对方抱有特殊的兴趣"[2],法国和俄罗斯之间的联系可追溯至11世纪两国间的皇家通婚。17世纪末18世纪初,彼得大帝心怀强国之梦想,不远万里来到当时的西欧强国——法国,对法国的政治和经济建设经验进行学习和考察,继而在俄国开启了国家的第一次现代化进程。[3]早在1717年,两国就已建立外交关系,在俄罗斯,长达两个世纪的时间里(18—19世纪)法语是其最主要的外语[4],宫廷上下皆以讲法语为荣。[5]两国之间既有着争夺克里米亚的兵戎相见、拿破仑兵临莫斯科城下的两军对峙,也有着第一次世界大战和第二次世界大战中歃血结盟共同反抗同盟国和纳粹所结下的深厚友谊;既有着哲学、艺术及科学领域的诸多交流,也有着意识形态层面的排斥和反感[6];既有着在革命行动上的惺惺相惜和相互激荡,也有着在集团政治中的虎视眈眈和相互敌视;法俄之间既是朋友也是敌人,在当代则被打上了浓重的"特殊伙伴关系"的印记。尽管法俄两国在思想上、文化上相互吸引[7],两国精英相互欣赏[8],然而,遗憾的是,法俄双边政治关系在很大程度上受制于俄罗斯与西方关系这一大的背景框架,受制于欧盟和北约的对俄态度。冷战结束后,曾属于华约组织的中东欧国家离开苏联的轨道进入美国的保护伞之下,他们反对法国乃至欧盟改善与俄罗斯的关系;北约以美国为首,以俄罗斯为假想敌,法国重返北约军事安全架构,曾让俄罗斯对法国心生罅隙,法国表示要从西方内部发挥作用,但事实上成效较为有限。[9]

第三,在以美国为主导的单极世界中,法国和俄罗斯,一个是美国的盟友、西方阵营中最有"反美"精神的朋友,另一个则是美国的宿敌和西方的对手;一个是西方内部的挑战者,一个是西方外部的挑战者;一个是西方世界的组成部分,而另一个则是在西方世界之外的"他者";两者均为与美国平起平坐的联合国安理会常任理事国;两国既相互敌对又相互倚重。但21世纪以来两国国力均有所下降,尽管有着全球性大国的抱负,但国力往往难以支撑。这两个位于美国霸权之侧的实力相当的昔日帝国,这两个都追求"伟大"、胸怀世界抱负的大国,它们如何处理双边关系,如何在美国霸权之下,以最少的投入谋取最大的国家利益,如何在未来世界格局形成中发挥作用,能为我们提供一个具体的分析案例。

研究后冷战时期的法俄关系,对于理解欧亚格局、世界秩序具有重要意义。

首先,作为美国维持其世界霸权的抓手,研究欧亚地区具有重要的战略意义。法国和俄罗斯均为欧亚大国,两国分别地处"大欧洲"的两端,这两个国家天然相互吸引,有着爱恨交织的交往史。法俄关系的变化对于欧洲安全架构、地区热点问题,以及国际秩序的转型有着一定的影响。法俄关系是欧洲大陆稳定的重要因素。法俄两国都致力于在《联合国宪章》指引下对保持和平和稳定负有共同的责任,而且两国都是安理会常任理事国,在欧洲安全合作组织和欧洲理事会的框架下紧密合作。两国有着共同利益、在国际问题上拥有长期合作的历史及跨越几个世纪的友谊。[10]

其次,俄欧关系是影响未来国际格局的重要变量,同时也是未来国际格局的重要组成部分。从历史上看,每次俄罗斯与欧洲国家关系的重大调整,几乎均导致国际体系的重新构建:无论是19世纪初俄国与法、英、奥、普等国敌友关系的转换,导致拿破仑帝国的垮台和维也纳体系的确立,抑或是19世纪晚期,俄德关系蜕变,俄转而接近英、法,在列强关系变化的背景之下终致第一次世界大战的发生,还是第二次世界大战中苏联参加反法西斯联盟成为第二次世界大战胜利以及雅尔塔体系确立的关键推动力,抑或是20世纪90年代初苏联主动放弃与西方对抗,国际社会进入后冷战时期。[11]当前,面临百年未有之大变局,国际格局经历深刻转型,俄罗斯与欧洲的关系对于未来国际秩序的重构会产生怎样的影响无疑值得我们关注。其中,作为欧盟的第二大国、欧盟的发动机之一,法国的对俄政策走向无疑提供了一个较好的切入口。

第三,法俄关系史其实也是欧洲史的一个重要组成部分。关于俄罗斯到底"是"还是"不是"欧洲的一个部分,这其实是一个始终萦绕在欧洲人和俄罗斯人心头的问题,同时也事关俄罗斯自身的身份和认同。俄罗斯自认是欧洲的一个部分,但却不断地被往外推,最后只能成为欧洲的敌人;而因为历史和地理的接近,这样的欧洲注定是不安全的。在莫斯科看来,巴黎也是一个重要的伙伴:2008年7月,《俄罗斯外交政策构想》即视法国为俄罗斯希望建立双边互利关系的第二个欧洲国家,仅次于德国。当国际格局经历深刻转型,世界不再仅仅由美国一个国家所把持时,法国的对俄政策实践及经验无疑对于当今的地缘政治思考具有重要的启发意义。[12]

本书拟探讨的核心问题是:在美国的霸权阴影之下,法俄在处理相互关系时是如何维护自身利益的?尤其将侧重于法国的对俄政策这一维度。就研究方法而言,主要借鉴了国际关系史法国学派的"深层力量"的观点来看待法国的对俄政策,在时间上重视从历时性和共时性的角度予以观察,在空间上则注重空间的多维性,不仅从不同地区,而且从世界格局中的欧亚大陆的视角来理解法俄关系。具体而言,有着长时段、中时段和短时段的观察,以求对法国对俄政策有个全面透彻的理解和把握。就理论框架而言,法国的对外政策当中,既有现实主义的成分,比如注重实力政治的考虑,法国奉行平衡外交,利用俄罗斯制衡美国,以便保持法国的国际影响力和大国地位。而俄罗斯则借助法国这一西方内部的"反骨"国家来制衡西方,为俄罗斯改善与西方的关系提供机会。也有制度主义的成分,比如注重地区或双边合作机构的构建。还有观念主义的成分,比如对"伟大"(granduer)的重视。本研究力求以法国国际关系史的观点来理解法国的对俄政策,而非简单地套用现实主义、自由主义或建构主义的美国的主流国际关系理论。以法国本土的国际关系理论来理解法国的对俄政策,恰如曾任美国国会图书馆馆长、著名的俄罗斯文化史专家詹姆斯·比灵顿所采用的用俄罗斯符号来理解俄罗斯文化的独特方法,也许更具穿透力。

基于此,本书拟对后冷战时期法国对俄政策及法俄关系进行历史的回顾、现状的考察和未来的展望,并进而探讨中国的立场。具体而言,全书主要包括七个部分:第一,梳理后冷战时期法国五任总统对俄政策的演变过程,概括每一总统任期对俄政策的变与不变,兼及审视马克龙对俄政策的调整,并展望其动向。第二,对于经济、政治、军事、技术及社会文化领域的法俄关系进行全景式的观察。第三,选取21世纪以来在东西方之间发生的最具代表性的三个危机事件,即格鲁吉亚战争、叙利亚冲突和乌克兰危机,分析危机事件中法国的对俄政策,横向比较法国对俄政策在不同危机事件处理上的异同。第四,选取法俄互动密切的主要区域,包括非洲、中东和北极,就法俄在这三个区域的竞争与合作关系进行深度剖析。第五,对后冷战时期法国对俄政策出台所处的国际国内环境变迁、法国外交防务政策变化、法国国内精英对俄、对法俄关系认知进行深度解析。第六,结合年鉴学派第二代传人布罗代尔的"长时段"视角,对法国的俄苏研究做一个长时段的考察,从法俄双边关系的法国学术基石角度理解法国的对俄政策。第七,探讨法俄关系转暖的可能趋势、地区影响以及中国的立场和对策。

　　本书的研究是一个持续推进和不断完善的过程,部分章节的初稿曾以论文的形式发表在《国外社会科学》《国际问题研究》《国际展望》等学术期刊上,在本书写作过程中进行了大幅的修改和更新,笔者在此特别感谢各位匿名审稿人所提出的宝贵修改意见和建议。研究过程中也无比感谢家人无私的支持、师长同侪宝贵的建议:感谢博士阶段的导师冯绍雷教授,是他带领我开启了法俄关系研究的征程并给予精心指导;感谢俄罗斯研究中心执行主任刘军教授和阎德学副研究员对本书写作的大力支持;国际斯拉夫欧亚研究学会会长明克(Georges Mink)教授、巴黎第四大学德塞尔(Myriam Désert)教授、法国国际关系研究所卡斯托耶娃-让(Tatiana Kastoueva-Jean)教授和俄罗斯国立人文大学普罗梅斯洛夫(Nikolay Promyslov)教授则分别以不同的方式为本书的写作提供了帮助;此外,上海国际问题研究院封帅副研究员、江苏省委党校孙超副研究员、华东师范大学政治与国际关系学院李晓汀老师、俄罗斯研究中心崔珩博士、历史系宋雪博士也对本书的部分章节提出过重要的修改意见;上海人民出版社编辑王琪先生、史美林女士对本书进行了认真的审阅和校订,在此均一并致谢。囿于时间和水平,书中难免存在一些疏漏和不当之处，皆由笔者负责，并恳请读者指正。

张 红

2021 年 12 月

注释

1. 冯绍雷：《东西方文明结合部：俄国研究的一个基本分析范畴》，《俄罗斯研究》2012 年第 6 期。

2. Arnaud Dubien, "Indifference Threatens Russia-France Relations", http://russiancouncil. ru/en/analytics-and-comments/analytics/indifference-threatens-russia-france-relations-/. 其实，在戴高乐主义者看来，法俄两国都"很特别、很伟大"，这是它们的共性。萨科齐 2015 年 10 月在莫斯科国际关系学院的讲话中表示："俄罗斯既非欧洲国家亦非亚洲国家，甚至也不是欧亚国家，俄罗斯就是俄罗斯，她拥有自己的独特命运和特殊使命。俄罗斯的独特性恰恰是同样独特的法国所能理解和欣赏的。法俄两国都拥有悠久的历史、灿烂的文化和伟大的精神。"参见 N. Sarkozy, "Discours de Nicolas Sarkozy à l'Institut des Relations Internationales de Moscou", www.republicains.fr。

3. Dominic Lieven, "Western Scholarship on the Rise and Fall of the Soviet Regime: The View from 1993", *Journal of Contemporary History*, Vol.29, No.2(Apr., 1994), p.216.

4. Александр Орлов. Российско-французские отношения нуждаются в определении стратегических целей совместного движения вперед//Международнаяжизнь, 2017. No.6. C.6—12.

5. [俄]瓦·奥·克柳切夫斯基：《俄国史教程》第 5 卷，刘祖熙等译，北京：商务印书馆 2009 年版，第 143—155 页。

6. 赵永升：《法国人心中五味杂陈的俄罗斯情结》，《经济》2018 年第 8 期。

7. 法国雕塑家让·安东尼·乌东创作的雕塑作品《伏尔泰坐像》是俄罗斯冬宫的镇馆之宝，而俄官方斥资 9 000 万英镑建设的东正大教堂与法国的地标性建筑埃菲尔铁塔比肩而立、相互辉映，充分表明法俄文化相互欣赏、相互交织。

8. 比如法国的古斯汀侯爵、布留（A. Leroy-Beaulieu）甚至是社会学大师涂尔干（Émile Durkheim）都深深为俄罗斯所倾倒。俄罗斯如女皇叶卡捷琳娜二世则十分欣赏法国哲学家和思想家伏尔泰和卢梭，与他们在长达 15 年的时间里保持着密切的书信往来。

9. Jean de Gliniasty, Petite Histoire des relations franco-russes: Entre géopolitique et idéologie, l'inventaire, janvier 2021.

10. Political Dialogue between Russia and France, Embassy of the Russian Federation in France, 2021, https://france.mid.ru/fr/countries/bilateral-relations/political-relations/.

11. 冯绍雷：《俄欧关系的两重性及其当代路径》，《当代世界》2018 年第 6 期，第 41 页。

12. Hélène Carrère d'Encausse, "Le général de Gaulle et la Russie", https://www.fayard.fr/pluriel/le-general-de-gaulle-et-la-russie-9782818506059.

目　录

第一章

冷战后法国对俄政策：延续与变革

戴高乐将军的对俄政策依据其自身地位及法国地位而演变。
——埃莱娜·卡雷尔·当科斯（Hélène Carrère d'Encausse，
法兰西学术院终身秘书长）

一国的外交政策对于该国的自身国家认同有着十分重要的意义，对于法国而言尤为如此。恰恰是在与俄罗斯的互动中，法国作为西方特殊一员的地位不断得以确认。[1]作为西欧第二大国的法国和地处欧亚核心地带的大国俄罗斯，两国的双边关系源远流长，上可追溯至11世纪两国间的皇家通婚。1717年，彼得大帝访问法国则成为两国正式外交关系的起点[2]。在长达两个世纪（18—19世纪）的时间里，法语是俄国最主要的外语，促进着两国人民在文化和宗教领域的相互影响[3]。出于地缘政治的考量，两国在历史上多次结盟共同应对其他欧洲强国；在文化上，两国频繁互动，关系密切；在意识形态上，法共曾与苏共休戚相关；冷战时期，法国在美苏之间奉行平衡战略，采取"第三条道路"（la troisième voie），努力追求独立自主的外交政策。由戴高乐所引领建立的法苏"特殊伙伴关系"，成为后冷战时期两国关系的重要底色。然而，由于两国在一些重大战略问题上仍存在着根本的分歧，双边关系也呈现出工具性、脆弱性和复杂性的一面。后冷战时期，法国的对俄政策历经密特朗时期的大西洋主义、希拉克时期的戴高乐主义、萨科齐时期的大西洋主义，再到奥朗德时期徘徊于戴高乐主义与大西洋主义之间。马克龙执政后，对俄政策走向则力求在戴高乐主义与大西洋主义之间折中。可以说，后冷战时期，法国的对俄政策历经钟摆式的调整。但总体而言，一个宗旨没有变，即在法国综合国力不断衰退的背景之下,冀图力挽狂澜,努力振兴法兰西民族,恢复其大国地位,实现自身伟大的"法国梦"。

第一节　法国与俄罗斯:特殊的伙伴

一、法国与俄罗斯的迥异之处

法国与俄罗斯分处大欧洲的最西端和最东端,拥有非常不同的特点。

法国是古老的民主制国家、现代统治术的诞生地[4],欧盟创始成员国、北约创始成员国、及世界为数不多的核大国。自阿尔及利亚战争以来,法国就没有再失去殖民地;法国的殖民时代于 20 世纪 60 年代结束。俄罗斯则是一个威权国家,拥有丰富的原材料,也是一个核大国和军事大国。20 世纪 90 年代失去帝国周边,其作为世界超级大国的地位终结。

俄罗斯属于多个多边组织,但它从来就没有过长期的盟友,毋庸谈拥有自己的盟友体系。苏联解体后独立的国家,诸如乌克兰、白俄罗斯、阿塞拜疆均非俄罗斯可信赖的朋友,而只是半独立的伙伴,它们的主权部分地有赖于俄罗斯的意愿。[5]冷战终结,俄罗斯从东西方对抗中失去的比法国失去的更多:俄罗斯不得不根据其领土及人口的缩减而调整政策,其西部和西南部的边境线均发生了改变。全球化给俄罗斯带来的挑战也远远超过全球化给法国带来的挑战。莫斯科既不像欧洲国家也不像亚洲国家那样做好面对挑战的准备,它拒绝经济全球化,并且采用了相对较为保守主义的立场,这也是为其不断增加的碳氢化合物出口所允许的。由于石油和天然气主导着俄罗斯的经济,因此俄罗斯外交政策并没有作出关键性的调整,在这一背景之下,俄欧关系也遭遇困难。

作为苏联的衣钵继承者,无论是在国土面积上还是在国家实力上,俄罗斯都远远不如苏联。这种看似有着延续性的特征可以解释缘何俄罗斯——这个前超级大国挣扎着成为一个占主导地位的地区大国。[6]后冷战时期,俄罗斯推出"主权民主"理念。

至于法国，它是欧洲的主要国家，是欧盟和北约的支柱，一方面犹豫着是否应借助自己的核威慑能力成为一个大国，另一方面又有赖于其跨大西洋和欧洲一体化政策。法国精英依旧希望能在地区和全球事务中扮演关键的角色，但如何在推进大国战略与增进实力、提升在欧洲的影响力之间取得平衡并非易事。无论法国政府是偏左还是偏右，他们都保持着寻求与莫斯科之间特殊关系的传统，旨在平衡西方与东方以在华盛顿获得更多的威望。

事实上，无论是法国还是俄罗斯，尽管它们的目的不同，但它们都渴望成为美国的重要伙伴，俄罗斯无疑需要保持与世界霸主美国之间的特殊战略伙伴关系。尽管俄美关系经历波折，但与华盛顿的对话是彰显俄罗斯地位的重要方式，这与俄罗斯在联合国安理会中的席位以及它在碳氢化合物（烃）的领先地位共同服务于俄罗斯的大国地位。就法国而言，与华盛顿之间的关系既复杂又微妙。法国精英对于美国在军事方面的领导权及其对世界经济的影响力呈现分化的态度；法国社会对于美国的态度也在积极和消极之间摇摆；但欧洲事务尤其是经济危机无疑吸引着法国社会和精英更多的关注。[7] 法国敢于反对美国霸权，但在一些关键议题上却也是美国非常坚定的支持者。

二、法国与俄罗斯的相似之处

尽管法国和俄罗斯无论是在政体、还是在历史上有着诸多不同。但当今的法国和俄罗斯却也有着一些共同之处，正是这些共同之处使得两国惺惺相惜。

首先，两国都有着辉煌的历史，但又都面临着国际地位相对下降的危机。法国和俄罗斯，一个是曾称雄欧洲大陆的霸主，另一个则是曾与美国平起平坐的世界超级大国、具有全球影响力，当时全球的解放运动均受到苏联革命的启发。经历第二次世界大战，法国从世界一流强国的位置上跌落下来；经历冷战和苏联解体，作为苏联的衣钵传承者，俄罗斯却难以恢复苏联时期的荣光。历史与现实的鲜明反差使得两个正在衰落中的大国彼此更能相互理解：它们面临着"帝国后遗症"的困扰，害怕沦为"地区性大国"的担忧与想要恢复往日帝国辉煌的力有不逮并存。表现在现实的国际政治中,两国都矢志追求独立自主的外交政策和与美国平等的地位,但在现实中又面临着诸多障碍和美国的轻视。

其次,一个是跨大西洋联盟中"麻烦的小伙伴",一个是东西方文明的结合部,法国和俄罗斯在国际格局中的地位有着一定的相似性。因其独立自主的外交战略以及不甘于被美国颐指气使,法国常常在一些议题上与美国唱反调,包括发展核打击能力、退出北约军事指挥架构、积极发展与东方国家包括中国的关系等,成为西方阵营中最为薄弱的环节。地处欧亚大陆的俄罗斯既是老牌的工业化国家,同时又是新兴国家群体中的一员,既面向西方也面向东方,这两种身份和定位,既给俄罗斯造成困扰,也给俄罗斯带来游走于东西方之间的新空间和新机遇。[8]这种介于东西方之间的身份政治给予法国和俄罗斯相似的转圜空间。

第三,第二次世界大战中的惨败和"被拯救"与冷战中的不战而败,使得法国和俄罗斯在心态上都有着失败后的屈辱感。第一次世界大战中青壮年几乎牺牲殆尽的惨痛经历动摇了法国人在第二次世界大战中与纳粹德国誓死决战的信念,结果导致 1940 年的战败,并经历了长达 4 年之久的德国占领时期。虽然法国是第二次世界大战的战胜国,但法国人明白,他们是借他人之手而获得拯救,这种心理创伤难以言表;同时,英国人在第二次世界大战中的英勇表现也令法国人自惭形秽。[9]冷战以苏联的解体而告终,尽管西方战略界及决策层在公开场合表示"冷战无败者",这一观念也为俄罗斯所接受。但回看后冷战时期美国的战略决策,比如 9·11 事件后,普京全力支持反恐,高举回归欧洲的大旗,提出加入欧盟和北约的要求却被无视;美国坚持北约东扩、2002 年决意退出反导谈判进程[10],这其实以实际行动表现出西方对"冷战失败者"俄罗斯的蔑视。2005 年普京在"俄罗斯联邦国情咨文"中表示苏联解体是 20 世纪地缘政治的最大灾难[11],可以说是对冷战"不战而败"痛心疾首的反思。

最后,面对美国的傲慢和偏见,无论是法国还是俄罗斯,它们都感受着不被尊重的失落感和恼怒。第二次世界大战后,美国成为世界一流强国、步入世界舞台的中心,其自信心在强大国力的支撑之下如日中天,而法国人却在濒于崩溃的经济压力下倍感煎熬,美国视法国为一个弱小的国家。一个比较鲜明的例子是，战时美国政府一直不重视戴高乐及其领导的抵抗力量，而且戴高乐也不愿听命于美国，罗斯福总统对他深感气恼，不仅拒绝与他合作，而且还拒绝将北非登陆计划告知戴高乐[12]；即便在戴高乐领导的临时政府成为法国的合法政府后，罗斯福也没有邀请戴高乐参加1945年的雅尔塔会议[13]。苏联解体后，作为继承者的俄罗斯综合国力急剧衰退，而作为唯一超级大国的美国独步天下，主导世界秩序，美国本就具有的优越感空前膨胀[14]，这一点在克里米亚危机爆发之后十分清晰地表现出来。2014年3月25日，美国总统奥巴马在海牙核峰会后的新闻发布会上说："俄罗斯不过是一个威胁近邻的区域性国家，这并非由于其强大，而恰恰是因为它的虚弱。"言语间明显充满对俄贬抑、藐视的意味，而在半年后，奥巴马则进一步称俄罗斯是与"埃博拉""伊斯兰国"并列的"当今世界三大威胁"之一，并决定把俄罗斯逐出八国集团（G8）。美国驻苏联最后一任大使马特洛克在2014年俄罗斯瓦尔代年会讲演时就直言，正是美国的傲慢才导致了莫斯科的非常反应。[15]

三、法俄关系的独特性

正是因为法国和俄罗斯之间的迥异之处以及相似之处，后冷战时期的法俄双边关系才具有了其他双边关系所不具有的独特性。

首先，两国关系是在东西方对立的框架下发展起来的。法俄"特殊伙伴关系"比俄罗斯与任何一个欧洲国家的关系都要独特。正如法国国际关系史学家让-克里斯托夫·罗默（Jean-Christophe Romer）所概括的："因为地缘政治目标及历史命运的相似，法俄之间发展出了相互友好的长期传统。"[16]法俄两国都强调历史及文化对两国双边关系的影响，两国精英及民众也常常会表现出对对方文化的钦佩和喜爱。[17]正是因为两个民族在精神上的相互吸引，法国和俄罗斯才能突破东西方藩篱的束缚，保持着良好的双边关系。法国被定位为"促进俄罗斯在欧洲和世界事务中国家利益的重要助力"，2009年法国重返北约安全架构也并未遭到莫斯科的反对。[18]

其次，两国关系在反对美国、反对霸权主义的行径中予以推进。法国素来有反美主义传统,第二次世界大战期间,美国一直拒绝承认戴高乐本人及其领导下的"自由法国"抵抗运动的合法性,这让戴高乐十分恼火;此后,在一系列关涉法国利益的事务诸如发展核能、北约内部的领导权等问题上,美国也寸步不让。第二次世界大战时,美国自视为欧洲的"拯救者",战后又自认为是欧洲的"保护者",实际上则是力图控制欧洲。对于俄罗斯来说,它希望能从美国的控制中"解放"欧洲。无论是法国还是俄罗斯,都希望能最大程度地去除美国在欧洲的影响和印记。[19]

第三,两国都推崇多边主义。后冷战时期,法俄两国都在多边主义指引之下开展外交。21世纪以来,两国对于国际秩序持有相似的观点,都强调多极化。作为联合国安理会常任理事国,两国对国际事务都负有责任。两国对于欧洲安全也有相似的看法。法国一直认为欧洲的安全有赖于将俄罗斯定位在欧洲,这种观点长期影响着法国的对俄外交政策,不管国际风云如何变幻。因此,法国反对北约东扩,对俄总统梅德韦杰夫提出的"欧洲新安全架构"表现出兴趣,并且能充分理解俄罗斯对于缓冲地带的关切。这也是2019年6月俄罗斯外长拉夫罗夫在庆祝戴高乐诞辰130周年时提出"法俄和平伙伴关系"所蕴含的深意。

最后,俄罗斯的民主化与法国民主有着可以合作之处。尽管俄罗斯常常因民主受到西方的批评,但法国的有识之士却将之视为正在发展中的民主国家。毕竟,民主是一个长期而且缓慢的过程,俄罗斯正处于民主发展的初级阶段:在俄罗斯国内,普京深受民众欢迎,得到大多数民众的支持;俄罗斯国内允许反对党的存在,包括共产党、自由民主党等;2008年,在普京第二任期执政末期,他拒绝阁僚关于修改宪法的提议;2020年的宪法修正案让他能连任到2024年,这与世界的动荡密切相关,而且修正案也得到杜马的批准,并非一言堂的产物。作为有着悠久历史的民主国家,法国与俄罗斯拥有开展有效合作的广阔空间。[20]

第二节　戴高乐主义

对于法国来说,戴高乐具有无与伦比的重要意义,正是在他"重建法国伟大"远大抱负的引领之下，在奉行独立自主外交、"将欧洲变成欧洲人的欧洲"的政策的实践之中，法国并未成为一个欧洲的二流经济强国，而是成为介于美苏之间的"第三极"。

一、法国与苏联：在东西方之间

冷战时期，东西方阵营对垒，法国对苏政策基本上在美国遏制苏联的战略轨道上运行，而苏联对法国的政策则是意在拉拢法国以分化美国主导的西方阵营。

作为西方阵营中的一员以及有着大国抱负的法国，它将苏联视为其抗衡美国、牵制德国、建构多极化世界的重要伙伴，保持法苏特殊关系是维护法国在东西方关系中特殊地位的重要依托。针对美国在西方联盟中的主导地位、德国在欧洲给法国带来的威胁，戴高乐制定了以谋求大国地位为核心的外交政策，其中一个重要组成部分就是对苏政策。1959 年 11 月，戴高乐在斯特拉斯堡演讲中就明确提出"从大西洋到乌拉尔的欧洲"的构想，并指出无论是在历史上还是在现实中，法苏之间都没有直接的利害冲突，因此可以同苏联建立特殊伙伴关系来反对美国对西欧的控制，从而实现以法国为领导的"欧洲人的欧洲"[21]。

苏联则将法国视为有着特殊重要性的西欧国家，同时，苏联在帮助恢复法国在世界上的信誉和影响力方面也发挥了重要的作用。

对于苏联来说，法国的重要性主要体现在三个方面。第一，助力苏联牵制西德。当苏联与西德关系陷入低谷时，法国就取代西德成为东西方之间的"中间人"；同时，基于法德均想与苏联建立特殊关系，苏联有时会在两国之间奉行"平衡"战略，以一方牵制另一方。克里姆林宫还利用法国对德国民族主义崛起的担心，试图分化法国和德国。毕竟，对于苏联来说，法德"轴心"领导一个强大、统一的西欧简直就是一个噩梦。

第二，作为跨大西洋联盟中"麻烦的小伙伴"，法国在苏联削弱北约的方略中无疑是可借助的对象。戴高乐带领法国退出北约军事一体化体系，并要求所有法国境内的美国士兵，必须在 1967 年 4 月 1 日前撤离法国；法美之间的龃龉；法国发展核威慑能力等，都向苏联昭示着其独特的作用和意义。

第三,就意识形态而言,苏联乐见共产主义在一个西方资本主义国家生根发芽。1981—1984年密特朗执政,法国共产党取得15%—25%的选票。苏联鼓励法国共产党在法国的发展,而且20世纪70年代巴黎与莫斯科之间激烈论辩,克里姆林宫对保守主义政府执政的青睐使得法苏关系变得复杂。

二、戴高乐遗产

1958年戴高乐当选法兰西第五共和国总统后,针对当时的国际形势提出了以谋求大国地位为核心的外交政策,其要点就是反对美国在西方联盟中的主导地位,维护法国的独立主权,组织与美苏两个超级大国相抗衡的第三支力量,以实现法国的大国地位。戴高乐对法俄关系的影响深远,奠定了后冷战时期法俄关系的基础和基调。

第二次世界大战中戴高乐与苏联人建立了深厚的友谊,1944年12月的法苏联盟被认为是法国重新伟大的了不起的表现,尽管随后不久,斯大林不遗余力地将法国从雅尔塔会议中挤出来,这种蔑视让戴高乐对东西方之间的关系有了更为深刻的认识。在成立第五共和国之后,戴高乐外交政策的主要目标是重建法国的大国地位。他从北约中退出、对英国进入欧洲共同市场持反对态度,这些反美反英的举动都颇得苏联的赞许。

第二次柏林危机和古巴导弹危机后,从1963年开始,法国明显调整其对苏政策,由谴责、敌视转向缓和、谅解和合作。1966年6月,戴高乐对苏联进行国事访问,这是第一次西方国家元首对苏联的国事访问,标志着西方对于苏联孤立的结束,并且提升了法国的国际威望。而且,这次访问也提高了戴高乐的国际地位和国内声望,当时法国国内的知识分子都很同情苏联、批评美国的反共情绪;在国际上,戴高乐成为唯一拥有与苏联这个国家之间特殊关系的元首。法苏友好催生了很多相互磋商以及技术合作的协议,提供了法苏伙伴关系的长期框架。

在戴高乐时期,法苏关系达到巅峰,随后的双边关系史再也没有迎来这样的美好时刻。德斯坦在回忆录中写道:"1974年,当勃列日涅夫

因为身体不适而取消与我的会谈时,我们代表团十分生气。他们说'哪
有苏联领导敢这样对待戴高乐'。"[22]

尽管戴高乐执政晚期,由于苏联入侵捷克斯洛伐克,法苏关系恶
化,苏联关注于西德,戴高乐也被不断增多的国内问题困扰。但戴高乐
的对苏政策无疑为 20 世纪 70 年代苏欧关系的缓和提供了铺垫。

三、从戴高乐到密特朗

戴高乐所无意推动的苏欧关系缓和最终却让法国的独特地位黯然
失色,但戴高乐时期所建立的制度框架继续运转,并且在蓬皮杜和德斯
坦时期还得以加强。每年一度的元首峰会、不断增强的经济关系,以及
各种各样的科学和文化交流都强化着法苏之间的对话。此外,尽管波
恩对克里姆林宫的重要性在日益提升,但莫斯科仍继续向巴黎献殷勤。

蓬皮杜时期,法国奉行与北约之间选择性的接触政策,在一些军事
活动上进行合作,而且,法国还同意了英国加入欧洲共同市场的请求。
蓬皮杜执政晚期,苏联更能接受法国的政策,因为法国又开始在跨大西
洋联盟中扮演"麻烦的小伙伴"。法国对美苏之间的战略武器限制谈判
(SALT)和相互均衡裁军(MBFR)进行了严厉批评,随后拒绝批评苏联
对异见者的政策。

德斯坦时期,继续执行对苏"特殊关系"的政策,强调法苏合作是国
际局势缓和的重要条件。在"中导危机"和苏联入侵阿富汗后,德斯坦
明确表示"不赞成对苏联进行惩罚",认为"从外交上孤立苏联是一个严
重的政治错误"[23]。法国成为苏联入侵阿富汗之后唯一没有跟随美国
对苏联进行惩罚,而是致力于改善与苏联关系的西方大国。1980 年,
德斯坦前往华沙与勃列日涅夫会面代表着对华盛顿的冷落。随后,法
国还拒绝对苏联进行经济制裁[24]。

第三节　五任总统的对俄政策

一、密特朗时期(1991—1995 年):走向缓和

密特朗执政初期,奉行远较其前任更为严厉的对苏政策,摒弃德斯

坦"为了对话而进行对话"的对苏政策,在一定程度上与戴高乐主义拉开了距离。密特朗明确表示只要苏联不退出阿富汗,法苏关系就无法回归正常,每年一次的元首峰会被取消。此外,与德斯坦在阿富汗问题上的缄默形成鲜明对比,密特朗大力支持北约的"双轨"决定,即:将潘兴导弹(Pershing)和巡航(Cruise)导弹部署在欧洲,并且宣称将苏式SS-20导弹部署在欧洲构成了西方安全的主要威胁。法国政府也在口头上谴责将海上法强行施加在波兰头上的政策,尽管在行动上并没有采取相应的具体行动。

1981—1984年,爱丽舍宫一致轻视克里姆林宫。苏联媒体强调法苏双边关系在经济上取得的积极进展,但双边政治关系却在显著恶化。这一时期,苏联政府体现出无能状态,无论是勃列日涅夫、安德罗波夫还是契尔年科,都没有太多的外交倡议。在1983年法国驱逐47名苏联间谍之后,苏联媒体变得越来越具有批判性。1984年出版的庆祝法苏外交关系60周年的著作曾总结道:"法苏两国人民之间没有任何客观的理由不和,我们之间没有领土也没有其他的矛盾。"[25]

当时的法国内政、欧洲以及大西洋环境能够解释密特朗的对苏政策。就内政而言,密特朗政府内部有着共产党员,美国和西德都表现出关切,基于经济及安全的考虑,密特朗必须有所行动以缓解美国和西德的疑虑。国内很多民众支持反苏立场,而且,密特朗关切苏联在欧洲的战略权力,担心东西方之间的平衡正在危险地偏向于东边(德国)。而且西德在施密特—根舍政府领导下公然体现出的反战主义、中立主义、民族主义以及反美主义,都让密特朗深信有必要将西德牢牢地定位于西方。1984年访俄时,密特朗还就苏联人权"卫士"萨哈罗夫(Sakharov)询问苏联总统。

戈尔巴乔夫上台以后,奉行政治新思维,推行更加积极有为的西欧政策,法苏关系逐渐回暖。1985年10月,借批评美国的战略防御倡议(Strategic Defense Initiative),戈尔巴乔夫选择与密特朗举行峰会。1986—1988年,密特朗更加倾向于法苏友好,对戈尔巴乔夫军控的倡议予以积极的回应。双边峰会得以恢复,1987年12月,密特朗在接受访谈时说:"我从来就没有认为苏联是敌人或者对手。苏联是一个拥有自己国家利益的大国,我们法国也有自己的利益。"[26]然而,在经济上,法苏贸易一直问题重重,法国与苏联的贸易逆差不断增加,戈尔巴乔夫更倾向于进口西德的商品、吸引西德的投资。同时,密特朗在常规武器和核武器上的军事政策构成了苏联在欧洲的挑战,比如,法国国防部在解释法国新的核现代化项目时,就明确指出苏联是法国的主要威胁。

密特朗时期,苏联对法国社会的吸引力趋弱。法共在法国政治生活中逐渐被边缘化,法共成员,无论是领导还是普通党员,都不及苏联共产党员那样青睐于进行公开讨论,苏联对法共在法国政治生活中所起的作用予以批评。同时,因为斯大林的治理方式,法国民众也对苏联没有什么好感,法国成为最不亲戈尔巴乔夫的欧洲国家。[27]

1991年苏联解体,第二次世界大战以后形成的国际格局骤然发生变化。随着柏林墙的倒塌、东方阵营的终结,旧的国际格局不复存在,美国成为冷战的最大胜利者,德国重新统一,欧洲不再一分为二。这一时期,法国被迫调整自己的外交政策,包括对俄政策。[28]1992年2月,叶利钦对法国进行正式访问时,表示希望法俄间建立"新的谅解",认为法俄两国应成为"直接的盟友"。密特朗也许诺,法国将努力帮助俄罗斯重振经济。不过双方都避而不用法俄特殊关系的提法。1992年两国总统签署的《法俄友好合作条约》同1990年的《法苏谅解与合作条约》相比并未显现太多的新意,也没有体现出对法苏特殊关系的继承。[29]1993年,密特朗和克林顿一起呼吁世界主要发达经济体向俄罗斯提供全新的、大范围的紧急援助。[30]

二、希拉克时期(1995—2007年):"特殊伙伴关系"强势复归

这一时期,世界经济全球化、政治多极化的趋势进一步发展,美国作为唯一超级大国的地位受到多极力量的牵制,欧俄之间逐渐从世纪初的合作和互信走向竞争和互疑;美欧虽然分歧不断,但因共同的战略目标,其联盟关系未受动摇;因北约东扩及美国向前苏联核心地区的不断挺进,美俄关系从2000—2003年的相对稳定发展转向争斗逐渐加剧和升级。[31]

希拉克执政初期奉行人权外交,使得法俄关系一波三折。1997年

9月两国建立"优先伙伴"关系;1998年,与德国和俄罗斯组成叶卡捷琳堡三角,希图包容俄罗斯在欧洲独特的地位、并支持俄罗斯国内的转型[32];2000年,因俄罗斯出兵车臣平叛分裂武装,法国对俄罗斯指手画脚、频频施压,并且还接待车臣非法武装的某些头目,这种干涉俄内政的做法,引起克里姆林宫的强烈不满。2000年夏初,法国应瑞士诺加进出口公司的要求,扣押了前来布雷斯特参加航海节的一艘俄罗斯航海学校的瑟道夫号大帆船,并冻结了俄罗斯大使馆的银行账户,从而使俄法关系更趋紧张。7月,在日本冲绳举行的八国首脑会议上,普京会见了除法国总统希拉克以外的所有国家的元首和政府首脑,使法国十分尴尬。同年10月30日至11月1日,俄罗斯总统普京对法国进行为期3天的国事访问并出席第六届欧盟—俄罗斯首脑峰会,希拉克以欧盟轮值主席国的国家元首和法国总统的双重身份,对普京给予了热情接待。在车臣问题上,法国再没有对俄罗斯"吹冷风",而是积极主张在尊重俄罗斯主权和领土完整的基础上,"寻求一项政治解决办法",谴责"任何形式的恐怖主义"。法俄此次讨论的中心议题是扩大在国际政治、经济等领域的合作,促进欧盟—俄罗斯战略伙伴关系具体化。在一项声明中,双方在建立安全与防务特别磋商机制,协调裁军、军控和反扩散行动,促进危机控制等方面达成共识。此外,法俄两国领导人还在中东问题、巴尔干局势、联合国的作用,以及全球战略稳定等问题上取得较为一致的看法。[33]

此次峰会后,希拉克开始调整对俄政策,坚定地奉行戴高乐主义,反对美国霸权,积极推动多边世界和多极世界的建构。这一点与普京治下的俄罗斯不谋而合,成为这一时期法俄关系的重要支点。希拉克指出,"俄罗斯是法国重要的战略伙伴"[34],"是世界稳定及平衡的重要因素"[35],并在多个场合反复强调"没有俄罗斯的充分参与,欧洲不会安全"[36]。最关键的是,希拉克还认为"不能让俄罗斯认为北约东扩是危险或者侮辱性的"。在行动上,则努力将俄罗斯纳入欧洲大西洋伙伴关系的架构中,比如,法国支持俄罗斯成为多个国际组织的成员,包括欧洲委员会(Council of Europe)、世界贸易组织、八国集团等,支持俄罗斯在南斯拉夫战争及随后的科索沃战争中扮演调停的角色;坚定支持俄罗斯在后苏联空间的一体化,包括成立独立国家联合体(Commonwealth of

Independent States,CIS),并认为该组织将与欧盟成为欧洲安全架构的两个重要支柱。[37]无论是 1997 年《北约—俄罗斯基本协定》(NATO-Russia Founding Act)的签署还是 2002 年北约—俄罗斯理事会的成立,希拉克都发挥了关键的作用。[38]希拉克的个人魅力以及与普京之间的私人友谊,都使得法俄之间的高层会晤、政治对话变得更为友好。[39]普京称希拉克是克里姆林宫乃至整个俄罗斯最为欢迎的人。2004 年,普京邀请希拉克参观克拉斯诺兹纳缅斯克市[40]的军事测试及控制中心。2006 年 9 月,希拉克将法国军团荣誉勋章授予普京,标志着两国的互信达到新高度。[41]

这一时期,在经济上,法国增加对俄出口。2001 年,法俄两国就共同的经济项目举行双边第一次年度会议,2002 年两国开启"2+2"战略对话。[42]2004 年,法国是俄罗斯的第九大出口国,占有俄罗斯出口市场的 4%;法国还是俄罗斯的第八大直接投资国,是对俄的第四大投资国。一方面,法国支持中小企业进入俄罗斯,另一方面,法国政府也力求在能源和航天等领域与俄罗斯达成大额交易。2006 年 9 月,莫斯科取得法德欧洲宇航防务集团(EADS)的股份。

在面对国际重大问题上,两国统一立场,"特殊伙伴关系"强势复归。两国就共同反对英美入侵伊拉克、反对布什在后苏联空间的政策、尤其是鼓动格鲁吉亚和乌克兰加入北约,以及在联合国及其他国际制度框架内扩大合作达成共识,在反对恐怖主义、阿富汗问题、伊朗问题[43]、伊拉克问题,以及所有关乎东西方发展的问题上,事无巨细皆有共识。两国史无前例地在北约框架内进行双边军事合作,于 2003 年在挪威海进行联合军演;法国卡萨比安卡(Casabianca)号核攻击潜艇在俄北方舰队北莫尔斯克(Severomorsk)海军基地进行极具象征意义的停留。[44]在欧洲安全问题上,法国重视俄罗斯的作用,2001 年,巴黎努力推进俄罗斯与北约达成新的框架性协议。[45]与此同时,鉴于两国拥有的悠久文化传统,这一时期,两国间也进行了广泛且深入的人文合作:互相加强对对方语言的学习,努力增进两国青年的交流。[46]

希拉克是戴高乐主义的忠实拥趸,他积极倡导欧洲建立与非西方世界的更深层次的纽带,并且表达了对俄罗斯文化的极大钦慕。通过与大西洋主义的决裂,希拉克强调法国独立自主的外交立场,彰显法国在国际事务中的影响力。他强烈反对英美对伊拉克发动的战争,通过与俄罗斯在政治和安全上的合作,致力于将欧洲塑造为独立自主的、强大的一极,从而能使它从美国的霸权中解放出来;而且,法国还可以通过领导欧洲的方式在国际舞台上发挥更大的作用。正是通过与俄罗斯的合作,法国可以更有力地构建多极世界、制衡美国在欧洲的影响。

三、萨科齐时期(2007—2012 年):游走于利益与价值观之间

这一时期的形势,呈现与此前不同的趋势,金融危机席卷全球,发达国家经济持续衰退,发展中国家力量增长,世界力量中心向亚洲转移,国际格局呈现新局面。大国关系总体更趋复杂,利益之争、种种摩擦时有发生。[47]伴随着美欧不断挤压俄罗斯战略空间的最后底线,美俄在格鲁吉亚和乌克兰加入北约问题上出现分歧。2012 年,美国公开批评俄罗斯杜马选举,美俄关系恶化呈明朗态势;但当时欧俄关系总体上仍维持在正常轨道上运转。

希拉克时期,由于在伊拉克战争问题上与美国持截然不同的态度,美法关系一度走低。尽管其后希拉克政府做出种种努力以求改善关系,但收效甚微。[48]而 2007 年及 2008 年两国总统大选,则为萨科齐改善法美关系提供了极好的机会。[49]这一时期,法国将增强欧盟的行动能力作为其外交首要任务,同时不断地调整对美政策,逐步向美靠拢。值得一提的是,法美关系的走近,促进了北约的发展以及欧美关系的提升。在国际舞台上,萨科齐依旧希望成为全球玩家。

对于俄罗斯,萨科齐上台初期奉行较为意识形态化的方式和政策,他 2006 年 9 月访美时曾说:"宁愿与布什而非普京握手。"[50]然而,2007 年 6 月,在德国海利根布达姆举行的七国集团峰会上萨科齐表现出友好的态度,对同年 12 月俄罗斯统俄党在杜马选举中的获胜,萨科齐予以热烈祝贺。[51]基于法俄之间的商贸往来及法国在俄罗斯的经济存在[52],俄格冲突后,萨科齐更是发生了 180 度的大转弯。作为欧盟轮值主席国,萨科齐积极参与冲突的解决,与梅德韦杰夫商议"六点停火协议";在格鲁吉亚"领土完整"问题上并未持坚定的立场。当俄罗斯单

边承认南奥塞梯及阿布哈兹时,法国也未进行任何抗议。在萨科齐访俄期间,普京提议与法国公司签订合同。其后,一方面,俄罗斯依旧驻兵格鲁吉亚,另一方面,2008 年 9 月 19 日,法国总理菲永与普京在索契会面,这一举动引起中东欧国家的严重关切。2008 年 10 月,在参加由法国国际关系研究所(IFRI)举办的世界政策大会时,萨科齐明确提出应加强在欧俄之间的经济和人文合作交流。[53] 同年 12 月,法国外长库什纳在接受波兰《选举报》(*Gazeta Wyborcza*)采访时表示:"我们不应让俄罗斯有一种被包围的感觉,我们应考虑到俄罗斯的感受。"[54] 此后,法国还指出美国在欧洲部署反导系统,只会让欧洲的安全形势更为复杂化。2008 年,法国还邀请俄罗斯参加由法国倡议的在乍得东部地区部署欧洲部队(EUFOR),以保护建立在当地的达尔富尔难民营的行动。

俄格冲突之后,法俄关系迎来了蜜月期,2010 年,法国决定进行一次豪赌,向俄罗斯销售军舰,2011 年 1 月,两国达成总价值为 20 亿欧元的西北风级两栖攻击舰销售合同。[55]这被法国视为增进两国安全上的相互依赖的具体方式,法国国防部认为俄罗斯是新兴、颇有潜力的市场[56],同时也具有经济社会意义,可解决圣纳泽尔(Saint-Nazaire)地区的就业问题。[57]同时,法国还不顾美国质疑,率先与俄罗斯签署签证便利化的协议。此外,当时萨科齐并未充分重视法德轴心的重要性,使得欧盟成为法国"一国秀"的平台,并因而惹恼了德国;而对于欧盟小国,法国也并未捍卫它们的利益。[58]

2009 年 1 月,在给法国外交使团的新年致辞中,萨科齐宣称"世界需要一个独立、统一、富有想象力和强大的欧洲,这样的欧洲将是整个世界的朋友";"欧洲需要与俄罗斯之间的结构性、战略性、长期的协议。俄罗斯是一个伟大的国家,我们与俄罗斯拥有很多文化共性"[59]。这种观点与戴高乐总统对于苏联的看法非常接近。[60] 2009 年 9 月,法国总理菲永应邀出席俄罗斯瓦尔代年会并作主旨发言。2010 年,法俄两国互设文化交流年,在对方国家举办数百项文化交流活动,推进两国的相互了解和往来,普京和梅德韦杰夫也先后访问巴黎。这一阶段,萨科齐采取了希拉克的亲俄路线,将利益置于价值观之上。[61]

除了军购,在经济和投资领域,法俄之间也进行了广泛的合作,在能源、铁路、金融、航空等领域签订了一系列重要的合同。2007 年,双边贸易额达到 166 亿欧元,法国成为俄罗斯第九大供应国,第七大外资来源国。[62]围绕《欧洲常规武装力量条约》,美国在东欧部署导弹防御计划、中东局势、伊拉克局势、伊朗核计划等问题,两国进行了深度的交流。[63]在制裁伊朗问题上,两国初步达成共识。

这一时期,法国天然气巨头苏伊士集团与俄罗斯天然气公司签署了一项合作协议。根据协议,苏伊士集团将在"北溪"天然气项目中占有 9% 的股份。该输气管道通过波罗的海海底,将俄罗斯的天然气经德国输往欧洲国家。法国阿尔斯通集团也向俄罗斯火车头企业 TMH 注资 7 500 万美元,成为在该公司控股 25% 的股东方。[64]2010 年 3 月,梅德韦杰夫对法国进行国事访问,鼓励法国企业参与俄罗斯的现代化建设,给双边经济关系注入了新动力。俄罗斯乌拉尔机车车辆厂(Ouralwagonzavod)兼并法国桑布雷—缪斯铸造厂(la fonderie Sambre et Meuse),法国雷达制造商泰雷兹(Thales)公司和发动机制造商赛峰(Safran)集团参与俄罗斯苏霍伊超级喷气机 100(Sukhoi Superjet 100,简称 SSJ100)的生产过程。[65]2012 年底,俄罗斯铁路收购法国物流公司 Gefco,俄罗斯投资商则在巴黎的拉德芳斯区承建最大的欧洲房地产项目。[66]

可以注意到,萨科齐时期,法国对俄政策游走于利益与价值观之间,考量重点一度侧重于利益层面。一方面,作为欧盟轮值主席国积极参与格鲁吉亚战争的斡旋和协调;在执政后期,在"经济外交"的框架下,加速发展法俄经济关系,同意出售西北风级两栖攻击舰,明确指出此举更具"政治意义",呼吁西方不能再对俄罗斯实行武器"禁运",甚至主张要翻过"冷战"这一页。[67]另一方面,法国也曾在人权、油气供应等问题上挑衅俄罗斯。但总体而言,法国奉行谨慎外交,力图避免与莫斯科的冲突升级。[68]

四、奥朗德时期(2012—2017 年):既强调原则又呼吁对话

这一时期,美欧经济逐步摆脱困境,新兴国家继续保持经济发展上

升和政治影响增强的势头,力量对比逐渐朝着有利于新兴经济体的方向发展,国际力量对比出现阶段性的转折。战后形成的美国结盟体系的凝聚力正在明显削弱,大国博弈的力度和强度因当时的总体金融危机深化以及地区层面的叙利亚战争、乌克兰危机等各种冲突爆发而加强。[69]

奥朗德[70]于 2012 年 5 月当选总统,当时法国正面临欧洲债务危机的强烈冲击和由此导致的国家经济衰退的严重局面。摆脱经济危机成为奥朗德政府内政外交的核心。[71]经济外交成为其治下对外政策的关键词,其中自然也包括对俄罗斯的经济外交。2013 年 2 月,奥朗德就任总统后首访的国家就是俄罗斯,而且其随访阵容强大,包括法国政府关键部门的部长以及 15 个大公司的总裁。访俄期间,奥朗德强调两国的经济往来,签署了双边协议,并与法国在俄商业人士代表见面。双方围绕贸易、能源、投资、高新技术、人文等领域的双边合作展开讨论。

这一时期,法俄两国都致力于扩展经济贸易领域的深入合作,据欧盟统计局(Eurostat)的统计,法国在 2013 年进口俄罗斯能源等领域商品的贸易额达到 52.7 亿欧元,法俄两国双边贸易总额为 210 亿欧元[72],较 2003 年增长 5 倍[73],但受制于乌克兰危机后欧俄之间的制裁与反制,2014 年和 2015 年法俄双边贸易额分别跌至 170 亿欧元和 120 亿欧元。与此同时,法国仍然在城市基础设施建设、通信市场、完善保健服务等领域向俄罗斯提供新技术,积极参与俄罗斯的现代化项目,诸如斯科尔科沃创新型城市、索契奥运会场馆、2018 年世界杯场馆以及大莫斯科的建设,还参与俄欧大型能源项目包括北溪和南溪的建设。[74]此外,双边还深化了在军事和军事技术通信领域的战略伙伴关系,2013 年 8 月,两国举行联合空中演习,这是冷战之后两国首次举行类似的军事演习。[75]两国还签署有关简化签证手续、相互承认文凭、大学生交流等方面的协议。[76]

在政治上,奥朗德既强调原则性又呼吁双边对话。[77]一方面,伴随着欧盟和北约的双东扩以及法国在这两个机构地位的增强,成员国之间在对俄问题上的态度进行着相互调适,法国不得不将新成员国的立场以及顾虑纳入其对俄政策的考量之中,比如 2013 年法国加入北约在波兰和波罗的海的军事演习;在 2013 年发表年度对驻外使节的讲话中,奥朗德指出俄罗斯在全球发展中心的位置偏低[78];法国反对俄罗斯归并克里米亚,加入美国与欧盟对俄罗斯的经济制裁和限制性措施;在叙利亚问题上,先是寻求与俄罗斯的合作,后出于对叙利亚问题认识的不同逐渐走向对抗,而反恐的共同需求又让两国找到了合作的基础。另一方面,又高度重视发展对俄关系,一个具有象征意义的举动,是其上任初期即任命前内政部部长、亲俄派代表舍韦内芒(Jean-Pierre Chevenement)担任俄罗斯事务特别代表[79],奥朗德表示:"法俄之间有着特殊的传统关系及经济、文化关系,我们应以此为基础,向俄阐明我们的观点。"[80]在乌克兰危机中,根据 2014 年 4—5 月法国外交部的新闻公报,法国是最早提出希望乌克兰局势缓和并支持乌克兰进行宪法改革的国家之一[81];同年 5 月,在第 69 个欧洲战场第二次世界大战胜利纪念日到来之际,奥朗德在主持纪念仪式时向俄罗斯总统普京发出邀请,欢迎他参加于 6 月 6 日举行的纪念诺曼底登陆 70 周年活动。6 月 6 日,普京访法并与奥朗德会晤,出席诺曼底登陆纪念活动。6 月 12 日,在结束对哈萨克斯坦 48 小时的访问后,经莫斯科做短暂停留,奥朗德在机场与普京举行会晤。奥朗德成为乌克兰危机以后首位到访莫斯科的西方领导人。[82]力推"诺曼底模式",为俄罗斯和乌克兰商讨危机解决方案提供平台;尽管法国迫于西方压力,终止对俄出售"西北风"的合同,但该合同的缔结本身即已印证不同寻常的法俄关系。[83] 2015 年 11 月,在巴黎恐袭案及俄客机在埃及遇袭发生空难[84]之后,奥朗德到访莫斯科并与普京会晤,双方就交换反恐情报,协调两国军事专家工作,加强打击恐怖主义力度达成共识,法俄两国总参谋部以及两国在地中海东部的海上力量均已建立联系;两国元首还就叙利亚危机的政治解决方案发表看法。[85] 2016 年春以来,法俄双边关系开始缓和,无论是法国的外交话语还是部长级访问,都体现出法国努力恢复双边关系的意愿。[86]可以说,这一时期,奥朗德对俄一手大棒(对俄制裁、在叙利亚问题上与俄对抗),一手"胡萝卜",对话之门从来就没有关闭。

五、马克龙时期(2017 年—　):全面调整对俄政策

在 2017 年法国总统大选中,俄罗斯问题是一个不断出现、分歧很

大的议题[87]。尽管法国国内上自执政党下至平民百姓，对俄罗斯及普京均持批评态度，但当时几乎所有候选人均抱怨法俄之间的敌对状态，呼吁与莫斯科进行更多对话。[88]作为候选人的马克龙特别强调，他将奉行"戴高乐—密特朗主义"（Gaullo-Mitterrandisme）的外交政策，以及"主权独立、立足欧洲"的对俄政策，但并未提及大西洋主义。在就任不到一个月的时间里，马克龙访问德国后即邀请普京访问法国，呈现出既要牵制又要接触俄罗斯的态势。[89]随后，任命非西方倾向的勒德里昂（Jean-Yves Le Drian）为外交部长，勒德里昂就任仅1个多月，即与俄罗斯外交部长会晤，就合作反恐、解决地区热点问题进行磋商。[90]

2017年10月，法国国防部出台《国防及国家安全战略评估报告》（Revue stratégique de défense et de sécurité nationale）[91]，成为马克龙制定外交政策的重要依据。该战略报告对国际环境进行总体评估，共有13处提及俄罗斯，并专门辟出一节讨论俄罗斯，认为俄罗斯归并克里米亚破坏了《赫尔辛基协议》及欧洲大陆的安全架构[92]，妄图分裂欧盟、破坏大洋关系[93]、挑战国际制度[94]；同时也认识到在近东、中东[95]甚至地中海事务[96]中，俄罗斯都是关键的一方；俄罗斯的军事现代化及核打击能力均不容小觑。因此，法国既要对俄罗斯采取有原则的强硬，同时也要打开对话之门，构建建设性的欧俄关系。[97]据此，马克龙政府的对俄政策，在全球、区域以及双边层面均进行了重大的调整。

首先，在全球事务中，推行多边主义，针对关涉俄罗斯的危机，法国努力在保持与西方阵营一致的同时，尽量将各方拉回到多边机制中进行谈判；针对美国的单边主义，则结合议题寻求与俄罗斯的合作，力争成为西方阵营中最为接近俄罗斯的国家。2018年，在叙利亚疑似"化武袭击"之前，在俄罗斯与西方紧张关系持续发酵的背景下，法国仍保持与俄罗斯的对话，在联军空袭之前的数小时，马克龙还与普京进行电话沟通[98]，就空袭的具体目标等做出预警；袭击发生后，法国在联合国开展外交斡旋，向安理会提交解决叙利亚危机的新议案，力图让叙利亚问题重新回到以法国等西方国家为主导的日内瓦和谈机制的框架之内，并敦促俄罗斯重新投入叙利亚的和平进程。[99]在经济上，特朗普奉行单边主义贸易政策，法美两国分歧逐渐扩大。"301调查"、钢铝关税、汽车关税、航空业补贴争端、数字服务税反制等负面措施均对法美关系造成冲击。[100] 2018 年,法俄组建部长级工作小组,制定改革世贸组织的合作倡议。在气候问题上,2019 年俄罗斯加入《巴黎协定》,落实该协定赋予的义务。在安全问题上,法国反对美国退出伊核协议的单边行为,在欧盟的框架下努力弥补美国对伊制裁所带来的损失。2019 年,法俄第七次安全合作委员会会议就保留伊核协议的合作达成共识,并对《新削减战略武器条约》(Strategic Arms Reduction Treaty)进行讨论,2020 年法俄在联合国框架下表达进一步维护伊核协议的决心。可以说,无论是在多边贸易体制、气候问题还是伊核协议问题上,法国都积极寻求与俄罗斯的接触与合作,俄罗斯也给予了积极的回应。

其次,在区域层面,法国对俄政策主要体现在增进合作和减少冲突这两个方面。就前者而言,与俄罗斯进行选择性接触,谋求战略利益。就后者而言,避免与俄罗斯的直接冲撞,力求突破欧洲安全困境。这两个方面共同服务于法国的欧洲"雄心"。在增益方面,两国元首、外交部长多次会晤,就反恐、地区热点问题进行商谈,法国努力争取俄罗斯在反恐问题上的支持。2017 年,马克龙的"信使"法国经济部长勒梅尔(Bruno Le Maire)曾表示,法国希望经由俄罗斯建立连接欧洲与中国的贸易"主干道",以对抗日益不确定的单边主义。[101] 在 2020 年 6 月法俄两国议会共同起草的文件中,俄罗斯则表示希望通过与法国乃至欧洲的合作来实现欧亚经济联盟与欧盟甚至"一带一路"倡议的对接。[102] 事实上,21 世纪以来伴随着全球经济重心从大西洋转向亚太地区,法国俄罗斯研究专家就曾指出俄罗斯对于延伸法国在亚太地区乃至全球影响力的重要作用。[103] 同时,在地中海和非洲地区,法国也注意到俄罗斯的新动向,积极寻求与俄罗斯的接触与互动。在叙利亚联合采取人道主义行动[104],在非洲与俄罗斯联合反恐[105]。法国前驻俄大使贝尔曼(Sylvie-Agnès Bermann)在 2019 年接受俄罗斯瓦尔代国际辩论俱乐部访谈时指出,在叙利亚、利比亚甚至中非共和国,法俄两国需要更多合作,以推动该地区的和平进程。[106] 在止损方面,针对欧洲安全困境,法国战略界和学界均认识到困境的突破有赖于与俄罗斯关系的缓和,2019 年 6 月,法国在俄罗斯重返欧洲委员会议会大会(PACE,Parliamentary Assembly of the Council of Europe)[107] 和欧洲委员会(Council of Europe, CoE)中发挥了关键的作用。无论是元首互动、多边场合还是在个人的社交媒体上，马克龙都反复强调俄罗斯对于欧洲安全的重要性及欧俄重启对话的必要性，呼吁西方反思与俄罗斯之间的关系。[108]

第三，双边经贸往来增多，政治互信缓慢重建，文化交流频繁，社会交往改善。在经贸层面，增进往来。在马克龙担任经济部长期间，法俄经济、金融、工业和贸易问题理事会（CEFIC）恢复了自乌克兰危机以来被取消的定期会议。[109]2017 年以来，由于油价上涨、法国自俄进口激增（增长 37％，达到 75.9 亿欧元），法国对俄出口也持续增长（增长14％，达到 22.5 亿欧元；截至 2019 年 7 月，达到 63.5 亿欧元[110]，2020 年第一季度环比增长 33.03％），双边贸易额呈现大幅增长，涨幅为 26％，达到 132 亿欧元。法国在俄的 500 多家企业业务范围涉足多个领域，包括能源[111]和汽车制造业、金融、银行、零售以及农产品等，是俄罗斯最大的对外直接投资来源国。[112]2019 年法俄举办双边经济会议，2020 年两国加大双边项目合作的力度。在政治层面，双边高层互动频繁，因乌克兰危机被迫中断的"2＋2"战略对话等合作机制得以恢复。法国外长勒德里昂高度评价"2＋2"战略对话的成果；两国在核领域、常规武器领域以及网络空间将保持相互透明；并就多个地区热点问题保持畅通对话，包括叙利亚、利比亚和伊朗危机等。此外，值得注意的是，为了缓解中东欧国家对于法俄接近的疑虑，2 月，在英国"脱欧"后，马克龙对波兰进行国事访问，呼吁加强欧盟团结、与俄罗斯对话，以维护欧洲安全[113]；任命前驻美国及欧盟大使维蒙（Pierre Vimont）担任法俄安全及信任关系特使；任命熟悉中东欧事务的莱维（Pierre Lévy）担任法国驻俄大使。在文化层面，2017—2020 年，双方举办一系列文化交流活动，包括 2017 年的法俄文化旅游年、2018 年的法俄语言文学年[114]，2020 年线上线下相结合的"俄罗斯文化季"等庆典活动。在社会层面，在"特里亚农"市民论坛框架下建立的数据平台及友城合作项目均有效地增进了法俄两国民间的交流；同时，法俄两国民众到对方国旅游的人数也在逐渐回升。

值得一提的是，2021 年恰逢拿破仑逝世两百周年，在法兰西学术院埃莱娜·当科斯（Hélène Carrère d'Encausse）和卡特琳·布雷希尼亚克（Catherine Bréchignac）的共同倡议之下，马克龙在一片争议声中对拿破仑进行纪念,颇受普京总统发言人佩斯科夫青睐的法国考古学家皮埃尔·马林诺夫斯基(Pierre Malinowski)专门前往克里米亚将拿破仑的亲密战友居丹(Gudin)的遗骸运送回国[115],这是法俄重启战略关系的一个颇具象征意义的举动。法国高层努力从法俄共同的历史中汲取力量,锻造叙事体系,推进法俄关系的发展。

第四节 小 结

法俄关系是一种特殊的伙伴关系,两国拥有彼此友好的传统、共同的命运感,以致两国关系能经受得住时间的考验。1959年,戴高乐曾提出"从大西洋到乌拉尔山"的构想,随后奉行对俄罗斯的"缓和、理解和合作"的政策。20世纪90年代,密特朗回应戈尔巴乔夫所提出的"共同欧洲家园"构想,要建立一个包括俄罗斯的统一的欧洲大陆。[116]时过境迁,21世纪以来,俄罗斯日益被排除在欧洲之外,但法俄关系总体上还是经受住了俄罗斯与西方总体关系恶化的考验。

总体而言,后冷战时期,法国的对俄政策既有其恒定的一面,同时也经历了深刻的变化和重要的演进。首先,法国对俄政策是其对外政策的一个有机组成部分,服务于法国的国家利益,即:力求恢复大国地位,重现法兰西民族的荣光。其次,其独立自主的外交特色历久弥新:在伊拉克战争中法国是反战的"老欧洲"代表;在格鲁吉亚战争中,积极斡旋于俄罗斯与西方之间,为最终停火协议的达成发挥了重要作用[117];在乌克兰危机中,一方面,借助"诺曼底模式"在俄乌之间架起对话的桥梁,另一方面则审时度势,在欧盟对俄罗斯制裁的道路上有限跟进。第三,法俄"特殊伙伴关系"的底色保持不变。无论是希拉克还是萨科齐,抑或奥朗德乃至马克龙,在对俄政策中都游走于利益和价值观之间,力求在俄罗斯与西方之间发挥独特的作用。

但与此同时,法国的对俄政策也出现了较为明显的变化。首先,2005年以来,双边经济关系愈益重要,而政治关系却在逐渐褪色。[118]这一方面是由于油价飙升之后俄罗斯经济的持续增长,法俄贸易关系日趋紧密;另一方面也是受到法国总体对外政策中"经济外交"重心转移的影响。而在政治上,尽管法俄之间仍保有合作的制度安排,有着相似的战略愿景，但双边政治关系的基石已受到侵蚀：在一些关键问题上，包括"阿拉伯之春"、叙利亚危机等，与俄罗斯观点迥异[119]；法国国内对于法俄双边关系所能为法国带来的收益也心存怀疑。其次，始于 20 世纪 50 年代的欧洲化倾向更趋明显。法国对俄政策更多被纳入欧盟框架中考量，这一方面是因为法国国家利益日益为欧盟框架所规定；另一方面也是法国谋求欧盟主导权的一种表现。尤其是乌克兰危机以来，法国加入对俄制裁的行列并且取消西北风级两栖攻击舰的军售，更是凸显了这一特点。

马克龙执政以后，一方面立足欧洲，另一方面奉行对中美俄三边关系的平衡外交。对俄罗斯努力重启两国之间的战略合作，2019 年 9 月重启双边安全战略对话"2＋2"机制，在经济、政治、社会层面都取得进展。尽管面临后疫情时期的各种挑战以及仍在低位徘徊的俄罗斯与西方关系，2020 年两国依旧保持高层接触，就广泛的双边和国际议题进行讨论，两国携手抗疫。在 2020 年 6 月视频峰会上，两国元首确立了法俄对话优先事项清单，共同致力于增进合作、确保欧洲大陆的稳定。遵循两国元首的顶层设计，双边工作小组 2021 年继续协作，两国的政治对话主要聚焦于以下议题：强化战略稳定、欧洲安全，同时也聚焦于寻找共同方案以应对新的威胁和挑战比如恐怖主义。

注释

1. Manuel Lafont Rapnouil, Jeremy Shapiro, "Macron's foreign policy: Claiming the Tradition", 8 May 2017, https://www.brookings.edu/blog/order-from-chaos/2017/05/08/macrons-foreign-policy-claiming-the-tradition/.

2. Cathy Lafon, "France-Russie: 300 ans d'amitiés et de ruptures en 7 dates", le *Sud Ouest*, le 29 mai 2017, https://www.sudouest.fr/international/france-russie-300-ans-d-amities-et-de-ruptures-en-7-dates-3450265.php.

3. Александр Орлов. Российско-французские отношения нуждаются в определении стратегических целей совместного движения вперед//Международнаяжизнь. 2017. No.6. C.6—12.

4. ［美］亨利·基辛格：《大外交》，顾淑馨、林添贵译，海口：海南出版社 1998 年版，第579 页。

5. James Nixey, "The Long Goodbye: Waning Russian Influence in the South Caucasus and Central Asia", Chatham House Briefing Paper, Jun. 2012, www.chathamhouse.org.

6. Marie Mendras, "Vingt ans après. La Russie et la quête de puissance", *Commen-*

taire，N.136，Winter 2011—2012，pp.891—899.

7. Marie Mendras，"Russia-France：A Strained Political Relationship"，*Russian Analytical Digest*，No.130，Jul.1，2013，p.4.

8. 张红：《G8"复活"的可能性》，《环球》2018 年第 13 期，第 39—41 页，参见 http://www.xinhuanet.com/globe/2018-07/05/c_137283904.htm。

9. 刘得手：《法美分歧原因的历史考察》，《欧洲研究》2004 年第 6 期，第 21 页。

10. 冯绍雷：《当代俄罗斯外交研究的方法论刍议——基于主体、观念、结构与周期的考察》，《俄罗斯研究》2021 年第 2 期，第 4 页。

11. The Kremlin，Annual Address to the Federal Assembly of the Russian Federation，President of Russia，Apr.25，2005，http://en.kremlin.ru/events/president/transcripts/22931.

12. ［法］让-巴蒂斯特-迪罗赛尔：《外交史》上册，汪绍麟，上海：上海译文出版社1992 年版，第 393 页。

13. 刘得手：《法美分歧原因的历史考察》，《欧洲研究》2004 年第 6 期，第 21 页。

14. 曾向红：《国际关系中的蔑视与反抗：国家身份类型与承认斗争策略》，《世界经济与政治》2015 年第 5 期。

15. 冯绍雷：《当代俄罗斯外交研究的方法论刍议——基于主体、观念、结构与周期的考察》，《俄罗斯研究》2021 年第 2 期，第 4 页。

16. Jean-Christophe Romer，"Les relations franco-russes：entre symboles et réalités (1991—1999)"，*Annuaire Français des Relations Internationales* 1，2000，p.439.

17. David Cadier，"Continuity and Change in France's Policies towards Russia：A Milieu Goals Explanation"，*International Affairs* 94：6(2018)，p.1351.

18. Arnaud Dubien，" France-Russie：renouveau et défis d'un partenariat stratégique"，14 novembre 2012，https://www.iris-france.org/44696-france-russie-renouveau-et-dfis-dun-partenariat-stratgique/.

19. Isabelle Facon，"La Relation France-Russie à l'Epreuve"，*Annuaire Français de Relations Internationales*，2015，Vol. XVI，Centre Thucydide，Université Panthéon-Assas，p.121.

20. Romain Dradin，"Jean-Pierre Arrignon：'Russia and France must work together'"，Dec. 17，2020，https://www.lecourrierderussie.com/2020/12/jean-pierre-arrignon-la-russie-et-la-france-doivent-oeuvrer-de-concert/.

21. 毕洪业、贾少学：《"特殊伙伴关系"的历史复归——析当前法俄关系》，《世界经济与政治论坛》2003 年第 4 期，第 52 页。

22. Valery Giscard D'Estaing，Le Pouvoir et la Vie，Paris：Compagnie 12，1988，p.45.

23. 方连庆等：《战后国际关系史》(上)，北京：北京大学出版社 1999 年版，第 517 页。

24. Angela Stent，"Franco-Soviet Relations：From De Gaulle to Mitterand"，Report to National Council for Soviet and East European Research，Mar. 1989，pp.2—8.

25. Yu. V. Borisov，*SSSR-Frantsia：60 Let Diplomaticheskikh Otnoshenii* (Moscow：Mezhdunarodnie Otnosheniie，1984).

26. Interview in Izvestiia，Dec.3，1987.

27. Angela Stent，"Franco-Soviet Relations：From De Gaulle to Mitterand"，Report to National Council for Soviet and East European Research，Mar. 1989，pp.8—14.

28. ［法］乔治·杜比主编：《法国史》，吕一民、沈坚、黄艳红等译，北京：商务印书馆2010 年版，第 1678 页。

29. 毕洪业、贾少学:《"特殊伙伴关系"的历史复归——析当前法俄关系》,《世界经济与政治论坛》2003 年第 4 期,第 53 页。

30. Doyle Mcmanus, "Mitterrand Joins Clinton in Push for Aid to Russia", *Los Angeles Times*, Mar. 10, 1993, https://www. latimes. com/archives/la-xpm-1993-03-10-mn-1020-story.html.

31. 杨成绪:《笔端——二十多年来对国际形势的观察和思考》,北京:世界知识出版社 2017 年版,第 23—55 页。

32. Thomas Gomart, "France's Russia Policy: Balancing Interests and Values", *The Washington Quarterly*, Spring 2007, Vol.30, No.2, p.147.

33. 顾玉清:《法俄关系现转机》,《人民日报》第 6 版(国际),2000 年 11 月 3 日。

34. Thomas Gomart, "France's Russia Policy: Balancing Interests and Values", *The Washington Quarterly*, Spring 2007, Vol.30, No.2, pp.147—148.

35. Jean-Sylvestre Montgrenier, "De l'Atlantique à l'Oural: les relations Paris-Moscou?", Thomas More Institute, Oct. 1997, p.2.

36. Jacques Chirac, "Discours à l'Institut d'Etat des Relations Internationales de Moscou(MGIMO)", le 26 septembre 1997, http://discours. vie-publique. fr/notices/977016667.html.

37. Jacques Chirac, "Discours à l'Occasion de la reunion des Ambassadeurs, Paris", le 31 août, 1995, http://jacqueschirac-asso. fr/archives-elysee. fr/elysee/elysee. fr/francais/interventions/discours_et_declarations/1995/aout/fi003800.html.

38. Jacques Chirac, "Discours à l'Institut des Hautes Etudes de Défense Nationale (IHEDN)", le 8 juin 1996, Paris, http://www.jacquesChirac-asso. fr/archives-elysee. fr/elysee/elysee. fr/francais/interventions/discours_et_declarations/1996/juin/fi003666.html.

39. David Cadier, "Continuity and Change in France's Policies towards Russia: A Milieu Goals Explanation", *International Affairs* 94:6(2018), p.1354.

40. 位于莫斯科西郊的克拉斯诺兹纳缅斯克市,系俄罗斯为数不多的保密行政区。

41. Arnaud Dubien, "France-Russie: renouveau et défis d'un partenariat stratégique", *Note de l'Observatoire franco-russe*, Oct. 2012, No.1, p.7.

42. "France-Russian Relations", https://www. globalsecurity. org/military/world/europe/fr-forrel-ru. htm.在此之前,只有美国与法国之间有这种高级别战略对话。

43. 在伊核问题上,法、英、德与俄罗斯共同合作。参见 Yves POZZO di BORGO, Rapport d'information n°307(2006—2007), fait au nom de la délégation pour l'Union européenne, le 10 mai 2007, https://www. senat. fr/rap/r06-307/r06-307_mono. html ♯toc101。

44. Jacques Cheminade, "Extraordinary Steps in Franco-Russian Relations", *Issue of EIR*, 2003, Vol.30, No.29, p.46.

45. Arnaud Dubien, "France-Russie: renouveau et défis d'un partenariat stratégique", p.8.

46. "Joint Press Conference with President of France Jacques Chirac", Apr. 3, 2004, Krasnoznamensk, Moscow Region, http://en.kremlin. ru/events/president/transcripts/22407.

47. 杨成绪:《笔端——二十多年来对国际形势的观察和思考》,第 52—72 页。

48. Joel Blocker, "U.S./France: While Bush, Chirac Thaw Frosty Relations, 'Rupture in Confidence' Remains", Jun. 3, 2003, Radio Free Europe, https://www. rferl. org/a/1103421.html.

49. Joel Blocker, "U. S./France: Chirac Seeking to Improve Relations", Apr. 16, 2003, Radio Free Europe, https://www.rferl. org/a/1102958.html.

50. Laure Delcour，"Quelles relations avec la Russie et la CEI après 2007"，note pour l'IRIS，mars 2007.

51. Delcour，L.（2010）.France-Russie：la réinvention d'une relation spécifique.（DGAP-Analyse Frankreich，6）.Berlin：Forschungsinstitut der Deutschen Gesellschaft für Auswärtige Politik e.V..https：//nbn-resolving.org/urn：nbn：de：0168-ssoar-55091-0.

52. Arnaud Dubien，"Reconstruire la Relation Franco-russe"，*Choiseul la Revue*，Jan-Avr，2017，http：//choiseul. info/wp-content/uploads/2017/03/Choiseul-la-revue-numero-1.pdf，p.23.

53. Déclaration de M.Nicolas Sarkozy，"sur les relations entre l'Union Européenne et la Russie"，le 8 Octobre 2008，discours.vie-publique.fr/texte/087003141.html.

54. 参见 2008 年 12 月 5 日法国外交部长库什纳在波兰访问时,接受波兰《选举报》采访时的讲话。

55. Marcel H. Van Herpen，"The Foreign Policy of Nicolas Sarkozy：Not Principled，Opportunistic and Amateurish"，Cicero Foundation Great Debate Paper，Feb. 2010，pp.4—5.备注:西北风级两栖攻击舰是法国海军的骄傲,可以装载 16 架重型直升机或 35 架轻型直升机、4 辆登陆艇、900 名士兵和至多 70 辆军车(包括 40 辆坦克)。西北风级两栖攻击舰可以大大提高俄罗斯黑海舰队的战斗力。西北风级两栖攻击舰销售合同系当时俄罗斯金额最大的一笔采购,同时也是北约国家与俄罗斯达成的第一笔这样的大额合同。

56. Bruno Tertrais，"France and the Ukraine Crisis：A Delicate Balancing Act"，*European Leadership Network*，10 Mar. 2013.

57. Marie Mendras，"Russia-France：A Strained Political Relationship"，*Russian Analytical Digest*，No.130，1 Jul. 2013，p.3.

58. Marcel H. Van Herpen，"The Foreign Policy of Nicolas Sarkozy：Not Principled，Opportunistic and Amateurish"，p.13.

59. "New Year greeting to the diplomatic corps-Speech by M. Nicolas Sarkozy，President of the Republic"，Jan. 16，2009，www. ambafrance-uk. org/President-sarkozy-s-speech-to，14347.html.

60. 戴高乐总统将苏联区分为"国家"与"民族"的这两种存在,前者是一种有着时间性的、受利益驱动的实体,而后者则是独立于国家的、拥有永恒的历史和文化价值观的、具化的存在。因此,法国可以一方面与威权的国家进行协商,但不会对其民族的核心价值观造成任何伤害。正是基于这样的认识,无论是戴高乐还是萨科齐都可以一边谈论价值观一边奉行对苏联(俄罗斯)的务实外交。参见 Jean-Francois Daguzan，"France，Democratization and North Africa"，*Democratization*，9：1，2002，p.135。

61. Jean-Francois Daguzan，"France，Democratization and North Africa"，*Democratization*，9：1，2002，p.6.

62. Arnaud Dubien，"France-Russie：renouveau et défis d'un partenariat stratégique"，p.10.

63. 崔建树、李金祥:《法国政治发展与对外政策》,北京:世界知识出版社 2009 年版,第 426 页。

64. 姚立:《法俄缘何积极营造"特殊"关系》,《光明日报》2010 年 3 月 5 日,参见 http：//www.qstheory.cn/gj/gjgc/201003/t20100305_22743.htm。

65. Delcour，L.（2010）.France-Russie：la réinvention d'une relation spécifique.（DGAP-Analyse Frankreich，6）.Berlin：Forschungsinstitut der Deutschen Gesellschaft für Auswärtige Politik e. V.，p.9，https：//nbn-resolving. org/urn：nbn：de：0168-ssoar-

55091-0.

66. Laurent Fabius，"France-Russie：Quel Partenariat pour un Monde Globalisé?"，*Russia in Global Affairs*，Vol.11，Numéro Spécial，2013，pp.15—16.

67. 周谭豪：《法俄关系：今生难续前缘？》，《世界知识》2014 年第 19 期，第 39 页。

68. "Sarkozy to Set New Course for French Foreign Policy"，*CSS Analyses in Security Policy*，Jul. 2007，Vol.2，No.17，p.3.

69. 杨成绪：《笔端——二十多年来对国际形势的观察和思考》，第 70—87 页。

70. 奥朗德年轻时曾担任密特朗的总统顾问，其外交理念带有密特朗思想的烙印，参见 Speech by Dominique Moisi，"Sarkozy Vs Hollande：The Clash of Two Cultures"，Chatham House，Apr.16，2012，p.5.

71. 沈孝泉：《奥朗德访华的诉求在经济层面》，《世界问题研究》2013 年 4 月 23 日，第 1 页。

72. https：//atlas.media.mit.edu/en/profile/country/fra/♯Imports.

73. Laurent Fabius，"France-Russie：Quel Partenariat pour un Monde Globalisé?"，*Russia in Global Affairs*，Vol.11，Numéro Spécial，2013，p.15.

74. Laurent Fabius，"France-Russie：Quel Partenariat pour un Monde Globalisé?"，*Russia in Global Affairs*，Vol.11，Numéro Spécial，2013，p.15.

75. Bruno Tertrais，"France and the Ukraine Crisis：A Delicate Balancing Act"，*European Leadership Network*，Mar.10，2013.

76. 杨磊：《奥朗德首访俄引各方关注，俄媒乐观看待俄法关系发展》，2013 年 2 月 28 日，国际在线专稿，http://gb.cri.cn/27824/2013/02/28/6611s4033048.htm.

77. 2016 年 7 月，奥朗德在北约华沙峰会上宣称："我们必须继续对俄罗斯推行强硬路线，为对话创造条件"。参见 http://www.lemonde.fr/europe/article/2016/07/09/hollande-prone-fermete-et-dialogue-avec-la-russie-au-sommet-de-l-otan_4966976_3214.html。

78. Eugenia Obichkina，"Advancing the Russian-French Dialogue"，Nov.27，2013，https：//russiancouncil.ru/en/analytics-and-comments/analytics/advancing-the-russian-french-dialogue/?sphrase_id＝42938467.

79. Eva Bertrand，"Franco-Russian Relations，a Long Way to Go"，Dec.8，2012，https：//sputniknews.com/voiceofrussia/2012_12_08/Franco-Russian-relations-a-long-way-to-go/.

80. 周谭豪：《法俄关系：今生难续前缘？》，《世界知识》2014 年第 19 期，第 39 页。

81. 孟小珂：《奥朗德向俄罗斯抛出橄榄枝》，《中国青年报》2014 年 5 月 14 日，第 4 版。

82. 古莉：《法国总统奥朗德突访莫斯科与俄罗斯总统普京会晤》，法国国际广播电台，https：//www.rfi.fr/cn/％E6％94％BF％E6％B2％BB/20141206-％E6％B3％95％E5％9B％BD％E6％80％BB％E7％BB％9F％E5％A5％A5％E6％9C％97％E5％BE％B7％E7％AA％81％E8％AE％BF％E8％8E％AB％E6％96％AF％E7％A7％91％E4％B8％8E％E4％BF％84％E7％BD％97％E6％96％AF％E6％80％BB％E7％BB％9F％E6％99％AE％E4％BA％AC％E4％BC％9A％E6％99％A4。

83. 《法国破冰克里米亚，白宫猎熊计划破产》，https：//www.backchina.com/news/2015/07/24/374960.html。

84. 2015 年 11 月 13 日，一伙恐怖分子袭击法国首都巴黎，造成数百人伤亡。10 月 31 日，俄罗斯一架 A321 客机在埃及因恐怖分子制造的炸弹爆炸而坠毁，机上 224 人全部遇难。"伊斯兰国"恐怖组织表示对上述两起恐怖袭击负责。

85. 《奥朗德访问俄罗斯会晤普京　商定将交换反恐情报》，中国新闻网，2015 年

11 月 27 日, http://www.xinhuanet.com/world/2015-11/27/c_128474112.htm。

86. Arnaud Dubien, "Reconstruire la Relation Franco-russe", p.23.

87. 事实上,这也是冷战后法国总统大选中最为激烈地讨论俄罗斯议题的一次。参见 David Cadier, "Continuity and Change in France's Policies towards Russia: A Milieu Goals Explanation", *International Affairs*, Volume94, Issue 6, Nov. 2018, p.1363。

88. David Cadier, "Continuity and Change in France's Policies towards Russia: A Milieu Goals Explanation", *International Affairs*, Volume 94, Issue 6, Nov. 2018, p.1364.

89. Mark Leonard, "The Macron Method", May 30, 2017, http://www.ecfr.eu/article/commentary_the_macron_method_7298.

90. "French Foreign Minister to Arrive in Moscow on Tuesday for Meeting with Lavrov", Jun. 20, 2017, https://sputniknews.com/politics/201706201054786073-french-fm-russia-lavrov/.

91. Ministère de la Défense, *Revue stratégique de défense et de sécurité nationale 2017*, Paris: Bureau des Éditions, 2017, p.60, https://www.defense.gouv.fr/dgris/presentation/evenements/revue-strategique-de-defense-et-de-securite-nationale-2017.

92. Ibid., p.19.

93. Ibid., p.60.

94. Ibid., p.18.

95. Ibid., p.23.

96. Ibid., p.44.

97. Ibid., p.42.

98. "France urges Russia to join peace push after Syria strike," Apr. 16, 2018, http://abcnews.go.com/International/wireStory/france-urges-russia-join-peace-push-syria-strike-54478584.

99. "Russia Demands UN Security Condemn Syria Missile Attack but Fails: Only Two Other Countries Backed Its Efforts", Apr. 15, 2018, http://www.aravot-en.am/2018/04/15/210576/.

100. 杨成玉:《反制美国"长臂管辖"之道——基于法国重塑经济主权的视角》,《欧洲研究》2020 年第 3 期,第 2 页。

101. "France wants to build trade 'backbone' from Europe to Beijing via Moscow-report", Jan.2, 2018, https://www.rt.com/business/414781-france-trade-china-russia/.

102. Ibid., p.25.

103. Hélène Carrère d'Encausse, "I'm not sure if Russia needs Europe but Europe needs Russia-French historian", 4 Oct. 2010, https://www.rt.com/russia/helene-dencausse-russia-europe/.当科斯(Hélène Carrère d'Encausse)系法兰西学术院终身秘书长、西方著名的俄苏问题研究专家,颇得马克龙的青睐。马克龙执政以来已会见她 5 次,参见 https://www.elysee.fr/recherche?prod_all%5Bquery%5D=CARRERE%20D%27 ENCAUSSE。

104. Arnaud Dubien, "Dialogue with Russia: A Path to a New Europe?", Aug.21, 2019, http://valdaiclub.com/a/highlights/dialogue-with-russia-path-to-a-new-europe/.

105. Aline Leboeuf, "La Compétition stratégique en Afrique: Approches militaires américaine, chinoise et russe", *Focus stratégique*, n°91, Ifri, août 2019, p.71.

106. "Club Events, Russia-France: A Start from Scratch?", Oct.15, 2019, http://valdaiclub.com/events/posts/articles/russia-france-a-start-from-scratch/? sphrase_id =

1152376.

107. 欧洲委员会 2019 年 6 月恢复了俄罗斯在议会大会的表决权，参见 Council of Europe-Statement by the Ministry Spokesperson，Jun.27，2019，https://www.diplomatie.gouv.fr/en/country-files/europe/events/article/council-of-europe-statement-by-the-ministry-spokesperson-27-06-19。

108. 王博雅琪：《马克龙"提醒"西方国家：中俄不断崛起，西方霸权正在终结》，环球网，2019 年 8 月 28 日，https://world.huanqiu.com/article/9CaKrnKmvbf。

109. "France and Russia"，https://www.diplomatie.gouv.fr/en/country-files/russia/.

110. "France Exports to Russia 2014—2020 Data"，https://tradingeconomics.com/france/exports-to-russia.

111. 比如，俄罗斯国营核能公司 Rosatom 占有法国四分之一的铀燃料市场。参见 "Joint news conference with President of France Emmanuel Macron，"May 24，2018，http://en.kremlin.ru/events/president/news/57545。

112. "France and Russia"，https://www.diplomatie.gouv.fr/en/country-files/russia/.

113. Rym Momtaz，"Macron torn between Poland and Putin"，https://www.politico.eu/article/emmanuel-macron-poland-russia-moscow-policy/.

114. "France and Russia"，https://www.diplomatie.gouv.fr/en/country-files/russia/.

115. Hadrien Desuin，"l'Archéologie doit rapprocher la France et la Russie"，28 janvier 2021，Revue Conflits，https://www.revueconflits.com/l-archeologie-doit-rapprocher-la-russie-et-la-france-hadrien-desuin/.

116. RAPPORT D'INFORMATION，N°21 SÉNAT SESSION ORDINAIRE DE 2015—2016，M.Robert del PICCHIA，Mme Josette DURRIEO et M.Gaëtan GORCE，le 7 octobre 2015. https://www.frstrategie.org/web/documents/publications/autres/2015/2015-facon-senat-audition-relations-russie.pdf，p.52.

117.《想说制裁不容易，法国为何不紧跟欧盟步伐制裁俄罗斯?》，《北京经济日报》2014 年 9 月 2 日。

118. David Cadier，"Detour or Direction：The Europeanisation of France's Policies towards Russia"，FIIA Briefing Paper 195，May 2016，p.3.

119. Arnaud Dubien，"Reconstruire la Relation Franco-russe"，p.23. 比如在叙利亚危机中，法俄两国对于冲突根源、行动者的性质、它们所在的区域联盟及危机的规制都存在着截然不同的看法，而归根到底则是两国对于国际关系及世界秩序的不同看法。

第二章

多个领域的法俄关系

是的,法俄双边关系独一无二。这种独特性源自两个都追求真、善、美的民族之间的相互认同和相互吸引。

——雅克·希拉克(法国前总统)

面对美国的主导地位,我们已经忘了曾经与俄罗斯之间的文化纽带。

——让·德·格利尼亚斯蒂(Jean de Gliniasty,
法国前驻俄大使)[1]

后冷战时期,法国与俄罗斯在政治上有着特殊伙伴关系,在经济上存在不对称的相互依赖关系,在太空、能源等敏感领域开展密切合作,在文化交流和社会交往方面往来密切。

第一节 法俄之间的政治关系

冷战终结初期,全球政治格局发生较大变动,法俄两国间关系却获得新的动力。1992年2月5—7日,俄罗斯总统叶利钦访问法国,2月7日,法俄两国以合作条约的形式赋予双边关系以合法性,取代1990年10月法国与苏联签署的《法苏理解与合作条约》。在新条约中,法国承认俄罗斯是苏联的合法继承者,并且承诺促进欧委会与俄罗斯之间的友好关系,促进俄罗斯融入欧洲经济;俄罗斯则表示尊重法国建设欧盟以确保欧洲安全的战略构想,以及欧洲委员会在民主和人权领域的标准,两国表达了增进相互之间"基于信任、团结与合作"的共同愿景,致力于共同建设民主法治的欧洲。其中,还特别强调在面临安全威胁或引起国际紧张局势之后,两国有必要立刻进行沟通、统一立场、共同应对。[2]这一条约指引着后冷战时期法俄两国之间的政治对话,其间,法俄双边关系的法律框架得以扩大,并且不断通过缔结新的协议而予以丰富。

法俄双边政治关系有着制度性的框架:首先,在政治、安全以及经济领域设立两国合作委员会,为两国政治、经济及安全对话制定路线图。法俄两国定期召开政府间会议(Le Séminaire intergouvernemental, SIG),两国总理一年会见一次,设定双边外交日程。应普京的提议,2001年两国成立的双边安全合作理事会(le Conseil de coopération sur les questions de sécurité, CCQS)汇聚两国外长和防长,试图每年召开两次会议,力图超越冷战遗产。通过双边安全合作理事会,法俄两国共同讨论以下议题:欧洲安全(主要包括俄罗斯与北约的关系、俄罗斯与欧盟的关系)、能源安全、在八国集团框架之下的俄欧合作、恐怖主义、防止大规模杀伤性武器的扩散、导弹防御以及当前主要的地区事务,包括阿富汗问题、中东问题、格鲁吉亚问题、纳卡问题等。

其次,议会间合作也是法俄两国之间政治合作的重要组成部分。俄罗斯上议院代表通过俄罗斯国际事务理事会与法国议会的外交、国防和军事委员会保持持续的对话。俄罗斯下院(国家杜马)则与法国的国民议会保持沟通。这些机构的"友谊小组"扮演着至关重要的角色。法俄议会间委员会定期开展工作,在乌克兰危机暴发后被搁置,但随着法俄关系缓和,这一委员会工作也重新被提上法俄双边的议事日程。基于俄罗斯与欧洲之间就后苏联空间之间的不同看法以及俄欧之间在能源领域的摩擦等,法国议会发表关于俄欧关系的《信息报告(2013—2014年)》,指出俄欧之间在经济上相互依赖、在政治上需要建设性的对话,以克服双方所面临的困难。[3]乌克兰危机暴发后,法俄关系趋冷,法国议会发布题为《法俄关系:如何走出死胡同》的《信息报告(2015—2016年)》,围绕法俄关系恶化、俄罗斯趋于强硬的外交政策,以及法俄、法欧在利益上的共同点展开讨论并提出相应对策。[4]2018年3月以及2020年6月,在马克龙努力缓和与俄罗斯关系的战略指引之下,法俄议会携手发布分别题为《信息报告(2017—2018年):重建法俄信任的议会间对话》5以及《信息报告（2019—2020年）：法俄关系——致力于信任的议程》6，这两份文件是法俄两国议会间共同努力的成果，一方面就法俄之间存在的问题展开深度解析，另一方面也就本国的意图和战略展开了阐释和沟通，为两国间议会民主的发展做出了贡献，并为两国在国际舞台上的合作指出了崭新的前景。

与此同时，法俄关系还受益于两国总统间关系。总体而言，两国元首关系相对比较友好，除了密特朗总统和叶利钦总统之间的关系较为冷淡。当时，密特朗支持戈尔巴乔夫，1991年4月，他在爱丽舍宫冷淡接待叶利钦，而且未给叶利钦正式会谈的机会。尽管法俄两国对于科索沃和车臣持有不同立场，希拉克总统在两届任期里都维持着与俄罗斯总统特别友好的关系。1997年，希拉克提出"俄罗斯这个伟大的国家理应成为世界稳定和平衡的必要元素"，并且力求保持与俄罗斯领导人之间的良好关系。7 2004年，作为相互信任的一种表现，普京邀请希拉克访问参观克拉斯诺兹纳缅斯克市的军事测试及控制中心。而2006年秋季，希拉克则授予普京法国军团荣誉勋章。与此同时，法国总统与俄罗斯总理之间也私交甚笃。

第三，法俄两国在一些国际事务上抱持相近的看法，在一些国际问题上相互支持。法俄两国都支持多边主义，尤其致力于维护联合国的核心地位，这一共同立场在伊拉克战争中表现得尤为明显，两国结成反美统一战线。在欧洲安全以及俄美关系上，法国也积极助力。法国确信欧洲大陆的稳定和安全有赖于将俄罗斯纳入欧洲事务之中，因此，法国一直努力将莫斯科的考量纳入欧盟和跨大西洋联盟的考虑之中。希拉克总统坚持将北约东扩与《北约—俄罗斯基本协定》（NATO-Russia Founding Act）同步进行，这一协定最终于1997年5月31日在爱丽舍宫签署，早于北约东扩的1999年。2001年秋，巴黎也努力推动俄罗斯与大西洋联盟之间新的框架协议。在克里姆林宫看来，更为重要的是：2008年4月的北约布加勒斯特峰会上，法国和德国一起反对美国要授予乌克兰和格鲁吉亚北约成员国身份的决定。相似地，2007年以来，尽管布什政府要在捷克和波兰部署反导系统，法国外长却表示："我们可不能给俄罗斯一种它被包围的感觉，我们也应将俄罗斯的感受纳入考虑范围。"而在欧盟范围内，法国亦是如此。当瑞典和英国提出要与俄罗斯建立伙伴关系来捍卫民主价值观时,波罗的海国家以及其他的原苏联卫星国继续将俄罗斯视为威胁,法国则不断地捍卫与俄罗斯之间的接触。2008 年,法国成为第一个签署对俄签证便利化的国家。巴黎还邀请俄罗斯参加在乍得举行的欧洲联盟军行动,突出俄罗斯对欧洲联盟共同安全与防务政策的贡献。当格鲁吉亚五日战争爆发时,正好担任欧盟轮值主席国的法国积极予以协调。2009 年,法国还愿意讨论梅德韦杰夫提出的新欧洲安全条约。[8]

21 世纪以来,法俄政治关系发生着一些改变,包括:2008—2012 年梅德韦杰夫执政时期,法国对俄罗斯没有实行西方式民主感到失望;尽管法国做出种种努力,但俄罗斯在冻结冲突方面缺乏进展以及格鲁吉亚战争也让法国感到失望;2012 年普京第三任期开启,法俄在能源政策方面也出现龃龉。值得注意的是,法国领导人的代际更迭,他们在与俄罗斯的关系上欠缺了一些戴高乐传统,同时也体现出在法国外交中的"俄罗斯疲乏症",法国外交更关注于东欧新盟友的关切。值得一提的是,俄罗斯在法国国家媒体中的形象也每况愈下,这对决策者以及公众都产生了一定的影响,甚至有些专家对俄罗斯持较为负面的态度。

而就俄罗斯方面而言,尽管法国是它的特殊伙伴,但它也逐渐对法国感到失望。两国在利比亚和叙利亚问题上的分歧是决定性的。关于利比亚,俄罗斯责备法国在联合国安理会的阻挠;关于叙利亚,法国坚持要求阿萨德下台作为危机解决的先决条件,这一点不为莫斯科所理解。相似地,俄罗斯对于法国向梅德韦杰夫提出的关于欧洲安全架构的提议也感到失望,因为法国认为这个架构应与美国进行讨论,并且不应将势力范围扩大到俄欧之间的共同邻国。尽管俄罗斯对法国重返北约安全架构没有表达意见但却形成这样一个印象:法国越来越与美国以及偏大西洋主义的欧盟国家看齐。最后,由于统一后德国的影响力及权重的上升,法国担心其在俄罗斯心目中的地位下降。在俄罗斯看来,法国的外交政策变得更为动荡、不易理解。[9]

第二节　法俄之间的经济关系

后冷战时期,法俄两国双边政治关系和经济关系呈现这样一个特点:政治联系热络,但经济相对滞后。每当两国政治关系陷入困境时,经济关系却又能在一定程度上充当"减压器"。

一、法俄经济委员会引领两国经济合作

在机制化建设方面,1966 年在戴高乐将军访问莫斯科之后,法苏建立了大委员会(Grande commission),1993 年成立的法俄经济、金融、工业及商业委员会(Conseil économique, financier, industriel et commercial, CEFIC)则继承了大委员会的职能,引领着法俄之间的经济对话。与此同时,2010 年,在俄罗斯圣彼得堡国际经济论坛举行期间,法俄两国还成立了经济委员会(le Conseil Économique),由两国商界精英组成,旨在增进两国商界精英的相互了解、强化和推动两国经济纽带的发展,在两国政治关系经历风浪时捍卫法俄两国企业的利益。通过这一委员会,法国在俄罗斯的大型投资商与他们的俄罗斯伙伴可以进行交流和沟通,支持着法俄两国的投资项目,吸引、帮助法国企业在俄罗斯运营,并成为与法俄两国政府沟通的重要伙伴。这一委员会的总裁分别为俄罗斯伏尔加(Volga)集团的根纳季·季姆琴科(Guennadi Timtchenko)和法国道达尔集团的帕特里克·普亚纳(Patrick Pouyanné)。[10] 自 2016 年以来,该委员会成功举办活动;每年该委员会的成员都能与普京、俄部长级高官以及莫斯科市长索布亚宁会面,交流对法俄伙伴关系以及俄罗斯经济形势的观点。在每年举办的圣彼得堡国际经济论坛上还专门设置"法俄"圆桌会议。在法俄商业委员会的倡议之下,2012 年成立法俄观察研究所(l'Observatoire Franco-usse),每年就俄罗斯经济、政治状况以及法俄两国关系发表年度报告,为法国在俄企业提供咨询。此外,该委员会还举办文化活动,为俄罗斯在法国博物馆举办的艺术展览会提供支持[11]。

二、后冷战时期法俄经贸关系

尽管法俄之间有着"特殊伙伴关系",但长期以来,法俄的经济纽带远不及俄罗斯与德国和意大利的关系。[12] 1992 年,法国仅为俄罗斯的第 31 大供应商,1994 年为第 28 大供应商。相应地,俄罗斯分别为法

国的第 24 位和第 14 位供应商。1996 年双边经济关系良好,法国成为俄罗斯第 7 大供应商,但 1998 年全球金融危机对双边经济关系存在一定的冲击。当时的双边贸易额比 1997 年下降 30%。整个 20 世纪 90 年代,平均而言,俄罗斯仅占法国外贸的 1%,远远落后于乌克兰、德国、美国、日本,市场份额甚至不及荷兰和意大利。

21 世纪以来,得益于俄罗斯的强劲经济增长,法俄双边贸易进入新阶段。法国逐渐稳固了其在俄罗斯市场中的地位,2007 年,双边贸易额增至 166 亿欧元,法国成为俄罗斯的第 9 大供应商,第 7 大外资来源国,与俄罗斯大约有 50 亿欧元的顺差。尤其是自 2009 年以来,法国占俄市场份额突破 4%,2012 年和 2013 年分别为 4.4% 和 4.1%。[13] 2010 年,法国为俄罗斯的第 5 大供应商[14],就欧洲范围而言则是俄罗斯的第 3 大供应商,位居德国(占俄罗斯 12% 的市场份额)和意大利(占俄罗斯 4.4% 的市场份额)之后。[15] 2010 年和 2011 年双边贸易额有所恢复,2011 年为 213 亿欧元,超过 2008 年的水平,比 2010 年增长 15%。2011 年,法俄双边进出口额显著增加,法国对俄出口增长 18.3%,俄罗斯对法出口增长 13.5%;但是,由于能源法,法国对俄贸易赤字增加,为 64 亿欧元。法国在俄罗斯的市场份额稳占 4.35%。2012 年,法国恢复了其作为俄罗斯的第 2 大欧洲供应国的地位。2013 年,成为对俄罗斯第 8 大出口国。[16] 就法俄贸易结构而言,法俄双边贸易有利于俄罗斯,法国对俄罗斯一直处于贸易逆差的地位。根据法国海关的数据(见图 2.1),2012 年法国对俄贸易逆差为 30 亿欧元,少于 2011 年的 65 亿欧元。[17] 尤其由于碳氢化合物在法国对外贸易中的权重,2020 年,面对新冠肺炎疫情危机,法国显著减少了它对俄罗斯贸易的赤字,并且保持了它的出口市场份额。2020 年赤字为 5.66 亿欧元,而 2019 年则为 31 亿欧元。

一方面,2020 年法国从俄罗斯的进口显著减少(减少了 34.5%,为 57 亿欧元),主要与法国矿产品购买下降(−55.5%)以及精炼石油产品购买的减少(−15.5%)有关,这代表了总量的 77.1%。能源购买的减少是因为石油价格的下跌带来的法国经济衰退。2020 年,俄罗斯是法国的第 17 大供应商,法国则是俄罗斯的第 18 大消费国,仅占俄罗斯出口的 1.5%。

　　另一方面,2020 年法国对俄出口量下降 8%,为 52 亿欧元,2019 年比 2018 年增加 5.4%。这种衰退主要是因为药品出口的大幅缩水(-37.8%)、化学制品、香水以及化妆品的出口下降(-7.6%),这两类占总出口量的 29.4%(见表 2.2)。冶金以及金属产品的出口也出现显著下降(-37.3%)。交通设备、领先的出口项目(2020 年为 24.3%)增长 0.5%,电脑、电子和光学产品增长 1.5%。农产品、林产品、水产品占法国出口的 3.1%,比 2019 年增长 21.2%。2020 年,俄罗斯是法国的第 15 大市场,是欧盟之外的第 7 大市场。

　　俄罗斯对法国的出口主要集中在能源领域,其他则主要是冶金和化工产品[18],而法国对俄罗斯的出口则呈现多元化的势头,其中高科技产品份额最多(见表 2.1)。[19]俄罗斯是法国的第 1 大原油供应国(占法国市场份额的 14.4%)和第 3 大天然气供应国(占法国市场份额的 16.9%)。[20]

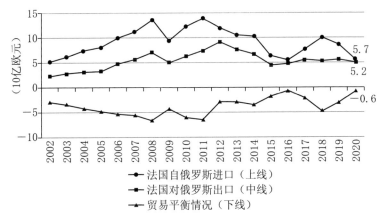

图 2.1　2002—2020 年法国对俄罗斯进出口变化(单位:十亿欧元)
资料来源:法国经济、财政与重振部。

表 2.1　2002—2010 年法国在俄罗斯主要领域的市场份额

	2002—2005 年平均	2006—2010 年平均	2010 年
高科技产品	**6.2%**	**6.5%**	**6.9%**
航空及太空产品	19.2%	38.9%	49.2%

	2002—2005 年平均	2006—2010 年平均	2010 年
医疗及精密仪器、光学产品	5.3%	5.6%	4.9%
药学技术产品	8.2%	8.5%	9.7%
计算机及打印设备	6.6%	1.5%	0.7%
中高端技术产品	**5.2%**	**4.0%**	**3.7%**
汽车和拖车	3.8%	2.4%	2.7%
电力和电子设备及装备	5.6%	4.9%	4.5%
机器	3.7%	3.0%	2.5%
化学产品(不包括药品)和化妆品	9.8%	9.5%	8.0%
中低端技术产品	**2.6%**	**2.6%**	**2.5%**
低端技术产品	**3.3%**	**3.0%**	**2.5%**
纸张、硬板纸和印刷产品	3.3%	1.8%	1.3%
纺织品、布料、皮革、鞋	3.0%	2.9%	2.0%
食品、饮料、烟草	3.6%	3.5%	3.1%

资料来源："Russie 2013 Regards de l'Observatoire franco-russe"，sous la direction d'Arnaud Dubien，18 avril 2013，Paris，Questure de l'Assemblée nationale，p.111。

值得注意的是,乌克兰危机倒逼着法国调整其对俄政策,推动对俄关系再平衡,特别是努力减少能源方面对俄罗斯的依赖。2014 年夏,法国出台《能源过渡法》,此前奥朗德还与时任波兰总理图斯克提出一项关于成立欧盟能源联盟的共同倡议,以降低当前欧盟国家在能源方面对俄罗斯的依赖,确保欧盟地区的天然气供应。

可以发现,法国虽然注重与俄罗斯之间的经济往来,但实际上彼此在对方经济中的权重是不一样的,存在着一种非对称性的双边经济关系,这种贸易关系更加有利于俄罗斯。同时,得益于两国政治关系,法俄之间拥有长期战略伙伴关系,在能源、航天、核能和太空等领域进行合作。此外,能为法国公司带来机遇的新的合作部门也正在出现:能源转型、智慧城市、创新以及医疗。

自法国加入欧美对俄进行经济制裁,法国在俄市场份额显著减少,但 2019 年和 2020 年,法国在俄罗斯的市场份额逐渐稳定。2020 年,法国在俄罗斯的市场份额为 3.5%,与 2019 年基本持平,2014 年为3.7%。

但从长期来看,还是呈现下降的趋势,2009 年为 4.7%(见图 2.2)。法国是俄罗斯第 6 大国际供应商、第 3 大欧洲供应商。

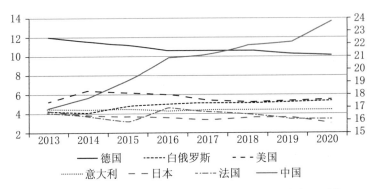

图 2.2 法国在俄罗斯的市场份额以及法国的主要竞争国(%)

资料来源:法国财政部,2021 年 3 月 11 日,https://www.tresor.economie.gouv.fr/Pays/RU/les-relations-commerciales-bilaterales-franco-russes-juin-2018。

尽管营商环境不断恶化以及 2020 年的新冠肺炎疫情危机,法国对俄罗斯的投资却依旧保持高位:有 500 多家法国公司在俄罗斯运营,覆盖多个领域(包括 35 家上市公司);法国是俄罗斯最大的外国雇主,拥有 16 万名俄罗斯员工;法国公司涉及门类繁多,尤其在食品行业、工业、金融业、零售业、汽车业、建筑、城市服务业、交通、航天和医药等领域。

法国在俄罗斯的对外直接投资依旧保持高位,主要是受到道达尔集团的推动(亚马尔天然气、北极 LNG2 项目)。法国在俄企业进行再投资,同时对与实施反禁运相关的农业食品领域的公司进行投资。2020 年 10 月 1 日,法国是俄罗斯的第 2 大外国投资国(以对外投资存量计为 168 亿美元),位居英国(277 亿美元)之后、德国(166 亿美元)之前;2020 年前三个季度,就对外直接投资流量计,法国为俄罗斯的第 2 大对外直接投资国,为 11 亿美元,位居英国(为 52 亿美元)之后。

形成鲜明对比的是,俄罗斯在法国投资较少。2020 年前三个季度,俄罗斯在法国直接投资额减少了 400 万美元,而 2019 年同期俄罗斯在法国的直接投资额增加了 1.32 亿美元。根据俄罗斯的统计,截至 2020 年 10 月 1 日,法国为俄罗斯海外直接投资第九大目的国,约有 30.5 亿美元的存量。在法国,成立了 30 多家俄罗斯公司,雇佣约

3 500 名法国人。

值得一提的是,俄罗斯在法国的投资主要是通过如下方式进行的,包括:俄罗斯的亿万富翁购买法国的房产、投资法国的房地产业。俄罗斯 Stroïmontage 集团在法国的房地产公司 Hermitage 试图在法国市场中占据主要地位。法国则尝试着引导俄罗斯对法国的投资转型,毕竟在法国的俄罗斯人很多,这也是法国的一大优势。一方面,俄罗斯人对于法国的潜力理解不够,这阻碍了他们在法国的投资。另一方面,法国法律却给俄罗斯人留了空子,比如,根据 2005 年 12 月的法令,10 大战略部门的投资是受到限制的,然而,俄罗斯巨头俄罗斯天然气工业股份公司(Gazprom)却没有受限于这些法令。此外,近年来俄罗斯公司也投资于一些非常"法国"的领域,主要通过兼并或者战略性持股的方式来投资于法国的美食业。2007 年 10 月,俄罗斯亿万富翁谢尔盖·普加切夫(Sergei Pugachev)购买了法国奢侈食品品牌 Hédiard,旨在发展这个品牌的国际声誉,并成为法国美食的代言人。2002 年以来,投资人尼古拉·茨维特科夫(Nikolaï Tsvetkov)买下两家德祖利埃陶瓷店(Deshoulières houses),成为领先的国际陶瓷制造商。2007 年,俄罗斯葡萄酒基金会(Russian Wine Trust)兼并法国的克鲁瓦泽·埃马尔酒庄(the Croizet Eymard house)和 59 公顷葡萄园。这些俄罗斯寡头不仅投资法国奢侈品行业,而且也购买法国的一些中小企业,比如柯格比公司(Cogebi)。另外,很多俄罗斯操作是通过卢森堡、塞浦路斯和瑞士进行的,因此并未被法国财政部纳入计算范围。其中最神秘的是 GSI 公司,这一公司 2007 年 8 月从阿尔蒂半导体公司(Altis Semiconductor)买下了其位于巴黎南郊科尔贝伊-埃松省的工厂(Corbeil-Essonnes site)。俄罗斯报纸《生意人报》认为这个公司背后是俄罗斯国防出口公司(Rosoboronexport)。然而,法国外交部及国防部均认可这次并购。也难怪,法国国际关系研究所托马·戈马尔(Thomas Gomart)认为,也许有一天俄罗斯会买下法国的上市公司。[21]

在制裁的压力以及多样化需求的推动之下,俄罗斯所发起的经济模式的改变能为法国企业提供双赢的机会,产生价值链的集成效应。因此,法国力图在依旧有着诸多限制的政治环境中奉行对俄罗斯的务实政策以便强化与俄罗斯的经济对话。

大集团之间的战略伙伴关系的动力机制也塑造着法俄两国之间的经济关系。这些大集团主要是通过象征性的合作,包括在核能领域、航空和太空领域、食品、汽车以及医药领域的合作,以从积极的政策支持中获益。比如,雷诺-尼桑兼并汽车生产商拉达(AvtoVAZ),法国雷诺于2014年拥有该合资企业67%的股份。达能于2012—2017年在俄罗斯投资5亿欧元,俄罗斯成为法国农业产品的第3大外国市场。2010年夏天以来,兴业银行已拥有俄罗斯第一大银行罗斯银行(Rosbank)82%的股份。零售企业欧尚是俄罗斯最大的外国雇主,雇佣了2万名俄罗斯员工。法国阿尔斯通(Alstom)与俄罗斯主要的铁路设备生产商运输机械控股集团(Transmashholding)合作,在俄罗斯运输领域前景看好。在能源领域,阿尔斯通电力与俄罗斯核电基础设施监管机构——俄罗斯国家原子能公司(Rosatom)——组建合资公司Alstom-Atomenergomash(AAEM)。其他的大型法国工业集团包括液化气集团(Air Liquide)和施耐德电气(Schneider),在俄罗斯都签下了大额合同,在俄罗斯表现良好。[22]

除此之外,法俄之间很多颇具创新性的合作项目正在出现,包括在工业4.0时代,数字技术、绿色金融、支持俄罗斯生态转型的旅游业、医疗、智慧城市以及交通运输业等。这些都得到法俄经济、金融、工业及商业委员会(CEFIC)及其工作小组的支持。[23]

三、两国在数字经济领域的合作

1. 法俄两国高层引领,建立制度性框架增进合作

2018年5月24日在达成的联合声明中,法俄两国表示要致力于未来经济的新型伙伴关系,法俄经济、金融、工业及商业委员会强调了三个优先发展领域,即:能应对气候变化的经济发展、新型通信、创新以及新型劳动生产力。法俄经济、金融、工业及商业委员会为每一个领域制订了路线图,包括具体的合作项目,这些项目的实施将受到监管。两国还讨论了在医疗、创新,尤其是数据发展方面的投资的新型合作空间,接下来两国还将探讨绿色金融合作的可能性。[24]两国在数字技术以

及创新领域的合作将继续,尤其是通过与旅游业相关的数字项目。法俄双方均寻找到了快速地加快这个领域合作的方式,事实上,2018 年下半年,双方在这个主题已进行实质性的接触。[25] 2018 年 12 月 17 日,在两国经济部长的共同主持之下,第 24 届法俄经济、金融、工业及贸易委员会会议在巴黎举行。这次活动为法俄两国在战略经济领域的长期合作提供了机会。

与此同时,法国高层也特别强调数字主权以及数字经济发展的"第三条道路"。2020 年 2 月,在法国海军军官学院讲话时,马克龙表示欧洲自由行动有赖于经济和数字主权。欧洲利益该由欧洲人自己来界定,也必须为世界所了解。应该由欧洲来界定自己的规制框架,因为这不仅是保护个体的自由,同时也是保护欧洲公司的经济数据。这些都是欧洲主权的核心部分,也是保证法国能够自主行动能力的关键。2020 年 10 月 8 日,在布拉迪斯拉法论坛上的讲话中,法国外交部长勒德里昂也再次强调欧洲主权的重要性,包括在数字领域等多个战略层面,强调在数字领域践行主权。

2. 法俄两国企业相互吸引,密切合作

法俄两国企业开展合作并得到两国政府的支持和保护。隶属于法国经济金融部(the French Ministry of the Economy and Finance)的企业总局(La direction générale des Entreprises)资助法俄两国企业的倡议,比如:法俄数字企业联盟(French-Russian Digital Business Alliance)。该联盟的宗旨是为法俄两国数据公司的合作提供平台。具体路径是通过在人工智能、万物互联、开源、电子政府等领域共同进行研究和开发以具体地促进两国数据生态系统的发展。该联盟致力于共同创新,为它们的用户提供伦理技术以及相对于中美两国互联网巨头的数据独立。这个联盟试图建构并推动"第三条数据道路"以便发展法俄联合创新,基础则是国家的发展以及两国最好的专家。每年该联盟的公司会见面 2—3 次,目的是分享他们的经验和知识。两国公司共同致力于研发,以增进两国之间的全球伙伴关系。该联盟成员包括:法国的 Linagora 公司、Orange 公司、Sigfox 公司、Qwant 公司、Decod 公司、

Biinlab 公司、在莫斯科法国企业家之家(MEF，Maison des Entrepreneurs Français in Moscou)、FrenchTech Moscow、特里亚农市民论坛(Dialogue de Trianon)。俄罗斯的 Technoserv、Satel、Satell IT、Rostelecom、MTS、EZ Mobile、Korus、First Line Software、Altarix、Russoft、ROS Platforma、Moscow Innovation Agency 等。第一次会议举办于 2019 年 2 月,法国成员在巴黎碰头,参与公司包括：LCS，Biinlab，Sigfox，MEF，Linagora，The Agency of development and attractiveness of the territories of Val d'Oise，Decod，DGE，Orange，QWANT。2019 年 6 月 5 日,该联盟在莫斯科组织了第一次法俄数字经济会议,两国共有 50 多家公司参加。公司主管讨论俄罗斯如何借助开源软件实现更多的独立,并发展自己的数字主权；如何提供新颖的、可持续的数字服务以替代外国的互联网巨头。在会议的致辞中,主办方 Linagora 主席亚历山大·扎波斯基(Alexandre Zapolsky)表示俄罗斯代表着全球有趣的例子之一,知道如何通过创造国家性的 IT 公司比如 Yandex、Mail. ru Group、Technoserv、social networks Vkontakte 和 Odnoklassniki 等来建设独立的数字经济和生态系统,能与主流的互联网企业进行竞争。这一点不仅法国而且世界其他国家都应该学习,进行双赢合作,国家型公司能够打败中美两国的互联网巨头。另外,法国已开发出运用开源软件来促进数字化的方法。这一经验对于一些外国政府来说是鼓舞人心的。法俄两国合作,可以分享经验,帮助俄罗斯运用开源软件以便增强其数字主权和独立性。此外,还将帮助一个理念,即：相信可以创造出创新性的、可伸缩的、独立于中美两国互联网巨头的数字服务。他们希望法俄数字经济的合作将给两国带来经济上的成功和数字上的独立。[26]同年 10 月 22 日,在法俄经济、金融、工业及贸易委员会的数字经济工作小组的框架之下,Linagora 组织了企业间快闪洽谈活动(B2B speed dating),这次活动在俄罗斯普列汉诺夫经济大学(Plekhanov Russian University of the Economics)举行,得到法国经济金融部(the French Ministry of the Economy and Finance)的企业总局(La direction générale des Entreprises)、俄罗斯数字发展、电信和大众传媒部国际数字协调中心(the International Coordination Digital Center of the Russian Ministry of Digital Development, Communications and Mass

Media)的共同支持,约有 30 家公司参加。数字经济领域的总裁、技术总监以及公司决策层参加,寻找新的合作伙伴和合作点。当时,Linagora 在俄罗斯新开了家分支机构[27]。

Linagora 创立于 2000 年,创始人和主席亚历山大·扎波斯基是法国致力于开源软件的领军人物,是"数字发展第三条道路"的狂热捍卫者,也是法国国家数字委员会(Conseil national du numérique)和 Alumni Choiseul 100 的成员、维护伦理和可持续创新的公众人物。他表示既要为使用者提供 IT 方案,但同时也会尊重他们的主权。他还表示 2019 年的会议只是开始,争取每年召开一次,以便汇聚经济和政治决策者,成为沟通两国政府和企业之间的桥梁。

在接受访谈时,扎波斯基曾提到:2020 年 5 月,欧洲五位数据部长——包括法国、德国、西班牙、意大利和葡萄牙——在五家主要的欧洲报纸专栏上谴责互联网巨头妄图借助新冠疫情获得数据的行为。他们呼吁创造欧洲协同工作的框架,以便保证对于中美两国互联网巨头的独立性。对于新冠肺炎疫情对数字技术的影响,他认为这在全球范围内带来了无限的机会,疫情使得人们认识到为了继续工作、交流和生活,是多么地需要高质量的数字工具。在这个巨大的浪潮中,那些负责数字技术的人(无论是政府还是公共部门或者公司)都增进了对于免费软件的信心。紧急情况下,很多人选择了 GAFAM(世界五大科技公司,包括谷歌、苹果、脸书、亚马逊和微软)以及中国的公司 BATX(即:百度、阿里巴巴、腾讯和小米),但同时也意识到了其中存在的隐患。这些公司的商业模式让他们意识到有必要开发基于开源软件的数字技术。在公众机构中,欧洲议会也做出了巨大的改变。2020 年 5 月 15 日,在小组讨论环节,欧洲议会通过了好几份预算方面的报告,邀请欧洲机构主要使用开源的方案。欧洲议会认识到开源软件所能带来的附加值,尤其强调了在增加透明性和避免供应商的阻隔方面的作用,同时还认识到改善安全的潜力。扎波斯基继而认为数字经济发展的第三条道路正在出现。在他看来,后疫情时代最有力的经济理念是主权,首先是健康主权,其次是技术和数字主权。全球都认识到了这一点,马克龙是第一个也是最有力提出这个概念的,不断重申法国发展自己的数字独立的重要性。欧洲走第三条道路的机会已经成熟。这个第三条道路将是伦理的、更加负责的、更加包容的数字技术,为人们服务,让人们的生活变得更好。扎波斯基的想法在法国、德国和欧盟诸多机构中都有着共鸣,力求建设一个数字欧洲。[28]

2019 年以来,Linagora 一直在俄罗斯市场扩张,并且与俄罗斯公司尤其是人工智能方面的公司发展了伙伴协议。为了发展数字第三条道路,法国将与强大的、拥有同样战略利益的盟友合作,以便能够独立于美国和中国。在这方面,俄罗斯是一个天然的伙伴选择,此外,印度、日本、韩国、越南和印度尼西亚等国也是合作伙伴。俄罗斯在文化和地缘上是与法国最近的国家,俄罗斯人在数字技术方面表现突出。扎波斯基表示,这就特别要求一个强大的政治意愿,在服务于他们自己的数字生态系统方面有着颇有抱负的技术规制。在这方面,法国可以向俄罗斯学习很多。正是出于这样的考虑,扎波斯基提议成立法俄数字企业联盟。法国和俄罗斯均欢迎对方到本国来投资,法国理应成为俄罗斯企业进入欧洲的入口,在这方面,法国和俄罗斯举行了大型免费的线上活动,由最大的俄罗斯数字高科技商业区即斯科尔科沃创新中心(Skolkovo)向潜在的法国消费者和伙伴介绍俄罗斯公司。

2020 年 2 月,法国社交网络 Whaller 的总裁托马斯·福雷(Thomas Fauré)保证他们公司不会使用它的客户的个人数据,他在论坛中请求欧盟体现"第三条道路",在中美之间做到数字不结盟。他认为欧洲现在受到美国科技公司巨头的殖民,以后会受到中国科技公司的殖民,为了摆脱这种状况,欧洲别无选择,只能团结起来解放自己,因为只有通过重新获得数字主权的方式才能加固它们的政治主权。

2010 年以来,巴黎欧洲金融市场协会(Europlace)与俄罗斯在四个关键领域展开合作:与莫斯科之间的制度性合作;与俄罗斯当局之间的政策对话;对实际经验进行交流;支持法国技术。巴黎欧洲金融市场协会从建立之初就支持法国在俄罗斯的创新企业以及中小企业。2013 年11 月,巴黎欧洲金融市场协会由法国总理艾罗(Ayrault)带领一个由20 家法国企业组成的代表团参加俄罗斯主办的开放创新(Open Innovations)论坛,法国是主宾国。

此外,巴黎欧洲金融市场协会还协同金融创新机构创新金融(Finance Innovation)一起定期与法国商业(Business France)支持法国中小企业寻求它们在俄罗斯的机会,包括云服务、大数据、手机银行、交易安全、智慧城市等。与此同时,巴黎欧洲金融市场协会还与企业之家(Maison des entrepreneurs,MEF2.0)定期举行对话会,企业之家是法国出口到俄罗斯中小企业的领衔孵化器。企业之家与莫斯科 Numa 合作,莫斯科 Numa 加速总部在巴黎的初创企业的发展,这些初创企业选择俄罗斯作为它们国际化的起点国家。

3. 法俄两国民众依托特里亚农市民论坛,为两国数字经济合作提供智力支持

无论是在法国还是在俄罗斯的国家经济社会发展战略中,发展数字经济已然是两国经济转型和现代化的重要方向。早在马克龙担任法国经济部长期间,尽管法国当时参与对俄罗斯的制裁,但同时也放眼未来,与俄罗斯发展数字经济领域的合作。包括:人才培养的蓄水池制度,2016 年成立法俄大学,两国顶尖的技术类高校强强联手,培养数字经济发展所需要的人才;在法俄经济、金融、工业及贸易委员会的框架下,定期召开法俄数字经济领域的高层次研讨会;在特里亚农市民论坛框架、圣彼得堡经济论坛、索契投资论坛上,积极推进两国数字经济类企业之间的合作关系。

2019 年 6 月 5 日,在圣彼得堡国际经济论坛举行前夕,在莫斯科举行"法俄会议:如何发展第三条数字经济的道路",两国探讨开源如何成为数字经济以及俄罗斯创新的新型驱动器。这次会议成为法俄数字商务联盟的里程碑事件之一。

第三节 法俄在敏感领域的关系

法俄双边关系中还有一个显著的特点就是两国在敏感领域也开展紧密合作,体现出两国的互信程度。

一、在太空领域的合作

在太空领域,作为欧洲老牌强国,法国拥有坚实的航天航空基础,

与俄罗斯拥有长期、富有成效的合作历史。冷战时期,美苏在太空领域进行争夺,在此背景之下,戴高乐深感发展法国太空探索的重要性,于1961年成立法国国家空间研究中心(CNES)。5年后,1966年6月30日,戴高乐访问苏联,与苏联签署"和平探索太空合作协议"(l'«Accord de coopération pour l'exploration pacifique de l'espace»)[29],法国成为第一个与苏联在太空领域进行合作的西方大国。两国合作主要聚焦于对宇宙以及对地球的科学研究。1972年,第一颗法国卫星由苏联火箭发射。20世纪80年代,法俄两国太空合作如火如荼。1982年,法国宇航员让-卢普·克雷蒂安(Jean-Loup Chrétien)乘坐Soyuz-T-6飞行器飞往Salyout 7太空站,成为第一个与苏联人一起飞向外太空的西方人。为此,苏联向他授予英雄勋章。当时,载人卫星飞行成为两国太空合作的重要组成部分。同时,两国还将太空领域的合作拓展到民用领域,比如,在电信领域,俄罗斯NPO-PM与法国的Alcatel Alenia Space讨论在俄罗斯克拉斯诺亚尔斯克边疆区的首府克拉斯诺亚尔斯克建设一个平台,在这两家公司的合作之下,欧洲通信卫星公司(Eutelsat)建造了第一个人造卫星。1989年,法苏两国签署协议,对1966年协议进行补充[30];1996年对协议予以更新,1999年终于成型。

苏联解体后,1996年11月,法俄两国签署协议,为两国在太空领域工商业方面的合作奠定法律基础。随后还成立法俄合资的Starcem公司,负责对俄罗斯联盟号火箭发射的管理工作。鉴于联盟号火箭在发射Sputnik和Yuri Gagarin的过程中发挥了重要作用,并且曾成功发射火箭1 700次,因而这个火箭在俄罗斯具有象征意义。当时,应法国的提议,俄罗斯同意让联盟号火箭从法国发射是其对法国信任度的极大体现。2003年,法俄两国签署政府间协议,决定在法属圭亚那实施联盟计划(Soyuz program)。2004年4月,在俄罗斯科罗廖夫航空航天控制中心(Korolev Manned Flight Control Center),联盟号火箭搭载着3名航天员,与国际空间站进行对接。2005年3月,法国国家空间研究中心(CNES)与俄罗斯航天公司(Roscosmos)签署了一份名为"乌拉尔"(Urals)的合作协议,双方致力于在新一代火箭的技术上建设新型发射器。截至目前,联盟号火箭已将多艘法国和欧洲科学和战略卫星送入卫星轨道,包括"显微镜"卫星(由法国国家空间研究中心研制的用于测试爱因斯坦的广义相对论的卫星)、伽利略和 CSO-1 卫星(法国军事复兴卫星)。2019 年,联盟号火箭执行了三次发射,包括 OneWeb constellation 的六颗卫星,O3b constellation 和 ANGELS 的 4 颗卫星,以及由 CNES 研发的第一颗纳米卫星,进行数据收集和定位工作。[31] 总体而言,法国和俄罗斯在太空合作领域各有所长,俄罗斯拥有先进的技术,而法国则提供资助、项目搭建以及市场营销。[32]

2015 年 Roscosmos 新型国家公司成立,对俄罗斯航空生产商进行管理,并且拥有战略和规划的职责,进一步深化法俄在太空领域的合作。2018 年,CNES 和 Roscosmos 重申它们合作的意愿:两家公司签署太空领域合作的新协议,这一协议推动用于和平目的的新型太空项目的发展,并且通过整合多个主题诸如太空生物学、太阳系的研究而使得法俄太空合作更趋多样化。其中,2022 年,将在 Bion-M2 飞行舱中进行生物学实验,旨在研究活的生物体在太空停留后的改变,此外,两国还积极探索登陆月球事宜。

除了双边合作之外,法国和俄罗斯还为多项多边太空计划做出贡献。凭借其 Salyut-7 和 MIR 空间站,俄罗斯为载人飞行的国际空间合作铺平道路,目前与国际空间站的合作仍在继续。事实上,俄罗斯是唯一能够进行载人飞行提供空间的国家。法国宇航员托马·佩斯凯 (Thomas Pesquet)就是从哈萨克斯坦的拜科努尔航天发射场飞往国际空间站的。1988 年,法俄两国还与美国和加拿大签署协议以管理 Cospas-Sarsat 搜救计划;借助能够检测无线电信标发射的卫星系统,这项技术可提供遇险警报和精确可靠的位置数据,以便搜救方能够帮助遇险人员。

CNES 和 Roscosmos 还参与由欧洲航天局(ESA)领导的欧洲太空计划,为水星探测任务(BepiColombo)和火星探测任务(ExoMars)做出贡献。除了与 Roscosmos 富有成效的合作外,CNES 还与其他俄罗斯研究机构合作。例如,CNES 与 IMBP(俄罗斯科学院医学生物学问题研究所)合作,准备、组织和执行天狼星系列实验(SIRIUS, Scientific International Research in Unique Terrestrial)的科学实验,目的是研究心理学和人类在密闭空间中的工作能力。此外,两国的大学围绕着太空探索,在教育、培训、开发课程等方面进行合作,并合作开发多种仪器。法俄经济、金融、工业和商业委员会的空间工作小组（Space WG）每年评估双边在太空工业领域合作的情况，并为新的伙伴关系铺平道路。2019年11月22日，法俄空间工作小组举行会议，强调空间领域工业合作的新方向：第一，从模拟系统过渡到数字系统，包括对发射器、卫星、控制装置等进行数字化更新，并以数字形式存储文件；第二，促进参与者之间的访问和交流程序；第三，将小型企业和初创企业纳入法俄太空生态系统；第四，让工业人士参与到具有高科技含量的项目，并进行高科技设备的制造。[33]

近些年来，在法俄两国"2+2"战略对话中，太空合作也是两国重点关注的领域。2021年6月，法国国家空间研究中心主席巴普蒂斯特与俄罗斯航天公司总裁罗戈津举行视频会议，讨论两国在法属圭亚那太空中心的"联盟"运载火箭发射复合体，强调两国在太空领域中合作的重要性以及两国在安全及信任框架之下合作的必要性[34]，并探讨法国参加中俄月球站建设的可能性[35]。

二、在航空航天、能源、防务、反恐领域的合作

在航空航天领域，法国与俄罗斯有着长期的密切合作关系。2006年，法俄在交通和航空领域签署双边合作协议，并力求签订价值超过100亿美元的商业合同[36]。2010年，法国和俄罗斯航空航天部门签署备忘录，决定加强在该领域的合作与交流。双方发表公报表示，签署备忘录的目的在于创建合作与伙伴关系框架。在这一框架下，双方将成立一个高级别工作组，确定合作的领域与方向，法俄两国在装备认证、技术标准统一、供应商和中小企业联系，以及科研计划方面均有合作意向，并力图将双方的合作拓展到供应领域并吸引更多的中小企业参与合作。[37] 2011年，俄罗斯的联盟号火箭从法属圭亚那的库鲁（Kourou）航天发射场发射，以此为基础，两国合作研发 SSJ100 和 MS-21。两国间在太空教育合作方面设有法俄太空教育与科学论坛，旨在增进法国和俄罗斯航空大学之间的科学和创新活动，同时，两国高校间也进行合作教学，联合培养航空领域的人才。2016年，作为法俄科学合作50周年纪念系列活动中的一个部分，俄罗斯圣彼得堡航空航天仪

表州立大学代表团出席第二届法俄航空教育与科学论坛。[38]以圣彼得堡航空航天仪表州立大学为例,该校与法国高校及科研机构的合作最为紧密,其三分之一的全球合作伙伴在法国。[39]

　　能源也是法俄合作中最为重要的一个领域。2006 年,法国燃气苏伊士集团(GDF-Suez)延长了其与俄罗斯天然气工业股份公司(Gazprom)之间的长期供应合作,拥有该公司 9%的股份,管理连接俄罗斯和德国的北溪天然气管道。就象征意义而言,这一决定于 2010 年6 月在圣彼得堡国际经济论坛中达成,当时萨科齐是主宾。2011 年初,道达尔宣布加入俄罗斯国营诺瓦泰克(NOVATEK)。诺瓦泰克是俄罗斯主要的、独立的天然气生产公司。因开发亚马尔半岛上的沉积物,俄罗斯当局给诺瓦泰克以巨大的支持。2012 年 4 月,法国方面增加了股份,达到 15%,并且在 2015 年达到 19.4%。最后,法国代富公司(EDF)与俄罗斯伙伴一起实施大量的项目。尽管代富公司倾向于不投资于其在俄罗斯的生产,但法国还是参与到南溪天然气管道项目中,占15%的份额,管理在托木斯克市(Tomsk)的电力分配网络,并且于2012 年 6 月与俄罗斯天然气工业股份公司签署协议生产在欧洲的电力。代富公司也与诺瓦泰克进行讨论,要参与亚马尔项目,并且在能源效能方面推动重要的双边项目。[40] 2006 年 12 月,法国燃气公司(Gaz de France)与俄罗斯天然气工业股份公司续签了天然气供应的协议。俄罗斯天然气工业股份公司致力于为法国燃气公司供应天然气一直到2030 年,每年提供 120 亿立方米,共 450 亿欧元,每年平均为 20 亿欧元。2010 年底开始,法国燃气公司每年将额外得到 25 亿立方米,这些将通过波罗的海油气管道。作为回报,俄罗斯天然气工业股份公司在2007 年 7 月 1 日将俄罗斯天然气直供给一些客户,诸如发电站,每年不超过 15 亿立方米。但总体而言,法国对于俄罗斯的能源依赖并不太多,2007 年,中东欧国家和波罗的海国家都高度依赖俄罗斯,法国对俄罗斯的能源依赖的比重则为 24%。[41]

　　在防务方面,俄罗斯也是法国的伙伴。2010 年法俄签署的西北风级两栖攻击舰协议是俄罗斯与北约国家达成的第一宗主要的军售协议,标志着法国的领衔地位以及法国军工企业在沟通与俄罗斯关系方面的桥梁作用。[42]这为法俄两国在防务领域开展合作开了先河。尽管后来因乌克兰危机,法国暂停直至取消交付西北风级两栖攻击舰,但也表明了两国之间的政治互信曾达到一个相当的高度。在军工复合体方面,2011 年 8 月,法国萨基姆集团(Sagem)和俄罗斯国家科技公司(Rostekhnologii)建立的合资企业无疑也是技术层面最具抱负的项目之一。这样的合作也得益于法俄两国密切的政治关系以及相互之间的高度信任。

2020 年 5 月,俄罗斯国防部长绍伊古和法国国防部长帕利讨论了应对新冠病毒、双边军事合作以及军控事宜,包括在欧洲、中东和北非的形势。绍伊古提议组织法俄部门间的专家小组对安全事务进行讨论,同时计划在军事教育方面交换学生、增进关系,同时也准备互派两国的海军军舰到对方的港口。绍伊古确认邀请法国专家参与俄罗斯举办的国际军事科技论坛"Army-2020"以及于 2020 年 8—9 月举行的"国际军事比赛"(International Army Games)。[43]

法俄两国在司法领域也进行合作。早在沙皇时期,在司法层面,俄罗斯就采用了法国模式。创立于 20 世纪 90 年代的宪法法院就是受到了法国宪法委员会的影响,法俄两国法院之间存在着诸多的联系。法国在莫斯科设有联络法官,表现突出。2005 年,巴黎律师协会和法国律师协会(CNB)与俄罗斯联邦律师协会、圣彼得堡和莫斯科律师协会建立合作关系,并计划举办年度会议来加强两国之间的法律合作。[44]2015 年,法俄两国签署文件以增进司法合作。[45]

此外,在反恐方面,1992 年 2 月 6 日,法国和俄罗斯两国内政部长签署警察合作议定书,其中特别规定在打击有组织犯罪、恐怖主义、经济或金融犯罪以及贩毒等领域开展合作。2001 年,两国开始在国际反恐领域进行合作。从务实的角度来看,安全部门之间的合作较为脆弱,因为两国面临的恐怖主义并非同源:法国的威胁来自马格里布(阿尔及利亚、利比亚、摩洛哥和突尼斯)和马什雷克(埃及、伊拉克、约旦、黎巴嫩、巴勒斯坦和叙利亚),俄罗斯的威胁则来自车臣。讨论针对的是临时问题,比如对法国车臣团伙的调查,这些问题密切依赖于相关部门之间的互信度。两国合作依托诸如驻莫斯科的 DST 联络官、法国大使馆的警察专员等。[46]

2003 年 2 月 10 日,法俄两国签署在国内安全和打击犯罪问题上的合作协定,涉及 11 个领域,包括打击有组织犯罪、贩毒、恐怖主义、经济和金融犯罪、人口贩运和非法移民等;同时包括两国相互配备人员和提供设备,以便更好地共同打击新形式的国际犯罪;技术合作方面涉及一般和专业培训、信息和专业经验交流、技术咨询、专业文件交流,以及必要时官员和专家的相互接待等。同时,两国还商定,如果两国合作会破坏主权、安全或公共秩序,破坏国内法关于刑事保密问题的规定或者危及国家的其他基本利益,则两国均可拒绝合作。[47]

第四节　法俄之间的文化社会关系

法俄两国之间在文化和精神上相互吸引。从彼得大帝到伊丽莎白女皇再到叶卡捷琳娜二世,因为两国间的文化交流,法俄关系得以强化。俄国大诗人普希金甚至被称为“法国人”。叶卡捷琳娜二世曾买下启蒙时代法国哲学家的图书馆。法国文化在一定程度上是俄罗斯文化的摇篮。托尔斯泰脍炙人口的《战争与和平》的部分内容是用法语写作的。正如法兰西学术院终身秘书长当科斯所强调的,法语不仅为俄罗斯上流社会所青睐,广大的资产阶级也深深为之沉迷。而到了 19 世纪,情况发生逆转。20 世纪,因为芭蕾、音乐、绘画和文学,俄罗斯文化在欧洲也变得十分流行。当时,在法国知识分子中,苏联的文化影响十分明显。苏联作家、电影、绘画等都风靡一时。

作为历史的延续,文化和教育领域的合作自然也是后冷战时期法俄对话的重点之一。而且,无论国际形势和两国政治关系如何,这种对话都在顺利地进行。

法俄之间在艺术和人道主义活动方面的合作也在切实发展。很明显,双方所开展的行动和双边项目为这一领域的联系提供了新的维度。近年来,从 2010 年首个充满希望的法俄年开始,2012 年举办了法国俄罗斯语言文学季,2013—2015 年举办的戏剧季、电影和美术季等重大文化项目相继涌现,2016—2017 年举办文化旅游年,2018 年举办法俄语言年。

2016 年 10 月,在巴黎的布朗丽码头(Quai Branly)成立东正教文化中心,加强俄罗斯在法国的文化影响力。该中心组织大量的活动(展览、会议、圆桌会议、电影放映）。法俄两国互设重要机构来增进两国民心相通，俄罗斯外交部国际合作署（Rossotrudnichestvo）在法国系统地组织活动，在俄罗斯设有法国学院（l'Institut Français）。位于巴黎的俄罗斯科学与文化中心在法国全境开展业务。它在法国的优先事项是在不同层次上建立对学习俄语的支持、支持双边的科学和文化交流。负责两国文化和人道主义合作的主要机构是法俄文化、教育和青年交流合作委员会，该委员会自 2016 年恢复活动后，2020 年已重新组织会议。

在文化和人道主义领域，2020 年，法国组织了"俄罗斯季"系列活动，该活动在几乎所有法国城市（86 个城市）举行，包括 420 场文化活动。"俄罗斯季"系列活动的关键主题包括纪念第二次世界大战胜利 75 周年，在各主要博物馆中对两国第二次世界大战共同历史进行纪念。此外，还特别重视促进两国精神遗产的发展，将其作为在相互信任和理解基础上深化对话以及展示俄罗斯人民文化多样性的基础之一。在这方面，组织了一系列备受瞩目的活动，比如由俄罗斯外交部与俄罗斯东正教会联合组织的法国的俄罗斯日活动。另一个伟大的文化活动是 2020 年秋季在巴黎将莫罗佐夫兄弟私人收藏的法国印象派作品进行展览，包括克劳德·莫奈、奥古斯特·雷诺阿、埃德加·德加、亨利·马蒂斯的作品，这个国际项目标志着法俄文化关系史上的新篇章。黑海舰队中队的克里米亚和塞瓦斯托波尔大逃亡一百周年也是 2020 年法俄文化交流的主题之一。所谓"俄罗斯大逃亡"使得第一波俄罗斯移民迁居到法国。在法国组织了专题展览并放映纪录片，俄罗斯和法国专家参与其中。同时，法国还对俄罗斯出埃及记参与者的墓地进行第一阶段的保护和维护措施，特别是对在巴黎南郊的圣热讷维耶沃代布瓦（Sainte-Geneviève-des-Bois）公墓的俄罗斯人墓地进行修缮。

两国在科教领域也有着伙伴关系和富有成果的合作历史。在科学、教育和技术领域，俄罗斯和法国签署了"高等教育和科学研究"路线图，确定了未来 10 年科学合作的重点，在俄罗斯科学基金会和法国国家研究中心之间建立合作关系。"法俄大学"项目前景广阔，来自两国的共 20 所高等教育机构参与其中。俄罗斯专家参与欧洲同步辐射装置（ESRF）和法国国际热核实验反应堆（ITER）的工作。2015 年两国签署相互承认文凭和学位的协议。然而，值得一提的是，俄罗斯在法国青年眼中的吸引力下降，这与法国青年对俄罗斯现实的无知、俄语在法国的边缘地位、法国俄苏研究的减少密切相关。同时，在俄罗斯和法国继续开展以"大欧洲"为主题的"暑期学校"项目，由硕士生、博士生和青年科学家参与，以激活青年人的合作，特别是组织语言和文化夏令营、进行探险、组织电影和音乐节等。法俄两国不断扩大学术交流的努力，包括提高俄罗斯大学作为法国学生学习场所的吸引力，并使其更容易获得签证。从这个角度来看，法国特别重视 2020 年上半年在巴黎举行的青年交流发展委员会（Comité de développement des échanges de jeunesse）第一届会议。

地区间关系在法俄关系中也发挥着特殊的作用，在当今复杂的国际政治背景下尤显其重要意义。近来，两国市民社会日益加入到法俄双边关系的建设中。应两国总统的提议，成立于 2004 年的"法俄对话机制"和成立于 2017 年的特里亚农市民社会论坛对于两国民心相通发挥了重要的作用[48]，特里亚农市民社会论坛聚合两国政商学三界人士尤其是年轻人，着眼未来，2018—2021 年，围绕着城市、教育、气候和环境、科学和医疗展开讨论。[49]

2021 年为俄罗斯和法国地区合作年。俄罗斯外交部国际合作署（Rossotrudnichestvo）在法国的代表为发展法俄间市政机构和俄罗斯联邦主体与法国主体之间的直接联系提供经济、人道主义、文化、技术和科学方面的帮助。法俄两国的议员努力为该项目的成功做出贡献。需要强调的是，尽管受到欧盟和俄罗斯相互制裁的影响，俄罗斯仍有70 多个地区与法国保持着贸易、经济和文化的联系。莫斯科、圣彼得堡、莫斯科地区、卡卢加地区、鞑靼斯坦共和国、罗斯托夫地区、萨马拉地区、沃洛格达地区、坦波夫地区尤其与法国相关地区保持着联系。法俄地方在经济、创新、城市工程、文化和教育领域方面的合作得到加强。市镇之间的合作与交流也在不断发展。目前，俄罗斯和法国约有 50 对姐妹城市。其中最活跃的是卡希拉—埃夫勒、蒂赫万—埃鲁维尔、伏尔加格勒—第戎、约科夫斯基—布尔歇、圣彼得堡—波尔多、克拉斯诺达尔—南锡等姐妹城市。2019 年，俄罗斯联邦在双城交流框架内组织了28 场活动。截至 2020 年 6 月，法俄两国的地区、公司和地区组织之间已经签署了 38 项合作协议。法国还在欧洲委员会和联合国教科文组织的地方和地区当局大会上组织了来自俄罗斯几个地区的演讲。俄罗斯外交部国际合作署及其合作伙伴准备开发项目,以扩大法国和俄罗斯双城之间的多领域合作。此外,法俄两国还加强了议会间合作以增进双边关系。2020 年法俄两国还举行了一项重要活动,即根据俄罗斯联邦政府和法兰西第五共和国政府之间的协议于 2011 年成立的法俄地方实体合作委员会(la Commission franco-russe de collaboration entre les entités territoriales)的第一次会议。俄罗斯联邦理事会和法国参议院以及地区商会均认为,地区间和城市间关系是发展富有成效的合作和经验交流的主要手段之一。[50]

1966 年戴高乐访问苏联时签署的双边科技发展协议至今仍在引领两国的合作。目前,法国是俄罗斯第三大科技合作伙伴。2014 年,两国学者和研究人员共同出版 1 700 余本书,每一天大约有 50 多位法国研究人员在俄罗斯进行平均时长 10 天的短期访问和研究。法俄两国的权威科研机构有着密切的合作关系,包括法国国家科学研究中心与俄罗斯基础科学研究会之间、法俄彭瑟莱特实验室、法俄研究中心,以及法国人文之家和俄罗斯人文研究基金会(le fonds russe pour les humanites)之间的合作。

法国在俄罗斯设有法国学院(Institut français de Russie),主要是与俄罗斯当地伙伴在俄罗斯传播法国文化、培训法语,同时也致力于推动法俄关系发展,增进两国在文化和培训领域的交流。有时也会为在法国推动俄罗斯文化提供支持。[51]

在文化领域,2010 年,俄罗斯法国年和法国俄罗斯年同步举行,其间,500 万人参加两国的文化活动。2012 年法俄文学季举行,11 月,在巴黎由两国总理开启名为"法俄知识分子 20 世纪未发表的档案"的展览,随后还举行法俄戏剧和电影年。[52] 2017 年 12 月结束的法俄文化旅游年催生很多文化活动,包括一些成功的展览:在路易威登基金会所在地举办的名为"现代艺术偶像、法国现代艺术收藏家史楚金藏品展"(Icons of Modern Art:The Shchukin Collection)和在莫斯科克里姆林博物馆举办的圣礼拜堂遗物展(the Relics of the Sainte-Chapelle)。2018 年整年在法俄语言和文学年的框架下举行新型文化活动,2018 年

3月，在巴黎书展上，俄罗斯是主宾国。巴黎的俄罗斯精神文化东正教中心于2016年秋天在塞纳河左岸开业，据巴黎人称，它已成为现代俄罗斯在法国首都的真正名片。[53]通过音乐、电影、文学讲述等形式，法俄两国间的文化联系得以增进。自2019年成立以来，图卢兹的法俄音乐节是一个由图甘·索基耶夫(Tugan Sokhiev)领导并与国家国会管弦乐团密切合作的大型跨学科音乐节，以艺术的形式在法国和俄罗斯人民之间架起沟通的桥梁。在特里亚农对话平台的框架之下，会议、音乐会和交流促进了法国和俄罗斯之间的文化和外交关系。各种文化机构之间的合作提醒人们，图卢兹及其地区过去和现在都深受俄罗斯艺术家和作品的影响。由于新冠疫情的影响，2021年的图卢兹音乐节将以线下和线上的形式呈现。[54]

法俄合作还体现在以下领域：学生互换(2015年有约4 000名学生，法国是俄罗斯人爱去的第三旅游目的地)，促进了法国的吸引力，同时也支持了俄罗斯的改革。2005年，在250万份提交给法国当局的签证申请中，有30万份来自俄罗斯，但却只有2 300名俄罗斯学生在法国的大学就读。2007年，俄罗斯是申请赴法签证最多的国家。[55]

第五节　小　　结

作为拥有灿烂文明和丰富精神世界的两个大国，法国和俄罗斯相互吸引、互相关注。两国在千年交往中积累了深厚的友谊和相互间的信任。

就后冷战时期法俄两国在政治、经济、敏感领域，以及文化和民间交往方面的关系而言，主要呈现以下几个特点。

首先，政热经冷。法俄两国之间的政治关系在元首引领之下较为热络，相比较而言，两国之间的经济关系尚未形成与两国间政治关系的正相关关系，这主要是因为法俄两国经济发展的内生动力尚未充分发掘，以及彼此不对称的经济关系。但当两国政治关系陷入低谷，比如因格鲁吉亚冲突以及乌克兰危机法国加入美国和欧盟对俄进行制裁之时，两国并不密切的经济往来却也成为两国关系的"缓冲器"，在一定程度上推动两国政治关系的回暖。

其次,文化交往基础深厚。两国在文化、文明层面相互吸引,并且相互影响,这就使得两国的民族性中有着一定的"互鉴性"。一方面,历史上俄罗斯曾向法国学习,另一方面,作为一种反哺,法国也为俄罗斯文化所深深打动和吸引。这种文化和民间的相互交往,成为法俄关系不会彻底崩坏的一个重要保证。

第三,两国互信程度较高。尽管两国政治关系和经济关系受到美国因素的影响,但基于两国文化的相互吸引、悠久的交往历史以及民间互动的密切,两国之间在太空探索、能源、防务以及反恐等诸多敏感领域开展合作,体现出两国之间较高的互信度。同时,两国决定在数字经济领域开展合作并且力图开辟数字经济的"第三条道路",体现出法俄合作的潜力和空间。

注释

1. Vadim Kamenka, "Sous la Macronie, où en sont les relations entre la France et la Russie ?", le 24 avril 2021, l'Humanité, https://www.humanite.fr/sous-la-macronie-ou-en-sont-les-relations-entre-la-france-et-la-russie-704364.

2. "Présentation du traité signé entre la France et la Russie sur la coopération entre les deux pays à Paris", le 6 février 1992, https://www.vie-publique.fr/discours/129830-presentation-du-traite-signe-entre-la-france-et-la-russie-sur-la-coopera.

3. MM. Simon SUTOUR et Jean BIZET, *RAPPORT D'INFORMATION N°237*, SÉNAT SESSION ORDINAIRE DE 2013—2014, le 17 décembre 2013.

4. Robert del PICCHIA, Josette DURRIEU et Gaëtan GORCE, RAPPORT D'INFORMATION, N° 21 SÉNAT SESSION ORDINAIRE DE 2015—2016, le 7 octobre 2015.

5. Konstantin KOSSATCHEV, M.Christian CAMBON, Rapport CONJOINT, N° 387 SÉNAT, SESSION ORDINAIRE DE 2017—2018, "dialogue parlementaire pour rétablir la confiance entre la France et la Russie", le 28 mars 2018.

6. Konstantin KOSSATCHEV, M.Christian CAMBON, RAPPORT CONJOINT, N°484 SÉNAT, SESSION ORDINAIRE DE 2019—2020, "un agenda de confiance entre la France et la Russie", le 3 juin 2020.

7. https://www.frstrategie.org/web/documents/publications/autres/2015/2015-facon-senat-audition-relations-russie.pdf, p.52.

8. Arnaud Dubien, "France-Russie: renouveau et defis d'un partenariat stratégique", Note de l'Observatoire Franco-Russe, no 1, Oct. 2012. http://obsfr.ru/uploads/media/121031_Policy_paper_fr.pdf.

9. https://www.frstrategie.org/web/documents/publications/autres/2015/2015-facon-senat-audition-relations-russie.pdf, p.55.

10. https://www.ccifr.ru/fr/le-conseil-economique/o-le-conseil-economique.

11. "10 ans Conseil Économique", Chambre de Commerce et d'Industrie Franco-Russe, novembre 2020，https：//www.ccifr.ru/wp-content/uploads/2020/11/brochure-conseil-eco_10-ans_fr_.pdf.

12. Laure Delcour，"France-Russie：la Réinvention d'une Relation Spécifique"，*DGAP analyse*，No.6，juillet 2010，p.8.

13. 引自 *Russie 2014 Regards de l'Observatoire franco-russe*，sous la direction d'Arnaud Dubien，18 avril 2014，Paris，Questure de l'Assemblée nationale，p.64。

14. https：//www.frstrategie.org/web/documents/publications/autres/2015/2015-facon-senat-audition-relations-russie.pdf，p.54.

15. Arnaud Dubien，"France-Russie：renouveau et défis d'un partenariat stratégique"，14 novembre 2012，https：//www.iris-france.org/44696-france-russie-renouveau-et-dfis-dun-partenariat-stratgique/.

16. *Russie 2014 Regards de l'Observatoire franco-russe*，sous la direction d'Arnaud Dubien，18 avril 2014，Paris，Questure de l'Assemblée nationale，p.64.

17. Ibid.，p.65.

18. *Russie 2013 Regards de l'Observatoire franco-russe*，sous la direction d'Arnaud Dubien，18 avril 2013，Paris，Questure de l'Assemblée nationale，p.65.

19. Ibid.，p.114.

20. Ibid.，p.65.

21. Christelle Gibon，"Russian Investments in France"，https：//www.avocats-picovschi.com/investissements-russes-en-france_article_435.html.

22. Arnaud Dubien，"France-Russie：renouveau et défis d'un partenariat stratégique"，le 14 novembre 2012，https：//www.iris-france.org/44696-france-russie-renouveau-et-dfis-dun-partenariat-stratgique/.

23. "Relations Économiques France-Russie"，la Direction Générale du Trésor，le 11 mars 2021，https：//www.tresor.economie.gouv.fr/Pays/RU/les-relations-commerciales-bilaterales-franco-russes-juin-2018.

24. 参见 Linagora 创始人扎波斯基于 2019 年 4 月 25 日写的关于在莫斯科组织会议的邀请信。

25. The 24th Franco-Russian Economic，Financial，Industrial and Trade Council，Dec.17，2018，https：//www.gouvernement.fr/en/24th-franco-russian-economic-financial-industrial-and-trade-council.

26. Conference Program，"French and Russian Companies：How to Develop a Third Digital Way Based on Ethical，Inclusive and Sustainable Technologies"，Alexandre Zapolsky.

27. https：//frenchrussiandigitalalliance.com/.

28. Paroles de Lauréats：Alexandre Zapolsky，"Une 3ème voie numérique est en train de se matérialiser"，le 26—28 mai 2020，https：//www.choiseul-france.com/paroles-de-laureats-alexandre-zapolsky/.

29. "Allocution de l'Ambassadeur de Russie en France Alexey Meshkov à l'occasion du 60-ème anniversaire du premier vol spatial habité"，12 avril 2021，https：//france.mid.ru/fr/presse/gagarine_60_fr/.

30. ANNEXE I-LA COOPÉRATION SPATIALE，DOMAINE PRIVILÉGIÉ DANS LES RELATIONS FRANCO-RUSSES，Rapport d'information，6 juillet 2021，https：//www.senat.fr/rap/r03-317/r03-31719.html.

31. Tamara Tezzele，Maeve Daly et Didier Collin，La Coopération Spatiale Franco-

Russe，La Russie en Transition Économique N°508，avril 2020，https：//www. mines-paris.org/fr/revue/article/la-cooperation-spatiale-franco-russe/1573.

32. Virginie Pironon，"Les deux pays célèbrent 40 ans de coopération spatiale"，*RFI*，le 21 octobre 2006，http：//www1.rfi.fr/actufr/articles/082/article_46939.asp.

33. Tamara Tezzele，Maeve Daly et Didier Collin，La Coopération Spatiale Franco-Russe，La Russie en Transition Économique N°508，avril 2020，https：//www. mines-paris.org/fr/revue/article/la-cooperation-spatiale-franco-russe/1573.

34. Coopération Spatiale Entre La France et La Russie-Rencontre Bilatérale Avec Roscosmos，le 10 juin 2021，https：//presse. cnes. fr/fr/cooperation-spatiale-entre-la-france-et-la-russie-rencontre-bilaterale-avec-roscosmos.

35. Roscosmos，CNES heads discuss France's prospects to join Russian-Chinese lunar project，TASS，Jun.9，2021，https：//tass.com/science/1300387.

36.《法俄加强交通航空领域合作　将签 100 亿美元合同》，2006 年 9 月 24 日，新华网，http：//news.sohu.com/20060924/n245503312.shtml。

37.《法俄航空航天部门签署协议加强合作》，2010 年 6 月 12 日，新华网，https：//finance.qq.com/a/20100612/002529.htm。

38. The SUAI took part in the 2nd Franco-Russian Forum on Aerospace Education and Science held in Toulouse(France)，Dec.2，2016，http：//suai.edu.ru/about_the_university/news/963/.

39. Saint Petersburg State University of Aerospace Instrumentation，https：//en. wikipedia.org/wiki/Saint_Petersburg_State_University_of_Aerospace_Instrumentation.

40. Arnaud Dubien，"France-Russie：renouveau et défis d'un partenariat stratégique"，le 14 novembre 2012，https：//www. iris-france. org/44696-france-russie-renouveau-et-dfis-dun-partenariat-stratgique/.

41. Yves POZZO di BORGO，Rapport d'information n°307 (2006 −2007)，fait au nom de la délégation pour l'Union européenne，le 10 mai 2007，https：//www. senat. fr/rap/r06-307/r06-307_mono. html♯toc101.

42. Marlene Laruelle，"France Mainstreaming Russian Influence"，*The Kremlin's Trojan Horses*：*Russian Influence in France*，*Germany*，*and the United Kingdom*，Atlantic Council，2016，pp.8—9.

43. "Russian-French Military Cooperation"，May. 15，2020，https：//dfnc. ru/en/vtc/russian-french-military-cooperation-to-counter-covid-19/.

44. RETOUR SUR LE LEGAL FORUM DE SAINT PÉTERSBOURG，Avocats Barreau，Paris，le 27 avril 2021，https：//www. avocatparis. org/actualites/retour-sur-le-legal-forum-de-saint-petersbourg.

45. La Russie et la France signent un accord de coopération judiciaire，TASS，le 27 février 2015，https：//fr. rbth. com/en _ bref/2015/02/27/la _ russie _ et _ la _ france _ signent_un_accord_de_cooperation_judiciaire_32929.

46. Nathalie Cettina，France-Russie：Une Coopération Antiterroriste en Demi-teinte，Note d'Actualité N°45，Juin 2006，https：//cf2r. org/actualite/france-russie-une-cooperation-antiterroriste-en-demi-teinte/.

47. Le Sénat，l'accord entre la France et la Russie relatif à la coopération en matière de sécurité intérieure et de lutte contre la criminalité，https：//www.assemblee-nationale. fr/12/pdf/projets/pl1365.pdf，le 21 janvier 2004，pp.1—3.

48. "Political Dialogue between Russia and France，Embassy of the Russian Federa-

tion in France", 2021, https://france. mid. ru/fr/countries/bilateral-relations/political-relations/.

49. Trianon Dialogue: Strengthening discussions between French and Russian civil society, le Ministère de l'Europe et des Affaires Étrangères, https://www. diplomatie. gouv. fr/en/country-files/russia/news/article/trianon-dialogue-strengthening-discussions-between-french-and-russian-civil, 2021.

50. Conseil de la Fédération et Assemblée Fédérale de la Fédération de Russie, *Rapport Conjoint*, N°484 SÉNAT RÉPUBLIQUE FRANÇAISE, Session Ordinaire de 2019—2020, le 3 juin, 2020, pp.32—35.

51. COOPÉRATION FRANCO-RUSSE, l'Institut Francais, https://www. institut-francais. ru/fr/russie/cooperation-franco-russe.

52. Laurent Fabius, "France-Russie: Quel Partenariat pour un Monde Globalisé?", *Russia in Global Affairs*, Vol.11, Numéro Spécial, 2013, p.16.

53. Путин и Макрон на неформальной встрече в Версале обсудят международные и двусторонние деле, Первый Канал, май, 29, 2017, https://www. 1tv. ru/news/2017-05-29/326132-vladimir_putin_i_emmanuel_makron_na_neformalnoy_vstreche_v_versale_obsudili_mezhdunarodnye_i_dvustoronnie_dela.

54. Les Franco-russes-Troisième edition, le 13 mars-le 1 avril 2021, https://www. lesmusicalesfrancorusses. fr/.

55. Yves POZZO di BORGO, Rapport d'information n°307(2006—2007), fait au nom de la délégation pour l'Union européenne, le 10 mai 2007, https://www. senat. fr/rap/r06-307/r06-307_mono. html♯toc101.

第三章

危机事件中的法俄关系

我认为我们应在与德国人达成一致的基础上建设欧洲。一旦欧洲建立起来,我们就可以转向俄罗斯。只要俄罗斯改变政体,我们欧洲就可以一劳永逸地尝试着建立与俄罗斯的关系,这是真正的欧洲工程,同时也是我的抱负所在。

——夏尔·戴高乐(法国前总统)

21 世纪以来,俄罗斯与西方之间经历了三次重要的危机,俄西关系急转直下,降至冰点。作为东西方之间的重要调停者,法国在危机事件中扮演了十分重要的角色。不同于前文聚焦于不同总统任期内对俄政策的演变,本章拟采用危机事件叙述法,因为恰恰是在危机中,各种矛盾凸显,各方力量交锋,法国在俄罗斯和西方之间微妙的、谋求平衡的作为表现得最为淋漓尽致。

第一节　格鲁吉亚战争:作为领头调停者

冷战以降,欧亚纵深地带发生了一系列深刻的地缘政治变化:一方面,欧美国家凭借双东扩政策不断战略挺进,以"颜色革命"之名在原苏联地区进行政权更迭;另一方面,21 世纪以来的俄罗斯,在普京治下社会稳定,经济发展,国际地位提升,维护其在原苏联地区的影响力的意愿和能力显著增强。同时,格鲁吉亚的重要地缘政治经济地位及其国内的分离主义运动相互交织,使得俄格冲突的偶然性中又带有必然性,折射出欧俄之间错综复杂的地缘政治竞争。

一、格鲁吉亚战争的缘由和实质

格鲁吉亚地处高加索中西部,北接俄罗斯,东南和南部分别与阿塞拜疆和亚美尼亚相邻,西南与土耳其接壤,西邻黑海。格鲁吉亚国土面积不大,但却拥有重要的地缘政治意义,被称作美国等西方大国与俄罗斯博弈的"赌盘"。

1991 年 12 月苏联解体后,原苏联加盟共和国之间的国家间边界得以划定,但所谓"别洛韦日国家主义"原则最初并没有应用于南高加索。因此,原苏联加盟共和国边界修订的第一个先例在此出现。欧亚大陆,特别是高加索地区,第一次出现了只获得部分承认的国家——它们的独立仅得到作为联合国安理会常任理事国的俄罗斯联邦的认可,却没有获得联合国的承认[1]。南奥塞梯原是格鲁吉亚的一个自治州,与俄罗斯的北奥塞梯共和国接壤。从 20 世纪 90 年代初开始,在苏联解体浪潮的影响和冲击之下,南奥塞梯竭力谋求独立、与北奥塞梯合并。它在实际上脱离了格鲁吉亚中央政府的控制,又与俄罗斯保持着密切的关系,多数居民拥有俄罗斯公民权。可以说,当今俄罗斯与格鲁吉亚的关系是苏联解体后原加盟共和国之间出现的最为复杂、最为紧张的双边关系。

2008 年 8 月 8 日,在世界瞩目于北京奥运会开幕式之际,格鲁吉亚政府军对南奥塞梯发动军事攻击,控制了南奥塞梯首府茨欣瓦利。当日下午,俄罗斯第 58 军的多辆坦克、装甲车和其他军用车辆越境进入格鲁吉亚,前锋装甲部队进抵茨欣瓦利市区。8 月 9 日,萨卡什维利总统宣布进入战争状态,俄罗斯随后展开猛烈反击。"迫使格鲁吉亚接受和平"的行动于 8 月 12 日结束。接着,俄罗斯联邦议会上下两院于 25 日全票通过南奥塞梯和阿布哈兹当局先前提出的要求俄罗斯承认它们独立的呼吁书。26 日,俄罗斯总统梅德韦杰夫宣布承认南奥塞梯和阿布哈兹独立,并责令俄相关部门与南奥塞梯和阿布哈兹就建交事宜进行磋商。

俄格冲突引起世界各国的强烈反响,有人甚至将俄格冲突的严重性与柏林墙倒塌和 9·11 恐怖袭击事件相提并论。俄罗斯、格鲁吉亚、西方等多方均就这一事件发表观点,俄罗斯领导人认为是格鲁吉亚政府发动军事攻击在先,俄罗斯只是作出被动的回应;格鲁吉亚则认为是南奥塞梯不断的挑衅逼迫他们采取这一军事行动,是南高加索地区矛盾累积到无以复加也无法再继续忍受下去才导致的恶果。一时间,南高加索地区的脆弱平衡被打破,格鲁吉亚处于被动境地。当时,舆论普遍认为,格鲁吉亚在南奥塞梯军事冒险行动背后的怂恿者为美国,这一冲突具有深刻的俄罗斯与西方尤其是美国之间的争夺背景,有人甚至惊呼"新冷战"的到来。

俄格冲突爆发主要有以下两个原因。第一,从国际背景来看,北约东扩、"颜色革命"和在欧洲部署反导系统,不断积压着俄罗斯的战略空间。美国和北约企图借助格鲁吉亚完成其驻军高加索的任务,同时还支持格鲁吉亚加入北约,这使得俄罗斯的不安全感日益凸显。同时,作为一种回应,俄罗斯也力图在原苏联地区恢复势力范围。另外,美国在东欧推进反导系统的部署,使得俄罗斯拥有的突破反导系统的手段失效,这让美俄战略平衡出现根本性逆转的危险,针对此,2007 年 2 月,普京在第 43 届慕尼黑安全政策会议上的讲演,严厉批评美国的安全政策,质疑东欧反导系统针对俄罗斯的动机。同年夏,俄罗斯表示暂停执行《欧洲常规武装力量条约》作为反击。然而,2008 年 7 月和 8 月,美国依旧分别与捷克和波兰签约,分别建立反导雷达预警基地和导弹拦截基地。[2]第二,就双边关系而言,在政治上,格鲁吉亚领导人奉行亲西方政策,追随美欧、疏远俄罗斯,成为西方势力用来胁迫俄罗斯的桥头堡;拒绝与俄罗斯在潘基西峡谷的联合反恐行动。在经济上,俄格两国激烈争夺油气流向的控制权。格鲁吉亚是连接里海和地中海石油天然气管道的主要枢纽。在美国的指导之下,阿塞拜疆、土耳其和格鲁吉亚三国铺设了从巴库经第比利斯到杰伊汉的输油管道[3],回避了俄罗斯境内的管道系统,这使得俄罗斯无法再继续控制西方国家的能源供应线。[4]

通过格鲁吉亚战争,俄罗斯以实际行动对北约在原苏联地区的扩张给予了明确反对和抵制,在一定程度上,扭转了后冷战时期一直以来美国咄咄逼人、俄罗斯努力迎合的态势。这对于俄罗斯而言无疑是外交上的重大胜利,当时普京在俄国内的民众支持率也达到峰值,而格鲁吉亚战争之后,美国"重启"与俄罗斯的关系,欧洲则继续与俄罗斯之间的"现代化伙伴关系"[5]。

二、法国在格鲁吉亚战争中的角色和作用

2008 年 8 月 7—8 日,格鲁吉亚战争爆发。8 月 9 日,法国外长库什内代表欧盟、芬兰外长亚历山大·斯图布(Alexander Stubb)代表欧洲安全与合作组织,共同奔赴格鲁吉亚首都第比利斯,向时任格鲁吉亚总统萨卡什维利提交了一份关于格鲁吉亚停火协议的草案。这份草案虽得到萨卡什维利的同意,但却被俄罗斯拒绝。8 月 10 日,在联合国安理会第 5953 次会议上,法国代表阐明法国在格鲁吉亚冲突中所做出及即将作出的努力。[6] 8 月 12 日,在时任欧盟轮值主席国法国总统萨科齐的调停之下,梅德韦杰夫下令俄罗斯军队停止在格鲁吉亚的军事行动,并且同意接受由法国起草的"六点协议"[7]。注意到俄军暂未撤出,萨科齐再次联系梅德韦杰夫,梅德韦杰夫承诺 8 月 18 日中午开始撤军。8 月 19 日,萨科齐在与梅德韦杰夫会晤时明确表示"俄罗斯想要捍卫其切身利益的行为是完全正常的"[8],"俄罗斯有权捍卫在俄罗斯本土的俄罗斯人的利益,以及捍卫在俄罗斯以外的讲俄语的居民的利益"[9]。梅德韦杰夫承诺将在 8 月 22 日前撤军。[10] 8 月 27 日,萨科齐向梅德韦杰夫和萨卡什维利转达了谴责俄罗斯联邦承认阿布哈兹和南奥塞梯独立决定的立场。8 月 28 日,法国驻联合国代表在安全理事会第 5969 次会议上重申了这一立场。[11] 值得注意的是,萨科齐提出的"六点协议"中并未提及俄罗斯军事行动的性质,并且对俄军在冲突之后是否退出南奥塞梯和阿布哈兹也未做任何说明;在此过程中,萨科齐多次往返于莫斯科和第比利斯之间,法国与当事方之间的双边对话发挥了十分关键的作用。[12]

然而,"六点协议"签署之后,格鲁吉亚的地区局势仍不稳定,俄美双方仍争执不下。8 月 26 日,俄罗斯总统梅德韦杰夫正式宣布南奥塞梯和阿布哈兹两地作为主权国家独立,一时间在西方社会引起轩然大波[13],欧盟随即推出对俄罗斯的制裁措施。9 月 8 日开始,法国总统萨科齐、欧盟外交与安全事务的高级代表索拉纳、欧委会主席巴罗佐先后前往莫斯科和第比利斯,终于在莫斯科达成"六点协议"的补充条款,俄

罗斯军队最终从占领地带撤回到南奥塞梯和阿布哈兹。欧盟 200 名观察员(其中有 40 名来自法国)于 9 月 15 日进入格鲁吉亚冲突地带进行实地考察。[14]9 月 20 日,法国总理菲永在与俄罗斯总理普京会晤时表示,俄格冲突并未影响两国的进一步合作,尤其是在关键的能源领域、高科技以及太空领域的合作,包括对北极什托克曼油气田的合作开发以及联合发射航天器的项目等。[15]

可以发现,俄格冲突爆发以后,美欧一致谴责俄罗斯,但随着事态的发展,美欧在对俄政策上的分歧逐渐显现,欧盟始终不愿配合美国行动共同向俄罗斯施压。在俄格冲突中,"平衡"是法国的第一要务。2008 年 10 月,在欧洲议会,萨科齐解释道:"俄罗斯是欧盟重要的伙伴,因此,有必要找到解决方案:与格鲁吉亚的停火。"[16]在萨科齐看来,作为欧洲重要的能源供应国以及欧盟周边稳定的重要保障者,俄罗斯这一伙伴十分重要。但为了美化法国的务实政策,萨科齐又补充道:"最终,欧洲将赢得平衡、民主和对邻国的尊重。"可谓在现实主义和出口价值观方面寻求一种平衡。[17]

法国在格鲁吉亚危机中扮演调停领头羊角色,一方面与萨科齐本人的个性魅力密切相关,另一方面与法俄"特殊伙伴关系"、多年累积的互信紧密相关联。自 2007 年当选以来,萨科齐以务实政治家形象示人,采取了一些较为务实的行动,如恢复自 2003 年伊拉克战争以来走低的法美关系,宣布致力于让法国重新进入北约的军事指挥结构之中等。同时,在莫斯科,他也被认为是可靠的调停者,这一方面是因为法国的实力(包括拥有联合国安理会常任理事国地位和军事实力),另一方面也是因为其一贯以来对俄罗斯堪称友好的态度。[18]当然,俄罗斯政治家费奥多罗夫(Fiodorov)也犀利地指出:"法国的这一态度并非基于对俄罗斯的友谊而是务实的考量。"[19]另外,萨科齐并没有坚持格鲁吉亚的领土不可分割,这一点恰恰是莫斯科所能接受的。在谈判策略上,萨科齐向双方反复表达的观念是,要么格鲁吉亚灭亡,要么俄罗斯与西方的关系崩坏,这两者显然并非交战双方心之所想。时任法国外交部长的库什纳在法国《世界报》上曾强调,欧洲的战略自主诞生于格鲁吉亚战争,是法国总统在沟通协调战争各个方面发挥了关键作用,才得以让俄格冲突局势缓和,同时,在俄格冲突中,欧洲安全与防务政策与北约相互补充,欧盟在北约没有行动意愿的情况下毅然采取行动,体现出重要性。[20]然而,法国的调停行为却遭到西方的严厉批评。[21]一些人认为,法国的干预使得俄罗斯得以将其军事成果转化为政治成果,法国"事实上承认了俄罗斯对阿布哈兹和南奥塞梯的兼并"[22]。法国是代表欧盟进行调停的,然而法国的风头却显然超过了欧盟。[23]

俄格冲突以后,法俄关系发生了一些微妙的变化。此次战争暴露出俄罗斯军事装备方面的弊端,因此俄罗斯开始与法国就防务采购事宜开始进行谈判。2011年1月,俄罗斯与法国签署协议,购买其西北风级两栖攻击舰。此外,法俄两国同意在俄罗斯的造船厂建造三艘以上的西北风级两栖攻击舰。该协议在之后的乌克兰危机以及俄罗斯与西方的关系走向中,是一个颇具争议的议题。2009年,格鲁吉亚外交部长戈里戈尔·瓦沙泽(Grigol Vachadze)在接受法国《世界报》访谈时就明确表示格鲁吉亚希望加入欧盟和北约的愿望,同时也表达了对于法国与俄罗斯西北风级两栖攻击舰军售的担心。[24]此外,因考虑到法国道达尔公司和燃气苏伊士集团(GDF Suez SA)参与俄罗斯的多个油气项目,法国对美国派往格鲁吉亚的观察员持谨慎的态度,唯恐得罪俄罗斯。[25]

尽管法国在格鲁吉亚危机中发挥了核心的调停作用,但法国和俄罗斯之间的嫌隙却也在逐渐显现。一是法国对俄罗斯在国际舞台上运用其能源资源的行为心存不满;二是俄格冲突促使法国开始警觉俄罗斯的战略意图。法国外交部长贝尔纳·库什内曾直接表示俄罗斯可能有着其他目标,比如克里米亚、乌克兰、摩尔多瓦等。[26]三是正如俄罗斯担心北约东扩一般,法国也日益担心俄罗斯的反制措施,包括对北约军事部署的反制等。[27]

第二节　叙利亚冲突:从分歧凸显到寻求合作

叙利亚位于亚洲西部、地中海东岸,北与土耳其交界,东与伊拉克相接,南与约旦为邻,西南与黎巴嫩和巴勒斯坦相连。它的西面与塞浦路斯隔地中海相望,濒临地中海有183公里的海岸线。叙利亚地处阿拉伯新月地带的核心位置,是国际交通的十字路口,连接着西亚、非洲各国和地中海地区,自古以来便是东西方商道的重要支点。地处中东"心脏地带",叙利亚因其重要的地缘战略位置,历来是域外大国拉拢和争夺的对象。2011年爆发的叙利亚冲突是美国等西方国家企图在叙利亚复制"利比亚模式"的一次尝试,俄罗斯的强势介入使得这一图谋最终破产[28]。作为西方大家庭的一员,法国在叙利亚冲突中与俄罗斯的立场呈现从分歧到合作的转变。

一、叙利亚冲突:俄美的代理人战争

冷战时期,叙利亚是美苏在中东博弈的焦点。叙利亚是苏联在中东的支点国家,是"苏联在中东的影子"[29]。而美国则对叙利亚的打压不遗余力。1979年,美国将叙利亚列入"支恐国家"名单,并对叙利亚实施制裁。冷战结束后,美国仍然试图颠覆叙利亚政权。21世纪以来,俄罗斯力图重塑其世界大国的地位,开始重返中东,俄叙军事合作日益密切。2011年初,叙利亚冲突爆发后,美俄迅速介入其中,使叙利亚问题变成复杂的代理人战争。

美俄介入叙利亚冲突各有所图。对于美国来说,叙利亚问题攸关中东地区局势,但并非其全球战略中的重要环节,因此投入资源并不太多。奥巴马执政后期,美国的叙利亚政策进行战略收缩,该政策的重心在于有限地军事介入叙利亚问题,打击极端主义,扶持叙利亚反对派和库尔德人。由于奥巴马政府力图与伊朗达成核协议,因此伊朗在叙利亚的扩张并非美国关注的重点。奥巴马政府时期,美俄在叙利亚问题上呈现既有竞争也有合作的态势。而对于俄罗斯来说,面临以美欧为首的西方国家在欧亚地带的不断扩张,以及美国对于冷战"失败者"俄罗斯的不尊重和蔑视,俄罗斯日益认识到恢复其全球影响力的重要性,而叙利亚冲突则成为一个有力抓手。通过介入叙利亚冲突,俄罗斯努力提升其在中东的影响力,强化其作为国际热点问题调停者的角色;有效体现反对西方国家新干涉主义的姿态,作为这一姿态的延伸,也是间接表达了对于西方国家不顾及俄罗斯的地缘政治利益和国家安全而不断东扩的不满;此外,俄罗斯高调介入叙利亚内战还体现出俄罗斯在解决国际事务和地区热点问题上的意愿和能力,有助于俄罗斯重塑其与西方国家平等的大国地位。

围绕着叙利亚冲突,美俄两国展开博弈,主要体现在对三个方面事务的争夺。第一,关于复兴党政权存续的斗争。危机爆发初期,奥巴马政府承认反对派的合法性,要求巴沙尔总统立即下台。2012 年,美国宣称化武问题是叙利亚问题的红线,威胁使用武力。2013 年,叙利亚化武危机爆发后,美国等西方国家试图复制"利比亚模式",操纵联合国设立禁飞区,进行所谓"人道主义干涉",颠覆复兴党政权。为捍卫俄罗斯在叙利亚乃至中东的核心利益,俄罗斯开始积极支持叙政府,反对所谓"人道主义干涉",在联合国安理会多次否决西方国家的涉叙决议。在俄罗斯的劝说之下,叙利亚政府销毁化学武器,美国被迫予以支持,最终化武危机得以化解。第二,在叙利亚反恐战争中的博弈。叙利亚危机初期,美俄更多采用政治和外交手段,扶植代理人影响叙利亚局势的走向,并未直接军事介入。"伊斯兰国"的异军突起危及中东乃至世界的安全,美俄开始军事介入叙利亚问题,但两国对于极端组织存在不同的定义,打击的对象不同。第三,围绕叙利亚政治过渡的博弈。美俄军事介入使得叙利亚国内力量对比发生重大变化。叙利亚政府转危为安,国家重建被提上议事日程。但在 2017 年叙利亚政府收复阿勒颇之后,俄罗斯开始将美国排除在外,与土耳其、伊朗发起"阿斯塔纳进程",使得美国在中东事务上第一次被边缘化。作为回击,美国抵制俄罗斯的重建方案,并联合英法等国多次以化武问题为由,打击叙利亚政府军,向俄罗斯施压。[30]

二、叙利亚危机中法国的对俄政策

在欧盟国家中,法国与叙利亚渊源最为深远:曾是其宗主国;第二次世界大战后在戴高乐主义指引之下相互合作;冷战后则依托叙利亚,努力在中东与美俄两国形成牵制之势。[31]可以说,叙利亚是法国中东政策的重要一环,也是法国构建大国影响力的重要支点。而对于俄罗斯来说,叙利亚是其在中东地区的重要盟友,俄罗斯在叙利亚设有塔尔图斯海军基地及其境外最大的窃听站。俄罗斯与阿萨德家族的关系可回溯至 20 世纪 70 年代。[32]同时,自 1916 年 5 月法英两国签署至今尚在影响中东格局的"塞克斯—皮科协定"(Sykes-Picot Agreement)[33]以来,法俄两国在叙利亚等国就保有一定的沟通渠道。

21世纪以来,在希拉克时期因哈里里遇刺事件,法叙关系一度疏远;在萨科齐就任初期,法国极力拉拢叙利亚,包括吸纳叙利亚加入"地中海联盟",法叙双边经济关系取得新发展,双方签署一系列商业合同,但因巴沙尔政权并不赞同萨科齐组建政治联盟的行动,同时,又遭到美国的反对,法国未能签署向叙利亚出口空客飞机的合同,使得法叙关系陷入低谷。总体而言,在叙利亚冲突中,法国的对俄政策是在其中东政策的框架之下制定的,经历了四个阶段。

第一阶段(2011年3月—2012年5月)。2011年3月,叙利亚反政府抗议迅速升级为旨在推翻巴沙尔政权的全面政治危机。法国将叙利亚内战视为"阿拉伯之春"的一个组成部分,并且希望借美国在中东战略收缩之机,时隔70年"重返中东"。因此,在萨科齐时期,法国在双边关系上、在联合国框架下、在欧盟以及阿盟层面,都努力推行和积极呼吁对叙利亚进行制裁。2011年11月,法国成为第一个提出对叙利亚进行军事干预的西方大国,并且,法国常驻联合国代表热拉尔·阿罗(Gérard Araud)还对安理会的沉默无为予以谴责,当时,俄罗斯在安理会对西方发起的对叙制裁投了否决票。[34] 2012年3月,法国关闭驻叙大使馆。

第二阶段(2012年5月—2015年9月)。奥朗德时期基本延续萨科齐的对叙政策,同时态度更为积极,立场也更为激进。在11·13恐袭事件发生之前,主要通过两个步骤对阿萨德政权施加压力:首先,向政权施压。2012年5月,以"叙利亚政府制造屠杀胡拉镇平民事件"为由驱逐叙利亚驻法国外交官;8月,呼吁叙利亚反对派建立临时政府;10月,依托欧盟对叙利亚进行经济制裁,2013年5月和2014年5月法国和欧盟两次延期对叙制裁,企图以经济拖垮的方式让阿萨德政权垮台。其次,承认并支持叙利亚反对派。2012年11月13日,奥朗德在其上台后的首次新闻发布会上发表声明:"我宣布法国承认叙利亚全国联盟为叙利亚人民的唯一代表,因此也是一个将取代巴沙尔·阿萨德政权的未来民主叙利亚的临时政府。"法国故而成为第一个承认叙利亚"全国联盟"的西方国家。除了向叙利亚反对派提供资金援助,法国还为其提供武器支援。2013 年 5 月,法国在欧盟成员国中率先解除对叙利亚的武器禁令;2014 年 8 月,奥朗德承认法国向叙利亚反政府武装提供武器。此后,法国呼吁推翻巴沙尔政权,甚至威胁要进行军事干预。

2013 年 8 月,叙利亚发生化学武器危机,越过奥巴马所谓"红线",对此,美国声称要对叙利亚进行有限时间和有限规模的军事打击,法国紧紧跟随美国,但却未得到美国和欧盟成员国的公开支持。最终,在俄美沟通之下,两国通过向联合国安理会提交方案解决了该危机。[35] 2014 年开始,根据《联合国宪章》第 51 条的自我防卫条款,法国决定空袭叙利亚境内的"伊斯兰",奥朗德开始希望能与俄罗斯开展合作以打击"伊斯兰国"[36]。法国媒体甚至强调"伊斯兰"是第二次世界大战以来法俄两国必须携手打击的第一个共同敌人。[37]同时,基于一系列恐怖袭击以及难民危机的影响,加上法国在干预叙利亚事务上被孤立和抛弃的处境,法国对叙政策逐渐松动。

之前,奥朗德的叙利亚政策建立在三个关键因素上:(1)法国不会参与打击叙利亚境内的"伊斯兰国"的军事行动;(2)叙利亚冲突的政治解决前提是阿萨德政权的更迭;(3)伊朗不是法国的合作对象。然而,在 2015 年 8 月 28 日的讲话中以及 9 月 8 日的记者招待会上,奥朗德宣布他的叙利亚政策的重大转变。首先,他授权法国空军在叙利亚飞行以便收集情报,并且最终打击与"伊斯兰国"相关的恐怖组织据点。其次,对于阿萨德下台与否,奥朗德也表现出更多的灵活性。在 2015 年 8 月 28 日的讲话中,奥朗德认为阿萨德下台并非政治解决叙利亚问题的先决条件。这种灵活性可能与当时正在进行的俄美外交努力密切相关,因为法国担心会再次出现类似于 2013 年美俄就叙利亚化武危机达成协议的外交"既成事实"。此外,奥朗德开始认为,伊朗将有助于政治方案的达成。[38]在实际行动中则表现为,2015 年 9 月,法国对叙利亚境内的"伊斯兰国"目标首次进行空袭;在联合国层面,号召各国联合反恐。

第三阶段(2015 年 9 月—2017 年 5 月)。以 2015 年 8 月 28 日及 9 月 8 日奥朗德召开记者招待会宣示其对叙政策转变为标志,法国对叙利亚问题的立场发生改变,重心从推翻巴沙尔政权转向打击叙利亚境内的"伊斯兰国"。值得注意的是,2015 年 9 月,俄罗斯也开始在叙利亚境内打击"伊斯兰国",希图能在欧洲民众中改善俄罗斯的形象,也正是基于这一考量,普京在联合国讲话中强调在击败"伊斯兰国"方面俄罗斯发挥的关键作用,努力彰显俄罗斯在全球的影响力。[39] 2015 年11 月 13 日发生的巴黎恐袭案更是推动法俄关系回暖,两国视"伊斯兰国"为共同的敌人,倾向于在叙利亚采取联合行动打击"伊斯兰国"要塞。尽管在乌克兰问题上两国仍持有不同立场,但维护中东稳定的共同需求促使两国走近。[40] 2015 年 11 月,在访问美国、与默克尔召开联合记者会之后,奥朗德访问俄罗斯并与普京会面,就两国在叙利亚联合反恐问题达成共识[41],并就阿萨德的去留进行讨论。法国外交部当时表示法国更倾向于与俄罗斯而非美国进行合作。[42]

然而,由于法俄两国对于冲突的解决方式南辕北辙,两国的合作并没有持续多久。伴随着叙利亚政府和俄罗斯在叙利亚军事行动的逐步扩大,这一点显得更为突出。在认知层面,奥朗德及其政府不再将与俄罗斯的合作视为对付"伊斯兰国"的必需选项;他还在道义上谴责俄罗斯,认为俄罗斯的行为本身就是一种安全威胁,会刺激极端化趋势,并增加法国本土的恐怖主义威胁。在行动上,在联合国框架内,法国与俄罗斯各提主张,互不买账,双方的分歧和对抗明显。2016 年 10 月,联合国安理会成员国对停止阿勒颇战斗的两个草案进行表决,均未被通过:法国和西班牙提议设立禁飞区,该草案被俄罗斯否决;俄罗斯针锋相对,提出相反的议案,也被欧美否决。此外,2017 年俄罗斯还抛开法国等西方国家主导的日内瓦和谈机制,与土耳其和伊朗等形成阿斯塔纳机制以推进叙利亚问题的政治解决;2017 年 4 月,俄罗斯否决由法国等向联合国安理会提出的关于叙利亚化学武器事件的决议草案,成为叙利亚内战以来连续第八次否决西方针对叙利亚问题的决议。

第四阶段(2017 年 5 月—12 月):伴随着中间派候选人马克龙成功当选法国总统,在叙利亚问题上,法国的态度也发生很大的改变:阿萨德是否下台不再是法国的首要目标,彻底铲除恐怖组织并促进叙利亚的和平稳定成为新政府在中东的主要任务;政治和外交手段成为取代之前军事手段的重要方式。在此背景之下,马克龙强调与俄罗斯合作的重要性,并在 2017 年上任后即举行的马普会上达成共识。同时,马克龙也玩起巧妙的均衡外交,指出法国与美国坚决捍卫在叙利亚问题上的"红线"。

2018 年 4 月,因发生在叙利亚大马士革旁边杜马镇的疑似"化武袭击",美、英、法三国联合空袭叙利亚,对于空袭的原因三国口径保持一致,表示此举旨在向阿萨德政权释放"对化武袭击零容忍"的信号。马克龙表示法国所设定的"禁用化武"的红线已然被跨越,"袭击旨在捣毁'秘密化武仓库'"。袭击发生后,应俄罗斯的要求,4 月 14 日,联合国安理会召开紧急会议就此次袭击进行讨论,但俄罗斯关于谴责西方联军对叙利亚的"侵略行动"的决议草案未获通过,北约所有 29 个成员国均一致投票支持联军的袭击。法国常驻联合国代表德拉特(Francois Delattre)表示,巴黎正酝酿向安理会提交一份解决叙利亚危机的新议案,并希望与俄罗斯和土耳其达成共识。这一新议案旨在让叙利亚问题重新回到以法国等西方国家为主导的日内瓦和谈机制的框架之内,以政治途径加以解决。[43]法国外长勒德里昂在《星期日报》对他的访谈中表示:"法俄应携手促进叙利亚问题的政治解决,这是解决危机的唯一出路。"而马克龙在 15 日稍晚的电视访谈中也持相似的调门。实际上,在俄罗斯与西方紧张关系持续发酵的背景之下,法国仍继续保持着与俄罗斯的对话,即便在联军空袭发生之前的数小时,马克龙还与普京进行电话沟通。[44]

可以发现,在叙利亚冲突的初期,为了恢复法国"宗主国"的荣光和对中东地区事务的主导权,萨科齐一反追随美国的定式,力推军事干预政策。在奥朗德治下,价值观外交占据主导,对叙介入政策更趋明显,法国与俄罗斯在联合国框架之内的分歧凸显,双边关系一度走低;然而由于俄美在化武危机问题上的走近,奥朗德在"有心无力"的尴尬处境中,只能逐渐改变其对叙政策。及至马克龙时期,法国在叙利亚问题上,对俄政策更趋务实和灵活,一方面保持与美国及欧洲其他国家步调一致,另一方面也努力寻找与俄合作的空间、作为俄罗斯与西方对话的"中间人"的有利时机。

第三节　乌克兰危机:在协调与制裁之间

追求战略自主是法兰西第五共和国历任总统孜孜以求的目标。在乌克兰危机中,法国力求在维持与俄罗斯良好关系的同时,也与盟友共同支持乌克兰。乌克兰是法俄关系中的一个更宽泛意义上的地缘政治的投射。巴黎努力在基辅和莫斯科之间"走钢丝",一方面接受德国在欧洲的领导,另一方面也努力去接纳俄罗斯。[45]

一、乌克兰危机爆发

1991年,位于欧盟东部的乌克兰独立之后成为一个分裂的国家,沿着种族—语言分界线,东部的顿巴斯地区以及克里米亚半岛上生活着说俄语的少数人。随着北约和欧盟的双东扩,乌克兰加入北约的努力受到俄罗斯以及说俄语的少数人的反对。从1991年开始的美国对亲欧群体的金融支持引起俄罗斯国内的政治关注。经济上看,乌克兰受到双重压力,毕竟乌克兰也有赖于俄罗斯稳定的天然气供应。

2013年,继俄格冲突之后,乌克兰也爆发重大危机。此次危机以11月21日在"东部伙伴关系"峰会上,乌克兰前总统亚努科维奇拒绝签署"欧盟伙伴联系国"协议为导火索。其中深层次的原因乃是世纪之交以来,围绕着乌克兰究竟"西向"还是"东向"的区域合作选择,欧盟、俄罗斯与乌克兰三方之间进行博弈日趋白热化的必然结果。具体而言,包括俄罗斯与欧盟之间在区域一体化进程中对于乌克兰的争夺,在理念层面体现为"大欧洲"与"泛欧洲"之争、民主与专制之争、对后苏联空间以及对"过渡地带"的不同认知,以及对两种不同一体化模式兼容性的不同评价;在现实层面体现为俄欧围绕着乌克兰问题展开的三个阶段的博弈,包括20世纪90年代克拉夫丘克、库奇马时期,"颜色革命"后的尤先科时期以及2010年以后的亚努科维奇时期,前两个时期欧盟与俄罗斯之间的关系,大体上是一个互相竞争,但尚可控制的阶段。到了亚努科维奇时期,在路径依赖效果作用之下,累积起来的各类矛盾相互作用,竞争进入白热化阶段,短时间内出现好几次人为的重大政策逆转,导致脆弱结构之下的原有的内外政治失衡。[46]

随后,基辅群众抗议,西方干预乌国内政治进程,2014年2月22日亲俄罗斯的总统亚努科维奇辞职,在乌克兰东部和南部俄语区相继发生骚动;民族主义、更加亲欧的政府开始执掌政权。克里米亚说俄语的多数人要求重新加入俄罗斯。层层政治危机的叠加、乌克兰复杂的历史经纬，以及俄罗斯在克里米亚自治区的军事介入，最终使得2014年3月18日克里米亚被俄罗斯归并。至此，俄罗斯与欧盟乃至整个西方的关系全面恶化，欧洲地区秩序发生冷战以来最为深刻的变化。

可以说，乌克兰局势的急剧升温以及暴力升级给法国带来严峻的外交挑战。一方面，法国总统奥朗德与德国总理默克尔联合向俄罗斯施压以解决危机，法国还在俄罗斯国境线以外部署了空中监控装置以安抚波罗的海以及其他东欧的北约成员国。另一方面，法国也努力避免与俄罗斯之间不必要的紧张关系。[47]

二、法国在乌克兰危机中的反应

在乌克兰危机初期，法国的反应就很迅速，法国外交部长法比尤斯积极参与，努力在乌克兰总统亚努科维奇与反对派首领之间进行调解。而且，奥朗德总统还与乌克兰反对派中的两个重要人物会面，即：后来成为总统的波罗申科和拳击手维塔利克利斯契科（Vitali Klitschko），同时在场的还有法国哲学家贝尔纳-亨利·莱维（Bernard-Henry Lévy）[48]，这一活动被媒体广为传播。与此同时，法国还悄悄通过军事合同的形式保持与莫斯科的联系。[49]

2014年3月初，奥朗德在联合国安理会提出"六点计划"，力求平衡冲突双方的关系。法国方面起草草案，提议在国际观察员的见证之下俄军撤出；在国际控制之下，俄乌双方均裁军；保护乌克兰国内的少数民族和方言；在欧洲安全与合作组织的监督之下进行宪政改革和总统大选。这一草案的前提条件是东西方之间的互相信任，然而其他的北约成员国却对此充满怀疑，因此，法国在乌克兰危机中的外交与其在格鲁吉亚危机中的处理方式一脉相承。[50]3月7日，奥朗德一方面强调法国对于乌克兰的支持，另一方面也宣称"法国的目标也包括保持与俄罗斯对话渠道的畅通"[51]。

2014年5月，波罗申科当选新总统，他的当选得到由乌克兰和欧安组织代表构成的工作小组的认可。2014年6月，法国总统奥朗德邀请乌克兰新晋总统波罗申科前往法国参加诺曼底登陆 70 周年纪念活动,主要原因有三:首先,第二次世界大战中,乌克兰人曾作为苏联军队的一部分与德国法西斯浴血奋战[52];其次,借此纪念活动,法国以官方的形式确认波罗申科作为乌克兰新任总统的合法性;第三,纪念活动也邀请普京,这为俄乌两国首脑之间的非正式对话提供了极佳的平台。

继 2014 年 6 月俄乌两国首脑会晤之后,法国、德国、俄罗斯和乌克兰四国首脑就乌克兰危机的解决举行了一系列会谈。在整个过程中,欧盟始终缺席,这一方面是因为欧盟被认为是乌克兰危机爆发的始作俑者之一,另一方面则是因为法国和德国斡旋的有效性将它们推上了整个欧盟"领导者"的地位,当然,这也为后来法德两国与俄罗斯的双边关系交恶埋下伏笔。

然而,2014 年 7 月,马航客机坠毁事件却使俄乌冲突更趋激烈。2014 年 9 月 5 日,在"工作小组"即乌克兰、俄罗斯、乌东部分离势力和欧安组织之间达成了明斯克协议Ⅰ,但收效甚微。同月,由于法国担心俄罗斯在顿巴斯的持续军事介入,"西北风"军售合同暂时被搁置,相应地,俄罗斯向法国索赔补偿相关损失,随后,俄罗斯拒绝法国要向其他国家售卖军舰的请求,认为这会泄露俄罗斯军事方面的敏感信息。为此,法俄双方对簿公堂。[53] 2014 年 12 月 6 日,奥朗德在结束对哈萨克斯坦的访问后,回程途中突访莫斯科,与普京在莫斯科伏努科沃机场举行会谈,双方均认为乌克兰危机降温已时机成熟。

2015 年 2 月 12 日,在法国和德国的共同推动之下,俄罗斯、德国、法国和乌克兰四国领导人签署《明斯克协议Ⅱ》,形成"诺曼底模式",就长期政治解决乌克兰危机的综合性措施及乌克兰东部地区停火问题达成共识,但对克里米亚的归属没有详细的界定。该协议的收效较为有限。首先,战火仍在延续;其次,乌克兰国内政治改革进展十分缓慢。但不管成效如何,法国和德国在建立俄罗斯和乌克兰之间的对话机制方面,发挥了关键性的作用。可以说,"诺曼底模式"是法国处理乌克兰危机的主要外交成果。法国在乌克兰危机中的斡旋和调停,再次体现出法国力求扮演欧洲外交强国的意愿。

2016 年 2 月 22 日和 23 日,法国新任外交部长艾罗(Jean-Marc Ayrault)与德国外交部长施泰因迈尔(Frank-Walter Steinmeier)一起

访问基辅,并发表共同声明。声明谴责俄罗斯对于乌克兰主权的侵犯[54];强调《明斯克协议Ⅱ》是解决危机的唯一途径;重申乌国内改革中反腐以及将权力从中央下放到地方的重要性。他们表示:"政府及官僚机构的去集权化能帮助政府的决策更接近民意、更为有效、更加透明。"[55]

整个危机中,法国一直奉行外交上的平衡战略:明确反对乌克兰加入北约的尝试,认为欧盟与其6个东部伙伴国家(亚美尼亚、阿塞拜疆、白俄罗斯、格鲁吉亚、摩尔多瓦和乌克兰)的关系应尽量避免激惹莫斯科;同时,法国还努力与欧盟内部的反俄国家(比如波兰、波罗的海国家和斯堪的纳维亚国家)划清界限。这种分裂在2015年5月下旬的欧盟东部伙伴关系拉脱维亚峰会上表现得尤为明显。法国国内的反对派代表人物为国民阵线的玛丽娜·勒庞,她认为乌克兰危机是欧盟的错,因支持基辅而激怒了俄罗斯,结果导致克里米亚被归并。因此,奥朗德总统在乌克兰危机中主要体现出两个方面的关切:一方面,寻求在一定程度上与俄罗斯的妥协,包括保证乌克兰少数人的利益,并且不采用武力的解决方案;另一方面,与欧盟中的重要"他者"诸如德国密切合作,以便在俄乌领导人之间达成共识。2014年达成的明斯克协议就是法德共同外交努力的成果。[56]

然而,逐渐地,由于乌克兰国内改革推进不力,批评《明斯克协议》推进不力的矛头从莫斯科转为基辅。2016年2月,法国《世界报》援引法国外交官的观点,表示对于乌克兰危机的"疲劳感"逐渐转变为对乌克兰伙伴的"疲劳感",乌克兰伙伴不可信赖。[57]2016年4月,法国官方公开谴责乌克兰。4月19日,外交部长艾罗批评乌克兰对《明斯克协议Ⅱ》的低效实施难辞其咎[58],指出:"基辅必须进行改革,并且在宪法修正案中对顿巴斯的'特殊地位'予以确认,同时,还要加快地区的选举进程。"[59]

面对危机,欧盟处于缺席状态。但在"诺曼底模式"之下,法德轴心强势复归,法国在西北风级两栖攻击舰军售合同、德国在与俄罗斯的经济往来上均做出牺牲,其他的欧盟成员国均将重任委托给法德两国,由法德两国代表欧盟与俄罗斯、乌克兰进行接触。尽管成员国对于制裁有着不同的看法,但它们最终在制裁俄罗斯的问题上达成共识,体现出危机当前欧盟内部的团结。在俄罗斯归并克里米亚之后,巴黎限制了其与俄罗斯之间的政治对话,搁置双边高层战略对话、并且坚决贯彻欧盟对俄罗斯的制裁;尽管西北风级两栖攻击舰军售合同并未包括在制裁范围之内,但法国还是搁置并最终取消了向俄罗斯交付西北风级两栖攻击舰。

与此同时,法德两国都明确反对乌克兰加入北约,拒绝为乌克兰提供致命武器,欧盟层面也在不向乌克兰提供武器方面达成共识。北约的态度非常鲜明,即:不会对乌克兰进行直接的军事干预。美国则倾向于让欧洲人自己去处理这一危机,并且对欧洲的帮助仅限于提供军事咨询方面。

通观法国在乌克兰危机中的对俄政策,可以发现:在乌克兰危机中,法国国内对于是否制裁俄罗斯、是否取消西北风级两栖攻击舰军售合同有着很大的争议。法国国内的亲俄派认为,必须取消对俄制裁,例如 2016 年 4 月法国国民议会呼吁欧盟取消法国对俄罗斯制裁的决议。然而,奥朗德却于 6 月同意将对俄罗斯的制裁延长半年,继续与欧盟成员国保持一致。关于西北风级两栖攻击舰军售合同问题,直到 2014 年 5 月,法国当局还力排北约之异议,并不打算取消西北风级两栖攻击舰军售合同,但是,2014 年 9 月,奥朗德还是宣布要搁置该销售合同,最终,在与俄罗斯进行直接沟通之后,2015 年 8 月,法俄两国"本着两国友好的关系"就中止协议达成共识,同年 9 月,法国国民议会宣布中止合同。根据法国参议院的报告,估计取消西北风级两栖攻击舰军售合同造成 2 亿—3 亿欧元的损失。[60]针对参议院中的质疑,法国外交部长法比尤斯坚持表示合同以法俄双方都满意的形式结束,并没有受到任何第三国尤其是美国的影响。[61]然而,当莫斯科在顿巴斯继续升级冲突,法国的北约盟友直接受到俄罗斯军力的威胁,如果法国仍将西北风级两栖攻击舰交付俄罗斯,则会对法国在欧洲的形象造成永久性的破坏。当时,法国的伙伴,尤其是美国、英国和波兰施压巴黎取消合同;波兰大使在每周举行的欧盟总务理事会上都提出对这一军售合同的关切。[62]

可以说,在乌克兰危机中,法国的对俄政策介于对话[63]和制裁之间,摇摆于大西洋主义和戴高乐主义之间,但由于两国战略愿景不同、战略互信缺乏,法国最终还是选择更为有力地去拥抱"大西洋主义",愈益与其大西洋盟友、欧盟伙伴国保持一致,不仅通过对俄制裁,而且通过取消西北风级两栖攻击舰合同等举措来与俄罗斯对抗。结果,传统的法俄亲密关系显著恶化。

事实上,法国外交政策历来有"南向"而非"东向"的特征,比如,法国没有签署《布达佩斯备忘录》,这一备忘录确保乌克兰在放弃苏联核武器之后,自 1994 年以来的领土完整。相反,法国签署了较为空洞的"安全保证书"。2013 年法国防务白皮书也强调与俄罗斯保持合作的必要性,并认为有必要将俄罗斯的核心关切纳入考虑范围。伴随着乌克兰危机的持续发酵,法国的立场也反映出法国对欧盟和俄罗斯之间缓冲地带(如乌克兰)的不感兴趣。毕竟,法国与南欧国家在经济和历史上有着更多的关联。例如,在发行量很大的法国报纸《世界报》上,在危机爆发之前几乎没有文章关注乌克兰。法国在乌克兰危机中的介入,主要出于两个方面的考虑:第一,巴黎认为紧张局势倘若升级导致俄欧之间出现永恒的、结构性的冲突,这将损害欧洲大陆以及法国的安全利益。在这种情况下,欧盟和北约的资源势必会被消耗在欧盟的东翼,这会大大削弱法国的战略自主以及在其他核心关切地区的行动能力。第二,则是为了体现出法国对于联合国安理会以及核不扩散机制的尊重,提升其在国际关系中的影响力,而事实上,法国在俄格冲突中的表现也是为了这个目的。

法国和德国而非欧盟创立的"诺曼底模式",表明法国在欧洲仍然拥有相当的话语权,毕竟处于俄罗斯与西方之间、作为优先对话者的法国,在制衡俄罗斯方面有着得天独厚的条件。然而,相较于格鲁吉亚战争期间,法国的作用已然减退。这可能有以下三个原因:一是奥朗德比萨科齐保守,不那么积极寻求担当领导者;二是符合奥朗德的外交风格,他更加强调多边主义和价值观;三是符合法国的传统偏好,即对欧俄关系采取较为谨慎的态度,避免扮演领头羊的角色。这一点尤为重要,毕竟在伊朗问题和叙利亚危机等一系列危机事件中,法国热切需要与俄罗斯的合作。[64] 此外,法国在乌克兰危机中所奉行的路线,还体现了法俄双边关系色彩的改变,即近些年来法俄双边关系的淡化。[65]

第四节 小 结

通过对 21 世纪以来发生在俄罗斯和西方之间的三个重大危机事件中法国对俄政策的观察,可以发现,法国所采用的,是传统的平衡战略。在格鲁吉亚战争中,萨科齐政府的法国起了主要的调停作用,萨科齐亲自出面斡旋俄方,致力于维护地区和平与稳定[66];在乌克兰危机中,法国认为应尽量减少俄罗斯与西方之间的紧张关系,法国的动机主要是保持法国在欧洲的地位,不仅是德国的亲密盟友,而且是欧盟中的主要玩家。在这一原则指引之下,奥朗德提议建立"诺曼底模式",指出与俄罗斯的分歧,同时又力求避免与俄罗斯的冲突。在叙利亚危机中则经历了从分歧凸显到寻求合作的过程。此外,出于推动世界多极化、反对霸权主义的共同政治主张,法国的对俄政策逐渐地由冷战时期的传统"硬"权力政治走向崇尚多边主义和全球伙伴关系的"软"权力政治。法国对于权力政治的追求还进行了创造性的发挥,即借助法国的文化资本、软实力来建构其在全球的大国地位。

然而,我们也可以注意到在三个危机事件中,法国外交政策的一些变化。在格鲁吉亚战争以及乌克兰危机早期,法国尽量不去激怒俄罗斯;在叙利亚战争中则甚至寻求与俄罗斯合作,毕竟俄罗斯在中东的影响力不容小视。然而,法国开始采用更为价值观导向的政策,包括持续支持制裁,取消与俄罗斯的西北风级两栖攻击舰销售合同,甚至不顾国内的批评公开谴责俄罗斯在叙利亚的行动。这一方面是 21 世纪以来法国政策渐趋欧洲化使然,另一方面则是其更加倚重软实力的缘故,强调需要寻找保持其国际作用及国际影响力的新途径。[67]马克龙上台以来,这两种趋势变得更为明显,既强调化武"红线"的不可逾越,也不断重申与俄罗斯在叙利亚问题上展开合作的必要性,包括促请普京保护叙利亚库尔德武装等;在乌克兰问题上,保持与俄罗斯的对话,但在俄美有可能出现冲突的情况下又表现得劝说不力,比如,2021 年因拜登执政后对乌克兰政策的影响,乌克兰东部的亲俄武装分子和政府军之间重新爆发激烈战斗,俄罗斯向乌克兰边境附近集结军队,俄罗斯外长拉夫罗夫向法国和德国政府抱怨:"我们的法国和德国同行没有采取有力新行动,使乌克兰保持冷静。"

注释

1. 谢尔盖·马尔科多诺夫:《大高加索的危机与俄罗斯——"五日战争"之结果及影响》,《俄罗斯研究》2010 年第 2 期,第 48 页。

2. 冯绍雷:《特朗普新政、北约东扩与俄欧安全新格局》,《俄罗斯研究》2017 年第 1 期,第 12 页。

3. Anuradha Chenoy, "The Russian-Georgian Confrontation", *Economic and Political Weekly*, Aug.23—29, 2008, Vol.43, No.34(Aug.23—29, 2008), p.18.

4.《俄格冲突的缘由、实质与影响——俞邃研究员访谈》,《国外理论动态》2009 年第 1 期,第 1—4 页。

5. Thorniké Gordadzé, "La guerre russo-géorgienne a parachevé la formation de la vision poutinienne des relations internationales", le 13 août 2018, le Monde, https://www. lemonde. fr/idees/article/2018/08/13/la-guerre-russo-georgienne-a-paracheve-la-formation-de-la-vision-poutinienne-des-relations-internationales_5341903_3232.html.

6.《安全理事会第五九五三次会议记录》,2008 年 8 月 10 日,联合国官方文件,https://www.un.org/chinese/documents/view_doc.asp?symbol=S/PV.5953&Lang=C。

7. "六点协议"的内容包括:放弃使用武力;彻底停止使用军事行动;开展人道主义援助行动;格军回到出兵前的常驻地点;俄军撤回,在国际维和机制形成之前,俄维和部队可采取必要的安全措施;就南奥塞梯和阿布哈兹的未来地位及安全保证途径问题展开国际讨论。最后一点因格方的反对,后改为:举行国际对话以促进地区安全与稳定。参见 Принуждение к победе//Коммерсантъ. 2008. No.142(3959)。

8. "Géorgie: la Russie stoppe ses opérations militaires", Challenges, https://www. challenges.fr/monde/georgie-la-russie-stoppe-ses-operations-militaires_370605.

9.《萨科齐六点让俄罗斯很受用》,https://www.dw.com/zh/%E8%90%A8%E7%A7%91%E5%A5%87%E5%85%AD%E7%82%B9%E8%AE%A9%E4%BF%84%E7%BD%97%E6%96%AF%E5%BE%88%E5%8F%97%E7%94%A8/a-3560434。

10.《安全理事会第五九六一次会议记录》,2008 年 8 月 19 日,联合国官方文件,https://www.un.org/chinese/focus/georgia/france.shtml。

11.《安全理事会第五九六九次会议记录》,2008 年 8 月 28 日,联合国官方文件,https://www.un.org/chinese/focus/georgia/france.shtml。

12. J.M.Godzimirski, "What Makes Dialogue and Diplomacy Work or Not? Russia-Georgia and Russia-Ukraine", in P.Rieker(ed.), *Dialogue and Conflict Resolution: Potential and Limits*, London: Routledge, 2015.

13. Указ Президента РФ от 26.08.2008. N.1261. О Признании Республики Южная Осетия; Указ Президента РФ от 26.08.2008. N.1260. О Признании Республики Абхазия. 引自冯绍雷:《从俄格冲突到国际金融危机的"危机政治经济学"》,《俄罗斯研究》2009 年第 3 期,第 70 页。

14. T.Forsberg, A.Seppo, "The Russo-Georgian War and EU Mediation", in R.E. Kanet(ed.), *Russian Foreign Policy in the 21st Century*, New York: Palgrave Macmillan, 2010, pp.121—137.

15. Oleg Shchedrov, "Russia, France put aside Georgia war differences", Sep.20, 2008, https://www.reuters.com/article/us-russia-france-idUSLK14885620080920.

16. "Sarkozy relance l'idée d'un gouvernement économique," in *AFP*, Oct.21, 2008, Speech before the European Parliament.

17. Ulla Holm, "Working paper: New European and Foreign Policy into Old French Bottles?", *Danish Institute for International Studies*(2009:30), p.13.

18. K. Atwell, "NATO Bucharest Summit Press Round-Up", *Atlantic Review*, 3 Apr., 2008, http://atlanticreview.org/archives/1048-NATO-Bucharest-SummitPress-Round-Up.html,法国在北约布加勒斯特扩大峰会上明确反对格鲁吉亚及乌克兰加入北约。

19. Sergeï Fiodorov, "Les relations Franco-Russes: en quête d'un partenariat stratégique", Perspektivy, le 6 mars 2010.

20. Bernard Kouchner Pierre Lellouche, "L'Europe stratégique est née en Géorgie", Le Monde, le 07 août 2009, https://www.lemonde.fr/idees/article/2009/08/07/l-europe-strategique-est-nee-en-georgie_1226550_3232.html.

21. M.H. Van Herpen, "The Foreign Policy of Nicolas Sarkozy: Not Principled, Opportunistic and Amateurish", Great Debate Paper, http://www.cicerofoundation.org/lectures/Marcel_H_Van_Herpen_FOREIGN_POLICY_SARKOZY.pdf, CICERO Foundation.

22. P. Perchoc, "Paris, Moscow, and Europe out of the EU", *Lithuanian Annual Strategic Review*, 2015, Vol.13, No.1, pp.47—60.

23. A. Indyk, "Nicholas Sarkozy's Mediation of the Crisis in the Caucasus", *Publications in Contemporary Affairs*, http://connections-qj.org/article/nicolas-sarkozys-mediation-crisis-caucasus, 2009.

24. Piotr Smolar, "La Géorgie s'inquiète du projet de vente du navire de guerre français 'Mistral' à la Russie", Le Monde, le 27 novembre 2009, https://www.lemonde.fr/europe/article/2009/11/27/la-georgie-s-inquiete-du-projet-de-vente-du-navire-de-guerre-francais-mistral-a-la-russie_1272953_3214.html.

25. Natalie Nougayrède, "Un an après la guerre Russie-Géorgie", le 07 août 2009, Le Monde, https://www.lemonde.fr/idees/article/2009/08/07/un-an-apres-la-guerre-russie-georgie_1226496_3232.html.

26. Luke Harding, "Russia: Any Country could be Next, Warns Ukrainian President", *the Guardian*, 28 Aug., 2008.

27. Isabelle Facon, "La Relation France-Russie à l'Epreuve", *Annuaire Français de Relations Internationales*, 2015, Vol. XVI, Centre Thucydide, Université Panthéon-Assas, p.124.

28. 闫伟:《美俄博弈下的叙利亚问题及其前景》,《国际论坛》2020 年第 4 期,第 60 页。

29. Elvin Aghayev and Filiz Kacman, "Historical Background and the Present State of the Russian-Syrian Relations", European Researcher, Vol. 35, No. 11—13, 2012, p.2068.

30. 闫伟:《美俄博弈下的叙利亚问题及其前景》,《国际论坛》2020 年第 4 期,第 65—71 页。

31. 赵纪周:《法国的叙利亚政策析论》,《欧洲研究》2017 年第 2 期,第 119—121 页。

32. Eugene Rumer, "Why? —The Drivers of Russian Policy", "Russia in the Middle East: Jack of all Trades, Master of None", Carnegie Endowment for International Peace (2019), p.7.

33. "塞克斯—皮科协定"命名来自其共同的制定者英国中东问题专家马克·赛克斯(Mark Sykes)和法国外交官弗朗索瓦·皮科(François Georges-Picot)。在第一次世界大战前后欧洲大国签署的一系列协议和条约中,"塞克斯—皮科协定"最终创造出奥斯曼帝国解体后中东地区的现代国家。

34. "Sanctions contre la Syrie: l'UE va tenter de convaincre la Russie", Le Monde avec AFP et Reuters, le 13 décembre 2011, https://www.lemonde.fr/proche-orient/article/2011/12/13/syrie-paris-condamne-le-silence-de-l-onu_1618046_3218.html.

35. N. Nougayrède, "Les Limites de l'influence Française", *Le Monde*, 9.30.2013.

36. "Le tournant russe de François Hollande", *le Monde*, 11.18.2015, http://abonnes.lemonde.fr/idees/article/2015/11/18/le-tournant-russede-francois hollande_4812568_3232.html?xtmc=hollande_moscou&xtcr=59.

37. "Syrie: la France et la Russie s' allient contre Daech", *Le Parisien*, 11.17.2015, http://www.leparisien.fr/international/syrie-la-france-et-la-russie-s-allient-contre-daech-17-11-2015-5285791.php♯xtref.

38. Simond de Galbert, "The Hollande Doctrine: Your Guide to Today's French Foreign and Security Policy", CSIS, Sep.9, 2015.

39. Isabelle Facon, "L'année syrienne de Moscou et la ' multipolarisation ' du monde: la Russie en quête d'un rebond", RUSSIE 2016 Regards de l'Observatoire franco-russe, Sous la direction d'Arnaud Dubien, p.38.

40. Øyvind Østerud, "Strategic Ability in Europe: The Case of France", J.Haaland Matlary, T.Heier(eds.), *Ukraine and Beyond*, 2016, p.137.

41. Justine Chevalier, "SYRIE: LA COOPÉRATION ENTRE LA FRANCE ET LA RUSSIE EN TROIS POINTS", 27/11/2015, BFMTV, https://www.bfmtv.com/international/asie/russie/syrie-la-cooperation-entre-la-france-et-la-russie-en-trois-points_AN-201511270049.html.

42. Justine Chevalier, "RENCONTRE HOLLANDE-POUTINE: LE DIFFICILE COMPROMIS", 26/11/2015, https://www.bfmtv.com/politique/elysee/rencontre-hollande-poutine-le-difficile-compromis_AN-201511260008.html.

43. "Russia Demands UN Security Council Condemn Syria Missile Attack But Fails: Only Two Other Countries Backed Its Efforts", Apr.15, 2018, http://www.aravot-en.am/2018/04/15/210576/.

44. http://abcnews.go.com/International/wireStory/france-urges-russia-join-peace-push-syria-strike-54478584.

45. Øyvind Østerud, "Strategic Ability in Europe: The Case of France", J.Haaland Matlary, T.Heier(eds.), Ukraine and Beyond, 2016, p.130.

46. 冯绍雷:《欧盟与俄罗斯:缘何从合作走向对立?》,《欧洲研究》2015 年第 4 期,第 43—66 页。

47. Øyvind Østerud, "Strategic Ability in Europe: The Case of France", J.Haaland Matlary, T.Heier(eds.), *Ukraine and Beyond*, 2016, p.135.

48. 贝尔纳-亨利·莱维系法国哲学家,是 1976 年"新哲学家"运动领导人之一。2015 年,《波士顿环球报》称他"也许是法国当今最杰出的知识分子"。多年来,他的观点、政治活动和出版物引起诸多争议。2014 年 2 月,乌克兰亲欧盟示威运动爆发时,莱维身处基辅,积极支持示威活动。

49. Øyvind Østerud, "Strategic Ability in Europe: The Case of France", J.Haaland Matlary, T.Heier(eds.), *Ukraine and Beyond*, 2016, p.135.

50. Bruno Tertrais, "France and the Ukraine Crisis: A Delicate Balancing Act", *European Leadership Network*, 10 Mar., 2013.

51. Declaration of President F. Hollande, Paris, Mar.7, 2014.

52. Sanial Amandine, "Pourquoi l'Ukraine a finalement été invitée aux commémorations du Débarquement", Le Monde, le 5 juin, 2014.

53. The International Institute for Strategic Studies, *Strategic Survey 2015*, *The Annual Review of World Affairs* (London: Routledge, 2015), p.133.

54. Schmidt-Felzmann Anke, "Is the EU's failed relationship with Russia the member states' fault?", *L'Europe en Formation*, 2014, No.374, pp.40—60.

55. Elise Mathevon, "Turning East? French Involvement in Ukraine", Euromaiden Press, 2016/04/28, http://euromaidanpress. com/2016/04/28/turning-east-french-involvement-in-ukraine/.

56. Øyvind Østerud, "Strategic Ability in Europe: The Case of France", J.Haaland Matlary, T.Heier(eds.), *Ukraine and Beyond*, 2016, pp.135—136.

57. Vitkine Benoît, "Un an après les accords de Minsk, Paris et Berlin s'inquiètent des ambiguïtés de Kiev", Le Monde, 2.11.2016.

58. Avril Pierre, "Ayrault sermonne Kyiv et épargne Moscou", Le Figaro, 4.21. 2016; "Nous accusons", Kyiv Post, le 21 avril, 2016.

59. "Nous accusons", Kyiv Post, https://www.kyivpost.com/article/opinion/editorial/nous-accusons-412480.html.

60. Sénat, Avis no.710(2014—2015), 29 Sep. 2015, http://www.senat.fr/rap/a14-710/a14-710_mono.html.

61. Assemblée Nationale, Rapport no.3058, Paris, 15 Sep., 2015, http://www.assemblee-nationale.fr/14/rapports/r3058.asp.

62. "Obama Warns France on Russian Ships", *BBC News*, 5 Jun., 2014.

63. 比如,2014 年 3 月 7 日,奥朗德表示,"法国在支持乌克兰的同时,还要保持与俄罗斯对话途径的畅通,要让俄罗斯,其实也就是普京总统能够及时抓住生命线"。参见 AFP, "Holland ne veut pas de référendum sur la Crimée sans l'accord de Kiev", 3.7. 2014, https://www. lexpress. fr/actualites/1/politique/hollande-ne-veut-pas-de-referendum-sur-la-crimee-sans-l-accord-de-kiev_1498301.html。

64. B.Tertrais, "France and the Ukraine Crisis: A Delicate Balancing Act", *European Leadership Network*, 10 Mar. 2014, http://www.europeanleadershipnet work. org/france-and-the-ukraine-crisis-a-delicate-balancing-act_1265.html.

65. Isabelle Facon, "La Relation France-Russie à l'Epreuve", *Annuaire Français de Relations Internationales*, 2015, Vol. XVI, Centre Thucydide, Université Panthéon-Assas, pp.117—118.

66. Владимир Чернега. Геополитический выбор Франции//Международная жизнь. 2017. №.5. С.44—53.

67. Pernille Rieker, *French Foreign Policy in a Changing World: Practising Grandeur*, Palgrave Macmillan, 2017, p.79.

第四章

地区视野中的法俄关系

由于美国是当今世界唯一的超级大国，所以国际形势的变化总是脱不开与它的干系。导致国际形势复杂多变的是美国政策影响下的地区热点；在很大程度上左右世界安全环境的是以美国为主要矛盾方面的大国关系。

——俞邃（中国外交与国际战略问题研究专家）

后冷战时期尤其是 21 世纪以来，作为"世界枢纽"的欧亚大陆正在强势复归，连接欧亚大陆的三个关键战略节点——非洲、中东和北极的地位日益凸显，逐渐成为大国竞争的"角斗场"。面对美国霸权，无论是法国还是俄罗斯都努力在全球层面进行延展，一方面昭示它们的大国地位和影响力，另一方面也增加它们与美国霸权进行博弈的筹码。

第一节　法俄在非洲：历史逻辑与战略互动

冷战时期，美苏两极争霸，苏联深度介入非洲事务，法国凭借其与非洲的历史渊源和传统联系，将非洲特别是法语非洲视为自己的"禁脔"，努力遏制苏联的"南下战略"。冷战终结后的一段时间里，随着非洲地缘战略地位的下降，法俄两国对非政策均有所降温。21 世纪以来，随着世界政治格局从两极走向多极以及全球经济政治战略重心的东移，拥有丰富自然资源、巨大经济潜力和重要战略影响力的非洲大陆日益吸引世界大国的目光。法俄两国均调整对非政策，加大对非洲的投入力度。

一、法俄对非洲政策:历史轨迹

非洲在法国的全球战略中占有特殊的地位,是法国争取"大国地位"的重要依托[1]。后冷战时期,法国对非政策经历了从延续特殊关系到"去特殊化"、从单边行动到寻求多边参与的过程。对于俄罗斯而言,非洲是它与美国争霸的角斗场,同时也是对冲美国霸权的发力点。俄罗斯对非政策从"撤出"转向"重返"[2],强调对非交往的机制化建设、意识形态连接和多维性特征。

1. 法国对非政策轨迹

20世纪60年代,通过民族解放运动,非洲国家纷纷获得独立。此后,法国担当"非洲宪兵",通过法语区的货币金融体系、熟悉非洲事务的专家团队,以及牢固的军事基地这三个支柱延续与其前殖民地在经济、政治、军事和文化上的特殊关系。[3]

密特朗时期,以"拉博勒讲话"为标志[4],法国推进非洲的政治民主化进程,并将对非援助与非洲国家的政治民主化进程相挂钩,但"拉博勒讲话"在非洲收效甚微且造成负面影响,加剧了非洲国家的政局动荡、经济困难和社会矛盾,随后密特朗只能对该讲话进行修正。希拉克时期回归"戴高乐主义",并在此基础之上推出以"务实、平衡"为核心的"希拉克主义",出台"新非洲政策"。这一时期,希拉克的非洲政策经历了从"战略忽视"到"战略重视"的转变,通过频繁高层交往扭转外界认为法国忽视非洲的印象;认可非洲国家按照自己的方式推进民主化,强调法非关系是合作而非附属关系,努力构建法非之间的"新型伙伴关系";扩大在非洲的朋友圈半径,不仅重视法语国家而且关注英语和葡语国家;从单纯援助模式转变为援助、投资和贸易相结合、更为务实的模式;减少在非洲的军事存在和军事干预;改革对非军事合作机制、取消驻非军事合作团,更多借力欧盟、联合国等国际组织干预非洲军事。萨科齐时期则延续希拉克的对非政策,提出构建"法非新型合作伙伴关系"、推出裁撤总统府"非洲事务处"的举措;推动落实"地中海联盟"的战略构想;突出经贸合作在法非关系中的优先位置;体现出强调非洲的自主性、淡化意识形态因素、将法非合作纳入欧非关系框架、减少法国在非军事存在的特点。及至奥朗德时期,突出政治价值观的地位,摒弃私人权力网络、力求法非关系的"去特殊化",对非推行经济外交,在军事政策上注重法国在非洲采取军事干预行动的合法性和正当性。[5] 马克龙时期,革新法非关系、力求与传统的法非特殊关系决裂[6];继续深化经济领域的务实外交;重点关注于安全议题;以青年发展为切入点破解非洲移民和难民问题并日益寻求"欧洲化"的解决方案。[7]

可以发现,后冷战时期,从密特朗到马克龙,法国对非政策呈现出"在继承中发展"的特点。贯穿其中的主线是:以法国国家利益为指引,尽管历任总统都声称要与过去的非洲政策决裂,但实质上仍维持着以隐蔽的私人关系网络为基础的、充斥着利益交换关系的法非特殊关系[8],带有法国殖民主义历史的烙印。"变化"具体表现为:第一,从奥朗德开始,法国对非政策逐渐在机构层面摒弃传统的私人关系网络;第二,法国对非政策日趋灵活务实,关注议题从政治、军事转向经济领域;关注国家从法语非洲国家扩展为英语、葡语非洲国家;面对在非洲的大国,观察视角从单一的竞争型转向竞合并重型,并且在行动上努力推动与其他大国之间的合作。第三,法国对非政策逐渐转向欧洲化和多边化,更多借力于欧盟、联合国等国际组织[9],比如在马里通过欧盟为当地军队提供培训[10],2003年在刚果民主共和国、2008年和2014年在乍得共和国和中非共和国执行军事行动;在2019年的七国集团会议上,法国依托其轮值主席国的有利地位,邀请非洲国家以建立与七国集团(G7)的伙伴关系[11];在西非执行巴尔汗行动时,法国军队依赖于美国提供的情报、物流支持和空中加油服务。

2. 俄罗斯对非政策轨迹

非洲在苏(俄)外交战略中的地位一度处于起起伏伏的状态。冷战时期,为了与美国争霸,苏联给予很多非洲国家以外交和军事支持,苏联在非洲拥有巨大的影响力。苏联解体之后,后冷战初期,俄罗斯奉行"全面退出非洲"的政策;20世纪90年代末,在西方未能兑现援助承诺之后,俄罗斯开始奉行"双头鹰"发展战略,恢复同非洲的往来。[12]2014年乌克兰危机尤其是2016年以来,伴随着西方对俄围堵以及俄罗斯回归大国地位愿景的确立,俄罗斯奉行全方位的对非外交。

具体而言,冷战结束初期,叶利钦政府为深化与西方国家的关系,大幅削减对第三世界的援助,减少在非洲地区的外交存在,奉行对非洲的"收缩"政策,体现为大幅减少与非洲在经济、政治、文化等领域的合作;关闭其驻非洲的 9 个大使馆、3 个领事馆以及大多数贸易机构;停止对非洲的经济援助,致使大批苏联援建项目被迫搁置;关闭在非设立的部分文化中心、关停莫斯科非洲服务电台等涉非文化机构。[13] 21 世纪以来,伴随着普京执政,俄罗斯国力提升,对融入西方政策开始有了清醒的认识,逐渐调整对非政策,体现出务实外交的特点:在政治上,视非洲为俄罗斯的外交优先方向之一,政府出台一系列加强涉非关系的文件、加大在非洲的外交存在;在经济上,政府为企业提供平台发展与非洲的经贸关系、设立经贸合作与互动机制、推动与非洲的能源合作议程、参与对非援助计划、并推动非洲地区冲突与危机的预防和解决;在文化上,恢复并加大对非洲学生的奖学金支持力度、在多边层面支持非洲教育、增强对非洲的媒体传播攻势。俄罗斯对非外交取得良好成效,包括增进经贸往来、深化外交关系、促进能源合作、巩固俄在非洲的军事和科技优势、有效提升俄罗斯在国际组织中的影响力。[14]

可以发现,后冷战时期,从叶利钦到普京,俄罗斯对非政策呈现出"在发展中继承"的特点。"变化"是主旋律,表现为:受国际格局中"西方"这一重要他者的影响,俄罗斯对外战略经历从"倒向"西方到"双头鹰政策"及至现在的"东向政策"和"南下政策"。作为对外战略中重要组成部分的地区政策,俄罗斯对非政策经历了从"撤出"到重新重视乃至"重返"的过程。"不变"则是伴奏,表现为:第一,俄非当前交往存在较多的意识形态因素,双方均强调俄罗斯从未殖民非洲的历史,突出历史记忆对于俄非关系的纽带作用;第二,软硬兼施,经济、军事硬实力的推进与文化、外交软实力的推行双管齐下;第三,不仅注意到与在非大国的竞争,也注意到可能的合作。第四,对非政策服务于俄罗斯全球战略的大局。

二、法俄对非政策的影响因素

后冷战时期,法俄两国对非政策主要受到欧美俄三边关系变化、大国在非竞争加剧、两国国家利益和战略考量以及非洲自身地位提升的影响。

1. 欧美俄三边关系变化

后冷战时期,欧美俄三边关系经历显著变化。1991 年,苏联解体,伴随之的是东欧剧变和德国统一,欧盟内部的政治版图和权力结构发生重要改变。统一的德国在欧盟地位显著上升,作为法国对外政策重要支柱之一的非洲政策有助于提升法国在欧盟内部的地位以制衡德国。这一时期,非洲作为美苏争霸的角斗场的意义已然丧失,作为苏联继承者的俄罗斯认为其在非洲的存在损耗财力,故而选择从非洲撤出。

21 世纪以来,世界经济全球化、政治多极化的趋势进一步发展,美国作为唯一超级大国的地位受到多极力量的牵制,欧俄之间逐渐从世纪初的合作和互信走向竞争和互疑;美欧虽然分歧不断,但因共同的战略目标,其联盟关系未受动摇;因北约东扩及美国向原苏联核心地区的不断挺进,美俄关系从 2000—2003 年的相对稳定发展转向争斗逐渐加剧和升级。[15] 此后,伴随着金融危机席卷全球,发达国家经济持续衰退,发展中国家力量增长,大国总体关系更为复杂,尤其是伴随着美欧不断挤压俄罗斯战略空间,俄罗斯最终以归并克里米亚这种特殊方式对西方给予了摊牌式的有力回击[16],俄罗斯与西方关系跌入冰点。尽管自当选美国总统以来,特朗普多次表示要改善与俄罗斯的关系,但囿于国内建制派的重重阻遏,俄美关系仍呈现螺旋式下降。作为俄罗斯近邻的欧盟对美国亦步亦趋,对俄罗斯实施多轮制裁,欧俄关系在低位徘徊。拜登政府时期,力求修复跨大西洋伙伴关系,奉行对俄"遏制"为主、对话为辅的政策,俄罗斯面对一个更为团结的西方。

2. 大国在非竞争加剧

后冷战时期,尤其是 21 世纪以来,世界日益走向多极化,主要大国在全球范围谋求资源和影响力,其中就包括在非洲的争夺。

世界主要大国、中等强国以及部分发展中国家围绕经贸、军售、能源等在非洲展开竞争。美国成立美军非洲司令部,举行大规模军事演习,增加对非军事援助,积极参与打击恐怖主义的活动。特朗普政府推出新非洲政策,努力制衡俄罗斯和中国。长期以来,美国将非洲视为大国博弈的角斗场,并未尽最大的努力发展其与非洲的经济关系,美非贸易额从 2012 年的 995 亿美元减少为 2020 年的 456 亿美元。[17] 作为“晚到者”的中国,2009 年已超过美国成为非洲最大的贸易伙伴,2020 年中非贸易额为 1 800 亿美元。[18] 在安全领域,中国是紧跟俄罗斯之后的、撒哈拉沙漠以南非洲的第二大武器供应国,占该地区武器供应总量的22%。近年来,俄罗斯在非洲趋于活跃,2006 年普京访问非洲,2019 年举办俄非峰会,标志俄罗斯“重返”非洲。能源是俄罗斯在非投资的主要领域,俄罗斯奉行能源外交,并且在天然气、石油和核电领域进行投资,大型石油公司包括俄罗斯石油公司(Rosneft)和卢克石油(Lukoil)都致力于通过在埃及和莫桑比克等国家创建石油和天然气田的方式来主导石油投资。除了美国和俄罗斯,法国、意大利和日本也在非洲建设军事基地。法国在吉布提的军事基地接待来自德国和西班牙的军队。[19] 其他大国诸如印度、日本和韩国也增加与非洲的接触。2019 年,印非贸易额为 690 亿美元[20],同时印度也努力帮助非洲国家提高教育、医疗以及数字连接的能力,印度还与日本联合发起亚非发展走廊倡议。[21]

3. 两国国家利益及战略考量的驱动

一国的国家利益及其战略考量是该国外交政策制定的重要依据,法俄两国的非洲政策有利于两国谋求经济利益、扩大政治影响力、实现战略目标。

在经济上,有助于振兴两国经济。法国曾是欧洲霸主和殖民帝国,苏联曾是世界超级大国,后冷战时期尤其是 21 世纪以来法俄两国均经历国力衰退,但两国的大国历史均让它们不甘心退居二流国家的地位。非洲是法国重要的出口市场、原材料和战略资源的来源地,石油、天然气、铀等天然资源能为法国经济的发展提供重要的动力。[22] 同时,非洲还是法俄两国军售及核电项目出口的重要目的地。

在政治和战略上,首先,非洲是法俄两国实现大国梦的依托。非洲是法国的前殖民地,拥有连接欧亚的战略枢纽地位,能帮助法国巩固其在欧盟的地位及塑造世界事务的抱负,与法国的印太战略具有一定的关联。[23]非洲和俄罗斯有着共同的反帝、反殖、反霸的斗争历史,恢复与非洲国家之间的政治纽带有助于俄罗斯扩大在非洲的影响力。其次,应对美国在非洲攻势的需要。世界主要大国尤其是美国重新重视非洲,法国努力巩固其正在衰退的在非影响力,俄罗斯在非洲的存在一方面可对冲美国霸权,另一方面可施压法国,促使其寻求对俄缓和的政策;第三,从地理上讲,非洲是法国的近邻,法国是离非洲最近的大国。非洲如何处理气候变化、人口增长、不稳定以及极端暴力活动事关法国及其他的欧盟国家的安全。[24]而对于俄罗斯而言,要想实现其全球雄心,非洲是无法绕开的地区,比如在红海建立海军基地有助于俄实现其大洋战略、获得更多的防御机会。最后,在国际舞台尤其是多边机制比如联合国安理会、二十国集团(G20)等机构中,法俄两国需要非洲国家的支持。面对当前可能出现的中美两极对抗的局面,俄罗斯提议担当"新不结盟运动"的领袖,非洲国家则是这一运动的重要组成部分。

4. 非洲经济政治战略地位的提升

后冷战时期尤其是 21 世纪以来,非洲的经济政治战略地位不断提升,努力推动自身的一体化进程。

经济上,根据非洲发展银行及国际货币基金组织世界经济展望的数据,2010—2021 年非洲的总体国内生产总值增长位于世界平均水平之上。[25]尽管非洲人口占世界人口的 17%,但其国内生产总值仅占全球国内生产总值的 3%。截至 2050 年,非洲人口约有 25 亿,其中 40%—50%人口年龄在 25 岁以下[26],而且城市化进程加快,体现出巨大的发展潜力。

政治上,一方面,在全球最重要的多边组织联合国中,非洲成员国的数量从最初的 4 个成员国增加到了 54 个,占会员国总数的四分之一强,这不仅体现成员国数量上的增加,而且也体现出非洲国家在全球多边舞台上代表权和发言权的提升。[27]另一方面,作为非洲国家统一发声器的非盟在国际社会的影响力也呈现上升的态势,体现在国际社会就安全与稳定、经济贸易、债务免除、气候变化等议题开展磋商等方面。[28]

在战略上,非洲大陆关乎全球的未来。首先,气候变化对于拥有最低碳排放的穷困国家影响最大,而且气候变化还加剧了国家的脆弱性及对资源的争夺,那些陷于冲突的国家更难聚焦于保护环境。2011—2020年,萨赫勒地区气温变化是全球平均上升气温的1.5倍,全球10个气候脆弱国家中有8个就在非洲[29];在公共健康领域,由于落后的医疗条件及基础设施,非洲易于成为公共卫生的洼地。其次,伴随着全球经济政治以及战略重心的东移,作为连接欧亚的枢纽,非洲的战略地位日益突出,尤其是因为其丰富的自然资源、不断增多的政治暴力活动以及企图前往欧洲的非法移民[30],都吸引着大国的注意。

三、法俄在非洲的战略竞合

后冷战时期,法俄两国在传统议题包括军售、战略资源开采和影响力上进行竞争,在非传统安全议题诸如反恐、应对气候变化上则采取合作态势。

事实上,直到2018年初,第一批俄罗斯军事补给以及专家团队到达班吉,法国媒体才注意到俄罗斯"重返"非洲的动向。中非共和国的三棱镜塑造着巴黎的认知,法国认为俄罗斯的介入将成为一个新现象,成为东西方之间冲突的组成部分,而中非共和国将成为俄罗斯非洲战略的一个决定性的连接,俄罗斯冀图将自己打造成在非洲的一个主要玩家。[31]

1. 法俄在非洲的竞争

在军事上,在法国减少在非军事存在的同时,俄罗斯努力填补真空。作为前宗主国,法国一直保有在非洲的军事存在,但伴随着法国国内反对驻军非洲呼声的高涨,法国开始调整其与非洲之间的军事关系。2020年法国在非洲的"巴尔汗行动"中驻军5100人并耗费11亿美元,马克龙宣布将减少在萨赫勒地区的军事存在。[32]俄罗斯系非洲第一大武器供应国,法国位居第二,两国通过军售力图保持和扩大在非洲的影响力。在过去的20多年里,俄罗斯通过双边军事协议、军事援助、联合军演[33]、部署情报官员和雇佣兵,以及联合国维和部队的形式建立和强化与非洲国家间的军事联系[34]、为非洲国家提供安全保障[35]。此外,俄罗斯还帮助非洲国家军备现代化。[36]俄罗斯在利比亚、中非共和国和莫桑比克均有驻军。[37]针对俄罗斯在非洲的军事存在,马克龙在 2020 年的波城峰会上批评俄罗斯[38],2021 年 6 月,马克龙暂停对中非共和国的财政支持[39]。

在战略资源开采方面,法俄两国均进行争夺。自 20 世纪 60 年代以来,法国通过其非洲前殖民地稳定的铀供应来发展核电产业。近年来,俄罗斯对核能的需求也在增加,并努力促进其在非洲的核能发展。根据俄罗斯能源部的文件,俄罗斯致力于对非洲最盛产铀地区的开发,以便这些地区能成为俄核电项目的原料供应地。法国及其旗舰铀产商欧安诺集团(Orano)[40]面临来自俄罗斯主要的核生产商的竞争。比如,俄罗斯核巨头国家原子能公司(Rosatom)参与埃及的达巴(El-Dabaa)核电项目,并在赞比亚建有核科技研究中心。此外,法国的前殖民地尼日尔和马里拥有丰富的铀资源,法俄两国竞相开采。[41]

在提升影响力方面,法俄两国通过向非洲提供官方援助、争夺在媒体中的话语权及促进民间往来的方式进行竞争。首先,法俄两国均积极发展对非洲的官方援助。2013—2018 年,法国为非洲提供价值 20 亿欧元的发展援助。2021 年法国议会审议通过一项新的对外援助法案,重新关注撒哈拉以南的非洲国家和海地[42],这与俄"重返"非洲政策的重点区域相重合[43]。2019 年首届俄非峰会上,俄取消超 200 亿美元的非洲债务。[44]其次,法俄两国在非洲围绕着影响力展开信息战。[45]两国借助各自的媒体对对方进行抹黑,2020 年 11 月在接受媒体访谈时,马克龙谴责俄罗斯试图在非洲播下不和的种子,助长非洲的反法情绪。[46]两国在中非共和国和马里的信息战最为激烈。[47]第三,法俄两国通过机制化的交往平台促进民间的交往。2020 年年底举办的俄非公共论坛增进俄非之间的学术、文化和青年间的联系;2021 年 3 月,俄非举行政党间国际会议,主题为"恢复传统",近 3 万名非洲学生在俄罗斯大学学习。2021 年 6 月的圣彼得堡国际经济论坛中设有非洲议题,同时还举行了俄罗斯、非洲国家以及非盟之间的常规外长级会议。此外,2020 年,面对新冠肺炎疫情,俄罗斯为非洲国家提供医疗设备、个人防护用品,并派去医生和专家,俄罗斯在非洲的私人企业也积极参与,俄非讨论在非洲国家注册 Sputnik V 疫苗,并且从双边和与非盟合作的层面为非洲国家提供疫苗[48],这引起法国的关切。2021 年 3 月 25 日欧盟视频峰会后,马克龙表达他对俄罗斯疫苗外交的担心,3 月 26 日在接受法兰西新闻台(Franceinfo)的采访时,法国外长勒德里昂直言 Sputnik V 疫苗是俄罗斯侵略性宣传和外交的工具。[49]

此外,值得一提的是,无论是法国还是俄罗斯,都借助多边机构寻求与非洲国家的合作。法国依托七国集团、欧盟,俄罗斯则借助欧亚经济联盟、金砖国家集团、二十国集团,发展与非洲国家以及非洲区域一体化组织之间的双边关系,包括南部非洲发展共同体(SADC)、马格里布联盟(the Maghreb Union)、萨赫勒五国集团(G5 Sahel)、中部非洲国家经济共同体等。[50]

2. 法俄在非洲的合作

针对在非洲的共同利益,法俄之间或者进行双边合作或者通过联合国安理会等多边组织开展合作。[51]

法俄两国在北非和萨赫勒地区开展联合反恐并加强情报合作。恐怖主义是非洲所面临的一个主要威胁。恐怖活动所带来的国家不安定会影响法俄在非企业、人员的安全以及对非洲矿场的开采;同时,恐怖分子回流到法国或者俄罗斯本土也会危及法俄两国本土的安全。在萨赫勒地区,尽管法国派出 5 100 名士兵,但仍未能有效阻止恐怖主义活动,法国曾寻求其他欧洲国家的支持,但却遭到拒绝。[52]俄罗斯尤其担心马格里布与伊拉克—叙利亚地区的恐怖分子与高加索和中亚的恐怖分子进行串联。[53]在马里,法国打击恐怖分子的行动得到俄罗斯的支持。[54]

法俄两国在威权政府对于武装暴动的控制力上有着共识,均认为集权制领导下的稳定是对抗极端主义的解药,两国都强调与非洲国家政府之间的合作。俄罗斯将其在叙利亚的模式向非洲国家推广,即:以支持脆弱的专制政体来确保其与非洲国家的经济合同并确保其大国的地位。[55]俄罗斯在非洲镇压暴力的高调表现强化了其与法国之间的关系,法俄两国在非洲安全事务中采取合作的姿态,包括:两国都支持利比亚东部武装"国民军"领导人哈夫塔尔;法国推动俄罗斯与法国在萨赫勒地区专制的伙伴之间的军事合作协议,比如俄罗斯与乍得总统代比之间达成的军事协议就得到法国的支持。2020年,法俄两国还成立双边委员会,力促利比亚问题在联合国框架内的和平解决。

对于两国在非洲的利益摩擦和冲撞,法国努力谋求与俄罗斯的对话和沟通,减少冲突。例如,自2017年以来,在中非共和国,俄罗斯频频触及法国利益,法国政府一方面对俄罗斯的行为进行批评,另一方面也努力谋求在欧洲安全与合作组织(OSCE)和联合国框架下与俄罗斯的对话。[56]法国外长勒德里昂曾直言俄罗斯在中非的行动冒犯了法国,但与此同时,在2019年12月接受媒体访谈时,法国前驻俄大使贝尔曼(Sylvie Bermann)曾表示,在中非共和国等非洲国家,法俄尤其在安全领域共同存在,但双方都努力确保不存在竞争,而是尽力去维持和平。在中非共和国危机期间,两国防长会面并集中进行讨论,以避免两国出现误判。对于法俄在非洲的竞争,两国决定在联合国安理会的框架内予以讨论。[57]

2008年法俄两国在乍得有着合作的成功范例,即:俄罗斯在2008年底加入法国欧盟军乍得行动,为乍得行动提供直升机[58],毕竟法俄在非洲也有着利益趋同之处。当前,法国在马里驻军最多,同时马里与俄罗斯有着长期的军事和技术合作关系,在马里两国可以展示合作的意愿和能力。[59]在经济领域,法俄两国企业在非洲的一些市场上有着互补性,有着合作的兴趣。而且,非洲也是法俄"2+2"战略对话中的讨论事项。[60]

全球气候变化一方面给非洲国家带来挑战,另一方面也提供商机。法俄两国在"特里亚农"市民论坛框架下举办"气候变化"对话系列活动,双方聚焦于生物多样性、可持续能源、北极及城市的可持续发展等议题。[61]

此外,值得一提的是,法俄两国的经济合作也外溢到两国在非洲的经济合作之中。比如,围绕着法俄商业对话的主轴,2019年2月普京的顾问科比亚科夫(Anton Kobyakov)与法国驻俄大使贝尔曼举办会议,这是俄罗斯索契投资论坛的一个组成部分,双方就参加由俄罗斯会展基金会组织的重要国际活动进行讨论。聚焦于 2019 年俄非索契峰会，法国商界代表对于索契峰会兴趣浓厚，大约有 40 家法国公司参加活动，包括汽车制造商雷诺（俄罗斯）（Renault Russia CJSC）和制药公司赛诺菲（俄罗斯）（Sanofi Russia JSC）。[62]

四、结语

后冷战时期，以美苏争霸为特征的两极格局瓦解，世界逐渐走向多极化、多样化和多元化。21 世纪以来，尤其是 2010 年以来，以美国为首的西方国家呈现总体衰落的态势，新兴国家群体性崛起，世界经济政治和战略重心逐渐由大西洋回摆到太平洋，作为联通欧亚枢纽的非洲的地缘经济和政治意义趋于凸显，大国在非围绕着资源、影响力等的争夺更趋显性化。

作为曾经的殖民帝国以及欧亚帝国，法国和俄罗斯都有着共同的梦想，那就是通过在全球的存在来重现其昔日帝国的辉煌，非洲政策是它们全球抱负的支柱之一。在冷战终结初期，因美国的撤出政策以及非洲的动荡，法俄两国都曾忽视非洲。然而，21 世纪以来，伴随着美国和中国对于非洲的投入力度加大，法国重新关注非洲；乌克兰危机之后西方对于俄罗斯的经济围堵和政治孤立，促使俄罗斯"重返"非洲。两国通过加大经济援助力度、重建与非洲国家元首的私谊、增加军事存在，以及增进民间交往的方式重置与非洲的关系。主观上说，俄罗斯的非洲政策是因应美国在非霸权之举，但在客观上形成与在非"利益攸关方"法国的竞争。

具体而言，后冷战时期法俄两国在非洲的存在有着以下特点：首先，伴随着非洲自主性的提升，法俄两国分别发力。法国开启法非关系"去特殊化"进程，比如 2021 年马克龙访问卢旺达[63] 承认法国对 1994 年发生在卢旺达的种族灭绝负有"巨大的责任"，并努力重塑法国在非洲的形象；而俄罗斯则强调与非洲共同的反对殖民主义、反对西方的记忆，并且结合当前非洲的情况提出反对新殖民主义的口号。[64] 其次，俄罗斯瞄准法国在非洲的空当，推进其颇具俄罗斯特色的战略。例如，俄罗斯通过官方和非官方两种方式推进与非洲国家之间的军事合作,其中具有官方背景的雇佣军瓦格纳集团具有灵活便捷的特征;在个人关系网络方面,俄罗斯直接派出军事人员担当中非共和国总统的安全顾问。但值得注意的是,在专家智库储备方面,法国的非洲通明显多于俄罗斯的非洲通,而且,法国民众对于非洲的了解也比俄罗斯民众对于非洲的了解要多。

第二节　法俄在中东:历史逻辑与战略互动

作为"五海三洲"之地,中东地区是世界交通枢纽,吸引着世界主要大国的广泛兴趣。法国在中东地区具有传统影响,中东政策不仅在法国外交中占有特殊的地位,而且还事关法国国内政治。[65]对于俄罗斯而言,中东地区是其重要周边,是除独联体以外俄罗斯外交的重要方面。[66]冷战时期,法国的中东外交在戴高乐的阿拉伯政策框架下实施,力图与法国的殖民历史相决裂[67],体现出"积极进取"的特点[68],苏联则一度以埃及为核心与美国在中东进行对峙[69]。后冷战时期,法国在中东地区奉行"独立自主"的外交政策,俄罗斯的中东政策则走过了从忽视到重返再到强力介入、以军事行动辅助结交盟友的过程。法俄两国在中东地区有合作也有竞争。

一、法俄的中东政策:历史轨迹

中东是法国的重要近邻地区,也是法国施展外交战略的重要舞台。后冷战时期,法国中东政策力求奉行"平衡的务实主义"外交原则,同时也大力依托欧盟建立与中东国家的关系,希冀逐渐摆脱美国的控制。对于俄罗斯而言,中东经由南高加索和里海即可影响到它。俄罗斯中东政策从望向美国走向独立自主的强硬政策,努力恢复苏联时期的影响力。

1. 法国的中东政策

后冷战时期,面对国际环境的变化,法国对其外交政策包括中东政策进行相应的调整:法国认识到伴随着苏联的解体,法国失去在美苏之间实行平衡战略的筹码,必须通过欧盟以及在中东的平衡政策来维持其在中东的存在,避免其作用被边缘化。

1996 年 4 月,希拉克对中东地区进行国事访问,发表并阐明具有强烈戴高乐主义色彩的法国中东政策,即:利用法国与阿拉伯国家的特殊关系来扩大法国在中东事务中的作用以对冲美国在中东地区对于欧洲国家的挤压。[70]这一政策包括两个支柱,分别是:支持阿以和平进程、加强欧洲与地中海的对话。访问期间,希拉克分别向阿、以双方明确表示,要更多地参与中东和平进程。在和以色列总理西蒙·佩雷斯的会谈中,希拉克正式提出法国希望派军队到叙利亚和黎巴嫩去维持这些国家与以色列之间的和平协议。访问黎巴嫩时,希拉克则特别强调法国和黎巴嫩之间的长期联系以及对其所承担的义务。当希拉克发现法国的中东政策难以与其他西方国家取得一致时,便借助法国与美国共同负责阻止爆发进一步敌对冲突的监督责任,强调法国中东外交努力的意义,强调与美国在中东作用的相互补充而非相互竞争。[71]萨科齐时期,对内发展经济,为其进一步介入中东事务提供基础。这一时期,萨科齐的中东政策建立在两个基础之上:中东政策的"欧洲化",建立地中海联盟。在被称为"法国医生"的外交部长库什纳(Bernard Kouchner)的帮助下,萨科齐与叙利亚、伊拉克、海湾国家发展关系,在黎巴嫩努力进行协调、为创立巴勒斯坦国、举办与以色列和巴勒斯坦元首的会议而进行资金筹措。值得一提的是,这一时期,法国还提出与一系列阿拉伯国家进行民用核能的合作,包括沙特阿拉伯、阿联酋等。面对欧盟内部以及其他国家的质疑,萨科齐坚定地认为原则上伊斯兰和阿拉伯国家有着获得民用原子能的同等权利。[72]

奥朗德时期,借着"阿拉伯之春"大力发展对中东国家的军售,法国对外军售额从奥朗德上任初期的 53 亿美元飙升到 2016 年的 220 亿美元。这一时期,奥朗德奉行对中东国家的平衡外交,一边与沙特阿拉伯交好,另一边也保持与伊朗的友好关系,考虑在伊朗的投资。2014 年以来,法国加入伊拉克反对"伊斯兰国"组织,法国最初拒绝将行动延伸至叙利亚。2015 年底,法国改变对叙利亚的态度,决定派遣飞机前往叙利亚空袭"伊斯兰国"。[73]马克龙时期,面对变化的中东形势,奉行"实用主义平衡"的中东政策,包括不再以叙利亚政权更迭为优先目标,而是准备将巴沙尔纳入叙利亚政治解决的方案之中；在海湾国家之间以及对沙特与伊朗关系方面实行更加"平衡"的政策，针对 2017 年沙特引爆的卡塔尔外交危机，马克龙派出外交部长勒德里昂前往中东进行斡旋，此后专门任命调停特使，陆续访问阿联酋、沙特和卡塔尔，向阿联酋和卡塔尔售卖护卫舰、阵风战斗机和空客；加强与伊朗的对话，马克龙访问美国试图劝阻美国退出伊核协议，拒绝参加美国组建的海湾"护航联盟"，2019 年初，法国同英德两国一起建立便于同伊朗进行贸易结算的"支持贸易往来工具"（INSTEX）；在巴以问题上更加偏向于以色列，力图避免巴以问题影响到法以关系的发展。[74]

2. 俄罗斯的中东政策

后冷战时期，历经叶利钦、普京、梅德韦杰夫以及普京时代，俄罗斯的中东政策走过从忽视到重视及至着力介入的历程。

后冷战初期，俄罗斯国内经济转型、社会制度重构，综合国力大幅下滑；在外交上，奉行"一边倒"的亲西方政策，在中东问题上亦望向美国，缺乏连贯的中东政策，在中东的影响力呈现萎缩态势。随着俄罗斯国内形势的恶化以及西方的"口惠而实不至"，俄罗斯战略精英对融入西方的幻想破灭，叶利钦调整外交政策，奉行同时面向东方和西方的"双头鹰"外交，中东也开始出现在俄罗斯的外交议程之中。1994 年 2 月，希布伦屠杀案发生后，俄罗斯展开外交攻势，要求安理会草拟谴责希布伦事件的决议。3 月，俄罗斯高官先后出访中东并提出召开第二次马德里中东和会，希望打破美国独揽中东和会的局面。1995 年 3 月，科济列夫访问中东，斡旋中东和平进程各方展开和谈。1996 年 1 月，有亲西方倾向的外长科济列夫被免职，中东问题专家普里马科夫接任外长，这被西方认为是俄罗斯进行全方位外交，尤其是在中东实行强硬外交的标志性安排。普里马科夫上任后，着力恢复与中东大国比如伊拉克的传统友好关系，实现与伊朗的和解。1997 年，普里马科夫提出中东和平与安全 12 项原则，受到阿拉伯国家的普遍欢迎。[75]

21 世纪以来，俄罗斯经济增长迅速，国力有所回升，外交趋于活跃，在中东事务上，在反思、总结叶利钦时期俄罗斯的中东政策的基础

表 4.1 俄罗斯总统访问中东国家的频次及国家分布情况(2004—2020 年)

	2004	2005	2006	2007	2008	2009	2010	2011	2012	2013	2014	2015	2016	2017	2018	2019	2020	总计
土耳其	1	1		1			1		1		1	1	1	2	3	1	1	15
伊朗		1		1								1		1	1			4
叙利亚							1							1			1	3
以色列		1							1								1	3
约旦				1				1	1									3
巴勒斯坦									1						1			2
沙特阿拉伯				1												1		2
阿拉伯联合酋长国				1												1		2
卡塔尔				1														1
伊拉克,黎巴嫩,科威特、巴林,阿曼,也门																		0

资料来源:俄罗斯外交部。

上积极予以调整。首先,重新关注中东。鉴于元首访问在一定程度上能反映一国的外交政策动向,通过整理 2000—2020 年俄罗斯总统对中东国家的访问情况可以发现:2000—2003 年,俄罗斯总统未访问中东任何国家,2004 年开始访问次数逐渐增多;2007 年访问的中东国家最多,为6 个;2010 年以来,访问的频次较 2000—2010 年要多(见表 4.1)。其次,在中东热点问题上,凸显独立立场。俄罗斯不仅批评美国的单边主义和中东"民主化"计划,而且在具体问题上,表现出有别于中东和谈其他三方的独立立场和努力。再次,恢复与中东国家的传统盟友关系、寻找新伙伴,增进军事合作。2005 年,普京访问埃及、以色列和巴勒斯坦,主要议题为探讨巴以问题的解决方案,俄罗斯还邀请叙利亚、黎巴嫩、以色列等阿以各方领导人访俄。同时,苏联时期完全被排斥的以色列也成为普京的新伙伴。当中东和谈陷入僵局时,俄罗斯也积极斡旋,推动和谈进程,努力恢复原苏联在中东的传统影响力。在军事上,俄罗斯与叙利亚达成协议,在叙利亚的塔尔图斯港建立永久性军事基地;与伊朗在继续核电站合作的基础上,强化俄伊军事合作,与伊朗达成出售托尔导弹和 S-300 防空导弹的协议。[76]

　　2008 年金融危机爆发,西方主导世界事务的能力受到普遍质疑,美欧推动的中东"革命"的后遗症不断凸显;俄罗斯的实力有所下降,在这一背景之下,俄罗斯在前一阶段中东政策的基础上,立足全球战略布局,展现外交新思维:力图通过积极主动的部署,打破美欧主导的中东格局、力争赢得更多的战略空间,包括先发制人、赢得战略主动权;与伊朗、伊拉克、叙利亚结成四方联盟,共同抗击"伊斯兰国"组织并以军事行动予以辅佐。2011 年爆发的叙利亚冲突迅速发展成一场全面内战,并成为俄罗斯中东政策发生"质变"的"催化剂"。[77]通过在叙利亚危机中的突出表现,俄罗斯实现华丽转身,逐渐由中东事务的配角向主角转变[78],实现了通达地中海的战略目标[79],并且从全球层面来看,俄罗斯以"围魏救赵"的方式在介入叙利亚冲突的同时还化解了乌克兰危局。[80]

二、法俄中东政策的影响因素

　　中东地区地处世界之枢纽,尽管因教派冲突、大国竞争而长期处于动荡之中,但后冷战时期,法国和俄罗斯都重新关注该地区,这主要是受到两国与中东地区的传统联系,两国经济、战略和安全的考量以及两国大国抱负的驱动。

1. 地缘及历史纽带

法国与中东国家相距不远,联系密切。首先,中东的黎巴嫩和叙利亚在历史上曾被法国"托管",同时,法国也是穆斯林人口最多的欧盟国家。阿拉伯世界与法国相互渗透、相互影响。阿拉伯人构成法国移民的主要部分。法国国内有很多阿拉伯人,10%的法国人来自阿拉伯世界,伊斯兰教是法国的第二大宗教。同时,法国在阿拉伯国家也有着广泛的影响力。大约600万在法国的人与中东地区有着关系(包括移民、移民的孩子以及被遣返的移民),同时,120万法国人在中东生活,他们往往有着双重国籍。其次,法国对于中东的教育投资也很多。[81]在中东地区受欢迎的观念也在法国广为传播,包括最为危险的一些观念,比如法国一些人就受到恐怖主义的负面影响。[82]自1987年以来,91%的与中东冲突相关的袭击与恐怖主义息息相关。[83]同时,因为地缘的临近,当中东局势不稳时,难民潮极易通过南欧涌入法国,给法国国内政治带来挑战、危及法国社会的稳定。

对于俄罗斯而言,介入中东事务有着几个世纪的历史,后冷战时期的短暂撤出只是双边交往史中的一个"非常态",2015年之后俄罗斯在中东的主动出击标志着其"重返"中东。俄罗斯对于中东事务的介入可以追溯到彼得大帝以及俄罗斯现代国家建立之时,俄罗斯对于中东事务的介入掺杂着地缘政治、在意识形态和宗教信仰的相互交织之下的大国竞争。在不同时期,俄罗斯军队分陆海两条战线与波斯、土耳其、英国以及法国军队对决。冷战时期,苏联是中东事务中的一个重要存在,与埃及、伊拉克、利比亚和叙利亚建立伙伴关系,并大力支持巴勒斯坦解放组织。这一时期,苏联通过多种形式介入中东事务,包括经济、技术、军事援助以及军事训练。苏联力争和平解决巴以冲突;苏联海军频繁出现在地中海。此外,俄罗斯与中东地区有着错综复杂的宗教和文化联系,俄罗斯与奥斯曼帝国一路从巴尔干到小亚细亚再到黎凡特进行对抗,它们谋求温暖的港口和领土的扩张,保护东正教徒以及受到奥斯曼统治的斯拉夫人,并且支持各种后殖民的革命运动和政体。[84]此外,这一地区与俄罗斯的地缘毗邻性也有一定的影响。借由黑海国家的定位以便声称成为一个地中海事务的大国,深深植根于俄罗斯的战略思想和政策之中。地理因素不仅驱动着俄罗斯的地缘政治抱负,而且对于俄罗斯的国家安全也有着明显的影响。鉴于复杂的地形以及邻国情况,黎凡特地区不稳定的前景将可能外溢到俄罗斯的高加索地区,危及俄罗斯的国家安全。

2. 利益驱动

根据瑞典国际和平研究所的数据,2015—2019 年,全球军火的35％销往中东。[85]2000—2019 年,中东国家 45％的军火由美国提供,位居第 2 和第 3 的分别是俄罗斯和法国,分别为 19.3％和 11.4％。[86]

法国与中东地区的经济往来和武器销售关系密切。法国与中东地区的货物贸易额占其与欧盟之外的地区的货物交易额的近 20％,超过中法贸易额,几乎与法美贸易额持平。法国在战略领域也有赖于中东地区,其三分之一的能源来自中东,一半的武器销售到中东。[87]法国在黎凡特地区的投资主要受政治驱动,法国与埃及、伊朗和以色列之间的经济贸易关系比较弱,同时也是受安全考量的驱动(比如叙利亚危机以及难民危机)。然而,自 2000 年以来,法国却逐渐失去其在中东的市场份额,在软实力方面,影响力也在衰退,落后于英、美、德、土耳其等国。而且,在冲突调节方面,法国也在主要的危机解决方面处于缺席状态。在伊拉克,法国道达尔集团在一家运营 Halfaya 油田的财团中拥有22.5％的股份,并且在库尔德斯坦地区的勘探区块中拥有 18％的股份。[88]2010 年至 2014 年,38％的法国武器销售到中东,使得中东成为法国军工产业最为重要的地区。2015 年 5 月,奥朗德与卡塔尔签署70 亿美元的协议,包括销售 24 架阵风战斗机,并且为卡塔尔情报官员提供培训。6 月,沙特阿拉伯和法国签署价值 120 亿美元的协议,包括23 架空客 H145 直升机(价值为 5 亿美元),10 月签署 114 亿美元交易包括为中小企业投资的协议,此外还包括卫星、城市交通设施和能源。

埃及也与法国签署协议购买两艘西北风级两栖攻击舰（其中获得沙特阿拉伯的金融支持）。[89]

单纯就俄罗斯与中东国家的双边贸易额看，这并未占俄罗斯外贸的大头，因为中东地区作为整体与俄罗斯的贸易额相对较少。2017年，俄罗斯在中东唯一的重要贸易伙伴是土耳其，双边贸易额仅为165亿美元。土耳其是俄罗斯商品的第5大市场，是俄罗斯的第14大进口来源国。但在军火贸易方面，中东国家却是俄罗斯的大客户，包括埃及和伊拉克等。军工业是俄罗斯的重要产业，军售一直就是俄罗斯重要的税收来源。近些年来，武器出口也是俄罗斯外交政策的一个重要工具。此外，俄罗斯在中东最为重要的经济利益是该地区为全球经济提供了富足的石油和天然气。作为全球前三的碳氢化合物生产国之一，俄罗斯在未来全球石油和天然气市场有着重要的份额。中东石油和天然气生产商的活动对于俄罗斯的经济福祉、政治稳定有着直接的意义。尽管俄罗斯和中东国家是石油和天然气方面的竞争者，但伴随着供应源以及技术的发展，它们作为之前的能源超级大国的主导地位受到挑战，因而需要协调它们的活动。与此同时，一些中东国家也表达了投资俄罗斯经济的兴趣，有助于俄罗斯缓解被欧美经济制裁和政治孤立的窘境。[90]

3. 政治抱负驱使

法兰西第五共和国历任总统均将中东视为法国实现其全球抱负的关键环节，法国在中东有着重要的战略利益，同时，法国对中东的政策对欧盟也有着重要的"引领"作用。[91]后冷战时期的法国中东政策深受戴高乐主义的影响：将法国定位为制衡的角色，声称在美国主导的地区要发出自己声音的独特性，与民族主义、世俗以及现代化的政体较为亲近，反对诸如伊拉克和伊朗的"集团政治"。[92]2015年俄美与伊朗签署伊核协议标志着俄美恢复全球治理的开端，这一举动必须深化并且理应得到法国的支持。这成为叙利亚国内关系正常化的桥梁而非刹车装置。[93]萨科齐时期，法国举办包括中东国家出席的"地中海峰会"，启动旨在深化欧盟和地中海沿岸国家间合作的"地中海联盟"计划。该峰会的举行,标志着一个新的地区国际联盟正式形成,使得法国与地中海沿岸及中东国家关系得以机制化。作为地中海沿岸国家,法国通过在地中海沿岸国家之间建立起一个政治、经济和文化联盟,既加强与中东国家的特殊关系,又确立其在欧盟内的核心地位,提高了法国在欧盟的影响力。

21世纪以来尤其是普京就任总统之后俄罗斯重返中东,是在俄罗斯与西方总体关系不断恶化的背景之下发生的。伴随着俄美关系"重启"的失败,以及美国对普京国内治理方式的批评,俄美紧张关系不断升级。而乌克兰危机基本终结俄美之间的合作关系。从这方面说,俄罗斯的中东政策有着反美的特征。另一方面,就俄罗斯国内政治而言,"让俄罗斯再次伟大"一直是俄罗斯外交政策的目标和普京国内政治的主要抱负。2015年俄罗斯军事干预叙利亚就是这一抱负的关键的里程碑事件,这是一次高调的军事部署,而这一地区曾长期为美国所主导,这直接挑战着美国在中东的决策垄断权。可以说,紧接乌克兰危机,俄罗斯布局叙利亚不仅是俄罗斯中东政策的一个重要时刻,而且也是俄罗斯总体外交政策的一个重要时刻。对叙利亚危机的成功介入向美国和欧洲显示出:孤立俄罗斯、让俄罗斯在世界事务中边缘化,并且逼迫俄罗斯在欧美制裁之下退缩的企图注定是要失败的。俄罗斯既不会被孤立,也不会被边缘化,更不会退缩。[94] 而且,中东地区是俄罗斯实施"南北国际交通走廊"项目的必经之地,介入中东有利于为俄罗斯与东南亚提供便捷的商贸通道。[95]

三、法俄在中东的互动

法国和俄罗斯在中东地区的互动中,有竞争也有合作,甚至可以说合作的一面超过了竞争的另一面。

1. 携手反对美国发动伊拉克战争

在2003年美国发动对伊拉克战争的问题上,法国和俄罗斯持有共同的反战立场。尤其是法国首先反对美国,俄罗斯不支持美国对伊拉克的攻击,对此竭力阻止,但同时也希望不会影响美俄关系[96],但最后俄罗斯还是与法国、德国结成反战联盟[97],在联合国安理会协调立场、统一行动,与以美英为首的"主战派"进行了一次大的较量,对美国的对伊政策产生了一定的牵制作用,并对中东局势产生了重要影响。一方面,美国在中东推行的单边主义有所收敛。在伊拉克战后重建中,美国表现出要与法国等世界大国合作的姿态;另一方面,美国对伊战争加剧了中东地区的不安定局势。[98]

经济利益和地缘政治影响力是法俄两国对伊政策的重要考量,法俄两国均将中东视为它们的势力范围。就经济利益而言,俄罗斯为伊拉克提供大量武器装备,作为回报,伊拉克为俄罗斯提供石油。法国与伊拉克之间有着密切的商业往来,比如法国电信公司阿尔卡特在1991年海湾战争之后为伊拉克建设电信系统,并且承担电信网络的运维工作。[99]其实,2002年,因为俄罗斯在车臣的行动,普京还受到巴黎的指责,但伊拉克战争迅速将法俄两国团结起来[100],法俄站在一起被时任美国国务卿的鲍威尔视为背叛[101],并引起中东欧国家的普遍疑虑[102]。

法俄德三国的共同反战立场成为俄欧关系重新定调的基础,它们讨论俄欧发展合作的四个共同空间,即环境和能源合作的经济空间;自由、安全和司法合作空间;外部安全合作空间;科技、教育和文化合作空间。同时,在外部安全、研究、教育及文化领域也开展合作,此后即便北约和欧盟双东扩,但俄欧关系发展还是迎来了新的发展。值得一提的是,法俄两国对于美国入侵伊拉克有着不同的理解,对于俄罗斯来说,它认为美国入侵伊拉克在一定程度上与北约入侵科索沃类似,并没有得到联合国的认可。而对于巴黎来说,美国入侵伊拉克体现出美国的单边主义以及对盟友观点的置若罔闻,这在一定程度上破坏了集体安全的理念。2003年,在联合国安理会上的发言中,希拉克曾说:"当今世界,没有任何一个国家能够以所有国家的名义采取行动;也没有任何一个国家会接受没有规则的专制。没有任何国家能够取代联合国的地位。多边主义是必需的。"[103]当时,爱丽舍宫尚认为俄罗斯正行进在民主的道路上,时任法国总理的拉法兰认为法德俄轴心有助于捍卫一些价值观。然而,俄罗斯当局与法国的价值观还是有所不同的。[104]

2. 支持伊核协议

伊朗系重要的中东国家,拥有重要的地缘位置,北邻亚美尼亚、土库曼斯坦、阿塞拜疆,西连土耳其、伊拉克,东面与巴基斯坦和阿富汗相邻,南濒波斯湾和阿曼湾,北隔里海与俄罗斯和哈萨克斯坦相望,享有"欧亚陆桥"和"东西方空中走廊"之称。[105]伊朗直接关系到欧洲国家包括法国的安全。

后冷战时期,俄罗斯没有与西方进行对抗,但却借助西方内部的分歧,诸如中东问题,根据俄罗斯自己的利益行事。[106]伊核协议由英、法、德、中、俄、美六国与伊朗于 2015 年 7 月共同签署,被认为是不扩散方面的一个标志性事件,代表着通过妥协和对话解决国际危机多边外交行动的成功案例。[107]对于法—伊关系、欧洲能源安全而言,伊核协议十分重要。

法国视俄罗斯为伊朗问题上的关键合作伙伴,两国均支持保留伊核协议,反对美国的单边退出行为,法俄两国元首之间的私人纽带帮助缓解紧张关系[108],并且在一定程度上还促进两国在双边关系以外议题上的合作。法国绕过美国制裁,继续发展与伊朗之间的贸易关系,比如与英国和德国一起于 2019 年 1 月建立了贸易互换支持工具(INSTEX 机制),不用美元结算;同时,为了避免 INSTEX 机制受美国制裁的影响,英法德三国还努力建设独立的 SPV 来管控与伊朗之间的石油交易。[109]在操作化 INSTEX 机制的同时,法国还会同英国和德国,并与俄罗斯、中国等国家进行磋商。2019 年在法俄战略"2+2"对话之后,法国驻俄大使贝尔曼在推特上表示,俄罗斯联邦关于解决伊朗核问题危机的立场接近法国的立场。[110]在 2020 年圣彼得堡国际经济论坛上,马克龙同意给伊朗提供 150 亿美元的贷款。[111]

3. 在叙利亚问题上:异中求同

叙利亚是俄罗斯中东政策的重要支点。作为俄罗斯在该地区的重要合作伙伴,叙利亚为俄罗斯提供了军事基地,以及地中海的港口,这是俄罗斯海外唯一的一个港口,叙利亚还是俄罗斯军火商的客户,是俄罗斯能源和基础设施项目的合作伙伴。伴随着 2011 年叙利亚内战的暴发,俄罗斯为阿萨德政权提供了大量的经济支持和外交帮助,并于2015年对叙利亚内战进行直接的军事干预。

在叙利亚问题上,巴黎恐袭案和俄罗斯客机在西奈半岛的坠机事件,迅速推动法俄两国的合作。普京于11月17日下令俄罗斯在地中海的舰队"与法国人建立直接联系,以便和他们如盟军般一起工作"。同日,法国防长勒德里昂在采访时表示,俄罗斯正在发生"方向性的改变","或许与俄罗斯的联盟不是没有可能"。11月20日,法国陆军参谋长德·维利耶(Pierre de Villiers)与俄军总参谋长盖拉斯莫夫(Valeri Guerassimov)在乌克兰危机后首次通电话讨论在叙军事行动协作。[112]作为法俄合作的第一个成果,11月27日,法国外长法比尤斯宣布:巴黎考虑在政治过渡期内与叙利亚政府军合作打击极端组织。11月18日的俄罗斯《观点报》报道,北约秘书长斯托尔滕贝格表示:"我欢迎俄罗斯加入这一进程(指北约寻求政治解决叙利亚危机的努力),欢迎俄罗斯坐下来与其他国家谈判,俄罗斯在叙利亚可以发挥建设性的作用。"包括美国,从原来奥巴马一再公开呼吁"孤立"俄罗斯,到不得不确认与俄罗斯再度在叙利亚问题上携手合作,说明俄罗斯在中东的交友结盟,取得了实际效果。[113]

2017年,马克龙特别确认,他愿意在叙利亚问题上与俄罗斯合作,他认为,只有在"政治、持久和全面解决办法"的基础上才能实现叙利亚的和平。[114] 2018年7月,莫斯科和巴黎组织了一个向东古塔(Восточная Гута)运送人道主义援助的项目。[115]此外,俄罗斯和法国还在跨境人道主义援助问题上积极合作,以使叙利亚局势正常化,当然两国观点也有差异之处,比如2020年7月,在更新向叙利亚提供跨境人道主义援助问题上,俄罗斯在联合国安理会对法国及其他国家提出的决议草案投了否决票。[116]

四、结语

后冷战时期,根据变化中的世界格局,法国和俄罗斯的中东政策经历了不同的历程。对于法国来说,冷战结束,美苏对抗局面终结,法国失去在美苏之间权衡的空间,中东地区成为实现其全球抱负的重要支点之一。21世纪以来,尤其是巴黎恐袭案发生之后,中东地区危机的外溢直接关涉法国国内政治。而对于俄罗斯来说,冷战终结初期,因奉行"一边倒"的西向政策,在中东逐渐撤出;21世纪尤其是2010年以来,俄罗斯加大在中东的存在,更是借助在叙利亚冲突中的精彩表现"重返"中东,中东也成为俄罗斯掣肘美国的重要地区。

无论是法国还是俄罗斯,后冷战时期,它们在中东的政策体现出如下共性:第一,务实性。囿于两国经济实力的下降,两国在中东都更为务实,力求达到支出与收益的最佳比例,以最小支出获得最大收益,并不求战略上的过度延展。第二,均衡性。基于中东地区宗派林立,错综复杂,法国和俄罗斯都努力维持与中东国家的平衡关系,比如,俄罗斯就希望作为各方都愿意对话的国家。[117]而法国也走过了从平衡到不平衡再到平衡的历程。第三,灵活性。法俄两国在中东政策中都体现出灵活性,不拘泥于一些具体的原则。第四,独立性。法国和俄罗斯都奉行非常独立的中东政策,体现出自己的利益关切。[118]第五,倡导多边性。基于中东问题的复杂性,法俄两国均意识到通过多边形式的重要性,因此,在中东问题上也展开一定的合作。

第三节　法俄在北极:历史逻辑与相互关系

冷战时期,美俄对北极都非常重视,后冷战时期,美国和俄罗斯对北极的关注度有所下降。21世纪以来,尤其是2010年以来,由于多种因素,包括气候变暖、北极航道形成为新北极航线,以及北极拥有丰富的矿产,该地区战略地位日益凸显。2019年和2020年,美国和俄罗斯先后发布本国的北极政策,昭示着北极地区的互动主题逐渐由合作转向竞争。

一、法俄的北极政策:历史轨迹

1. 法国在北极的历史轨迹

法国并非北极国家,但伴随着气候的变化,北极地区日益成为21世纪全球关注的焦点之一,法国对北极的关注度也逐渐上升。总体而言,法国在北极的存在体现为如下过程。

第一阶段:1963—2000 年。这一阶段,通过极地研究和实地探测,法国在北极享有较好的形象,但它尚未形成真正的北极策略。就科研而言,让-巴蒂斯特·沙尔科(Jean-Baptiste Charcot)、保罗-埃米尔·维克托(Paul-Émile Victor)、让·马洛里(Jean Malaurie)均是法国极地研究的杰出人物,他们体现着法国极地研究的传统,让-路易斯·艾蒂安(Jean-Louis Etienne)则是当代法国北极科考的领军人物。1963 年是法国北极科考的元年,此后,在让·科贝尔(Jean Corbel)带领之下法国在北极的科考快速发展,但随后大幅减少,到 1974 年又重新获得发展。1982 年,成立北极研究小组并被整合进法国极地研究及技术研究所(IFRTP),也就是现在的保罗-埃米尔·维克托研究所(IPEV, Institut Paul-Émile Victor)。2009—2013 年,IPEV 实施了 44 个北极项目、共计 114 次实地考察。法国北极科考的质量得到北极国家及北极理事会的高度认可。

第二阶段:21 世纪以来,法国逐渐形成北极战略。正如 2007 年法国参议员克里斯蒂安·高丁(Christian Gaudin)所指出的,法国在北极的存在依旧较少。针对高丁的提议,法国参议院就法国的北极战略作出一些倡议,对格勒纳勒环境法(loi sur le Grenelle I de l'environnement)的第二个条款进行两次修订,增加内容包括:"基于北极地区在全球气候平衡方面的关键作用,法国支持成立对北极进行研究的全球科学观察中心";"为了保护环境,法国将支持在主管国际机构的框架下进行法规的调整"。2009 年 3 月,法国任命米歇尔·罗卡尔(Michel Rocard)担任极地国际谈判大使,提名一位前总理担任极地大使以对南北极进行保护无疑是法国向世界发出的强烈信号。当时,罗卡尔大使表示法国在北极没有战略利益,只有少许的经济利益;法国的北极外交政策主要是应国内科研中心的请求而制定,致力于为国际社会的北极决策出谋划策[119];而且,这也是履行法国作为重要大国保护环境和应对气候变化的义务。

同时,基于北极在全球战略博弈中不断提升的地位,2013 年《法国国防及安全白皮书》指出:"北极冰雪融化已经产生战略性的后果,那就是使用新的北极航线变得越益可能。"2013 年底,在罗卡尔大使的倡议之下,法国在外交上启动了北极国家路线图的筹备工作。第一阶段的咨询旨在尽可能多地搜集有关北极和法国在北极利益的信息。同时还进行与相关部委,诸如生态、可持续发展和能源部、研究部、交通运输部等之间的协商。第二阶段,对信息和数据进行整理,随后与民间社会进行协商,以便制定像德国和英国那样的北极战略。

2013—2014 年,法国参议院出台北极报告,对法国的北极路线图进行详细的分析。该报告认为法国在北极享有良好的声誉:是重要的研究合作伙伴;法国能源巨头在北极树立了良好的形象;法国是唯一在格陵兰拥有常驻外交代表机构的西欧国家(这一地位特殊,参议院认为有必要在法国和格陵兰建立议会间友好小组)。

2015 年 10 月 16 日,在冰岛雷克雅未克举行的黄金圈(Cercle)会议期间,奥朗德表示法国将尽其所能,采取行动,动员其研究人员和公司,保护北极。法国支持多部门联合保护北极的生态及生态安全,认为北极是绿色技术的试验区,并支持将北大西洋和北太平洋联通。法国力图依托欧盟发展与北极的关系,但也表示欧盟可以拥有自己的优先考虑事项,但前提是不能影响法国的政策。[120] 2016 年 6 月 14 日,法国外交部长艾罗(Jean-Marc Ayrault)提交了《国家北极路线图(le Grand Défi de l'Arctique: la Feuille de route nationale sur l'Arctique, FR-NA)》。两年多来的跨部门工作重点包括四项:第一,确定法国在北极地区的利益;第二,加强法国在北极商业和论坛上的合法性;第三,平衡国家利益和在北冰洋治理中的普遍利益;第四,促进对北极环境的高水平保护。这是第一份欧盟成员国以欧盟的视角发布的北极战略,法国参议院明确表示法国会依托欧盟寻找其在北极中的位置,并将法国意图融入欧洲视角之中。该文件显示了法国对新的北方形势、经济机遇和挑战、环境和气候关系的认识。

同时,法国也积极借助其科研优势、国际议程的设置以及联合国的平台为其北极战略的形成、北极理事会的观察员身份服务。通过科学和知识,法国将北极的转型置于全球视野之中。第一步,将对北极的研究与对南极的研究综合起来,形成法国的研究特色;第二步,将法国的北极研究定位为参加北极理事会,作为观察员国为会员国带来专业的科学知识。另外,法国还积极筹备气候会议,在气候变化领域设置议程、争夺国际话语权。[121]议会曾担心法国不能争取到北极理事会的观察员身份,因此通过联合国,借助美国的中立,努力去修改《联合国海洋法公约》[122],并于 2000 年成为北极理事会的永久观察员国。

此外,法国大公司积极参与北极的开发。道达尔在挪威开发天然气已有 30 年的历史,是仅次于挪威国家石油公司(Statoil)的第二大公司,享有严肃企业的形象。道达尔和法国苏伊士环能集团(GDF Suez)均参与挪威的白雪天然气油田(Snohvit)项目。同时道达尔还通过什托克曼(Shtokman)油田和亚马尔这两个项目参与俄罗斯的天然气开发。苏伊士环能集团还在格陵兰与壳牌和挪威国家石油公司成立了一家合资企业,在巴芬湾持有两个离岸开采许可证。阿海珐在加拿大北部的雪茄湖以及格陵兰开采铀矿。其他法国大公司,比如布依格和建筑公司万喜参与北极国家的基础设施建设。

此外,在军事层面,法国也加强其在北极的陆、海、空三军的存在,主要奉行不连续的存在和参加联合军演的政策。法国陆军定期参加军事演习,以培养和保持在极端条件下做出反应的能力。夏蒙尼高山军事学校(l'Ecole militaire de haute montagne de Chamonix)有一支专门的团队,定期远征极地,在极端环境中试验新设备和特定程序。2012 年 2 月 24 日至 3 月 12 日,加拿大、美国、波兰和法国军队举行名为"北欧勇士"的联合军演,旨在增强军队在远北气候条件下的实力。2012 年 3 月 14 日至 21 日,法国一支分遣队参加挪威在远北地区发起的"冷战"演习,目的是在极端条件下训练和强化部队,并联合作战。这是自 2006 年以来法国第五次参加北约联合军演。2012 年 4 月,第27 届法国陆军第 27 山地步兵旅的高山军事集团(GMHM)和山地突击队(GCM)在格陵兰进行培训,目的是"分享极端环境的经验"。近年来,法国还参与北极圈以外的双边或北约内部的演习或任务:与美国空军、阿拉斯加的红旗演习、2008 年在冰岛空域执行监视任务、2007—2010 年于极端天气条件下在波罗的海国家执行防空任务。此外,每年都有法国飞行员在瑞典、芬兰和挪威学习极地生存课程。

就海军而言,对于已经选择核威慑和二次打击能力的国家来说,北极是它们部署的主要地点。从 1960 年开始,为创建法国战略核潜艇力量,法国海军对北极产生兴趣,在北极环境中发展科学和军事知识,同时建设核潜艇发射器。深海环境对法国的潜艇建设有利,因为"冰的噪音和强烈的温度梯度会干扰声学探测,而冰层可以保护它们免受卫星观测的影响"[123]。就空军而言,法国投入大量空中资源,以确保法国的海上运输活动,特别是对油轮和捕鱼活动开展巡逻、进行监视,并在发生紧急情况时进行干预。沿岸国家的能力得到包括法国在内的第三国的加强。

总体而言,法国是较晚表达其北极立场的国家,21世纪以来,法国依托其悠久的北极科考历史、大公司浓郁的开发兴趣,以及其在联合国、欧盟及北约成员国的地位,积极体现在北极的存在感,并从国家层面制定北极政策,为其国家利益服务。

2. 俄罗斯在北极的历史轨迹

俄罗斯是北极国家,但整个沙俄时期,囿于恶劣的气候条件,只有少量人口居住在俄罗斯北极地区。北极海岸线边的海港逐渐构成俄罗斯开发西伯利亚的必要地域。北极海路成为俄罗斯开发西伯利亚的重要组成部分。第一次世界大战时期,尤其是1917年俄国革命以来,北极海路日益重要,尤其是在经济和战略领域,它成为绕开不友好邻国的唯一通道[124],同时也成为联通苏联最东边和最西边的最短航路。因此,俄罗斯比其他国家更早意识到北极的战略意义。也是在那时,来自古拉格群岛的流放者居住在北极,并且自1923年在索洛韦茨基群岛(Solovki)开始建设基础设施。[125]冷战时期,对于苏联的发展政策而言,北极海岸线具有重要的经济意义。苏联当时的发展政策要求开发并且运输资源以便确保国家在原材料方面的独立性。

在这一背景之下,港口基础设施以及技术设备均得到开发。20世纪30年代以来,夏天北极的路开始可以通行。在北极的西部从科拉(Kola)半岛到迪克森岛(Dikson),全年道路均可通行,从而成为苏联公路网必不可少的组成部分,助力于苏联经济:为苏联城市、社区、工业、军事、科研供应资源,并可供出口。第二次世界大战以后,俄罗斯北极获得战略功能,成为美苏争霸的潜在地区。北方航道成为进口工业原材料和出口天然资源的交通走廊。冷战的大环境刺激着苏联的技术创新。1977 年 8 月 1 日,北极号(Arktika)成为第一艘到达北极的核动力破冰船。

伴随着冷战结束,北极的战略意义逐渐衰减。驻扎在北极的海军人数大量减少,国家也逐渐从重大的开发项目中退出。北极人口迁移,工业基础设施以及陆基设备(气象站、港口、极地航空)被搁置或被私有化,考虑到俄罗斯在国际舞台上的虚弱,俄罗斯成为西方的"听话学生":修订 1997 年的《海洋法公约》(la Convention du Droit Maritime),将北极地区去军事化。[126]俄罗斯的北极及次北极地区经受着人道主义危机,但伴随着俄罗斯从转型危机中恢复过来,它的北极政策变得更富有抱负。

21 世纪以来,俄罗斯日益成为北极重要的行动者,通过联合国、北极理事会等发挥作用。北极被视为代表着俄罗斯未来的地区,尤其是在碳氢化合物生产方面独占鳌头。普京在"有利可图"的俄罗斯北极地区实施大型开发项目,而那些不具有经济意义的北极地区尚待开发。2005 年以来,在经济扩展到北方的背景下,俄罗斯重返北极,寻找新的资源。2007 年 8 月,俄罗斯探险队在北极插下国旗,引起整个国际社会的轰动。俄罗斯声称罗蒙诺索夫海岭海床从西伯利亚大陆架延伸而来,故而是俄罗斯专属经济区(Exclusive Economic Zone, EEZ)的延伸。2008 年 9 月,梅德韦杰夫总统签署《2020 年及以后的俄罗斯联邦北极国家政策原则》。该文件是关于北极的官方政治宣言。首先对俄罗斯在北极的国家利益进行界定,包括:自然资源、维护北极作为和平与合作地区的地位、保护独特的生态系统、推进北方航道作为俄罗斯管辖下的国际水道的发展。

2017 年 9 月,作为《北极开发议程 2025》的一个部分,俄罗斯经济发展部提出一个议案,要创建 8 个"枢纽区"。在这一战略的引领之下,俄罗斯重新推行对北极大范围开发的奋发有为的政策。亚马尔项目就是一个鲜明案例。俄罗斯一方面在北极宣示主权,另一方面在这个地区保持开放的情况下捍卫其利益[127]。

针对 2019 年美国视俄罗斯为北极最大挑战者的北极新政策的出台,2020 年俄罗斯出台《2035 年前俄罗斯联邦北极国家政策原则》,首次将"保障主权与领土完整"置于北极国家利益中的首要位置,并强调北极经济领域甚至是军事领域的高竞争性和对抗性。[128]北极地区的地缘政治态势竞争主调凸显。近些年来,俄罗斯增强其在北极的军事存在。[129]根据美国五角大楼的消息,自 2020 年起,俄罗斯投资 10 多亿美元用于重建 13 个机场,包括弗兰格尔岛和施密特角的"火山-2"雷达系统。莫斯科还宣布,将增加部署在俄罗斯北极地区的防空部队和 S-400 防空导弹系统的数量。[130]同时,美国和北约在北极也频繁军演。

总之,俄罗斯是重要的北极国家,其在北极的利益属于主权和领土完整的范畴。后冷战时期尤其是 21 世纪以来,俄罗斯加大其对北极地区的投入度,既强调对北极的资源开发和经济发展,同时也高度关注北极地区的战略维度。[131]在俄罗斯与西方的战略挤压之下,俄罗斯的北极政策还会进一步地演进和调整,这有利于俄罗斯统筹国内和国际两个大局。

二、法俄北极政策的影响因素

1. 法国在北极的利益

由于在北极没有领土,法国表示在该地区没有特定的国家利益。[132]但出于三个原因,它有间接的利益需要捍卫。

首先,在科学和环境领域,法国拥有古老的极地研究传统,包括保罗-埃米尔维克多的探险,以及在北极开展的许多国际公认的科学研究等。近年来北冰洋海冰融化,对海洋中的水团运动产生影响。它影响气候和生物圈的演变,并引发人们对海平面显著上升的担忧。因此,分析和理解这些现象以预测它们的影响并在可能的情况下予以缓解或推迟尤为重要。法国极地研究的质量得到广泛认可,主要由三个机构进行:保罗‐埃米尔维克多研究所(IPEV)、法国海洋开发研究所(Ifremer)和国家科学研究中心(CNRS)。这三个机构积极参与国际合作,共同研究极地。这些研究对企业和国防有着多种应用,特别是在水下声学的敏感领域。国际地球物理年(1957—1958 年)标志着极地研究国际合作的起点。2005 年,欧洲制定"为长期环境研究开发北极建模和观测能力"(DAMOCLES)计划。该项目旨在验证北极夏季海冰消失气候模型预测的准确性,汇集 10 个欧洲国家的 45 个实验室,美国和俄罗斯也已加入。毕竟,海平面上升会产生很多不良的社会、经济影响,包括难民问题、即将消失的专属经济区等,比如法国的海外领地,包括法属波利尼西亚会受到很大影响,而且为保护海岸线和大城镇而修建堤坝的费用也极其高昂。2009 年国际极地年期间启动 210 多个科学项目,汇聚来自 60 个国家的数千名科学家,其中,58 个研究项目有法国科学家和机构(17 个在北极,18 个在南极,23 个覆盖南北极)主持或参与。可以说,科学外交在法国的北极政策中是一个重要的支点。

其次,融化的冰层使得开发北冰洋的能源、矿产和渔业潜力成为可能,这为法国公司提供了前景。道达尔等诸多法国大公司已在该地区运营。道达尔和苏伊士环能集团在北极涉足较深。在挪威,这两家公司与挪威国家石油公司在巴伦支海的白雪天然气油田上有合作,合计股份占 18.4%,其中苏伊士环能集团占 12%。该油田储量估计为 1 930 亿立方米天然气、1.13 亿桶石油和 510 万吨液化气。[133]苏伊士环能集团还与壳牌和挪威国家石油公司联合投资格陵兰岛。该公司位于格陵兰西部巴芬湾,拥有 26.25% 的股份。道达尔还投入在俄罗斯的油气田和亚马尔项目的建设。此外,气候变化给北冰洋带来的变化还会影响到海上运输、捕鱼业等,这些也都关涉法国的经济利益。

第三,作为联合国安理会常任理事国、北约和欧盟的成员[134],以及它所拥有的核电地位,如果发生危机,法国将参与其中、发挥大国作用。(1)在法国看来,虽然八个北极国家最先受到气候变化的影响,但维护该地区的稳定符合整个国际社会的利益。北冰洋提供了一个机会,可以增进国家间理解、制定新的行业行为准则和标准的示范框架。(2)尽管军事活动不再像冷战时期那么重要,但北极仍然是导弹防御预警雷达基地的所在地。事实上,穿越北冰洋是北半球位于相反子午线的国家之间的最短路线。(3)有必要建立一个针对该地区非常具体的主题的国际立法框架。欧盟必须有七个成员国作为北极理事会的观察员参加,如果欧洲国家之间在北极问题上有共同的意愿,对法国来说,这将是极为有利的。

作为近北国家,法国认为北极首先是一个海洋,也即对国际航行开放的空间,是作为人类共同遗产的一部分的公海区域。法国在该地区的三个合作机构——北极理事会、巴伦支海欧洲—北极理事会和波罗的海国家理事会——中均拥有观察员身份,因此有权参与讨论并提出意见,也有着在必要时在极地地区采取行动的意愿。作为北极理事会的永久观察员,法国参加了六个工作组,包括名为"紧急情况预防、准备和响应"的工作组。[135]"就北极地区潜在的紧张局势而言,大西洋联盟及欧盟国家(美国、加拿大、丹麦、挪威)以及俄罗斯、法国与该地区的危机间接相关"。法国打算拥有在北极部署的能力,因为"北极已经成为一个重大的战略问题。一些国家加强了其作战军事能力,以维护对这个中立区的主权。鉴于国际承诺和自身利益,法国不能忽视这个新问题"[136]。

2. 北极在俄罗斯国内治理及对外战略中的意义

北极圈以北的领土占俄罗斯国土面积的 40％,居住着 300 万俄罗斯人。乌克兰危机爆发后俄罗斯与西方关系恶化,俄罗斯北极地区日益被视为攸关俄罗斯国家安全的地区。[137]对于俄罗斯的国内治理以及对外战略来说,北极都具有十分重要的战略意义。

首先,北极地区丰富的石油、天然气、宝石等资源为俄罗斯国家发展提供了经济基础。早在几百年前,俄罗斯就已参与北极的开发,在西伯利亚——北极圈之下和之上——发现的石油和天然气为 20 世纪的苏联提供了财富和硬通货,促进了苏联的国内消费、为苏联的军队提供了物质基础。后苏联时期的俄罗斯加速对北极资源的开发,石油和天然气在 21 世纪初期俄罗斯恢复国家实力、保障国内稳定、并作为一个大国重返世界舞台的过程中发挥了关键的作用。2006 年,克里姆林宫强调要将俄罗斯建成一个"超级能源大国",并使得其八国集团成员国的地位合法化。当前,俄罗斯北极地区国内生产总值占俄罗斯国内生产总值的 20％,石油和天然气出口中的 10％来自俄罗斯北极地区。其中,碳氢化合物占最大份额,同时还包括有色金属、贵金属、宝石和其他原材料等;俄罗斯三分之一的鱼来自北极水域,伴随着气候变暖,俄罗斯政府希望到 2030 年能增加这一份额。

其次,随着全球气温上升,北极的资源更易获得,这确保克里姆林宫有稳定的收入以及在欧洲和亚洲这两个市场的竞争力和地缘政治影响。事实上,俄罗斯对北极能源项目的投资是其欧洲和北极的更广泛战略的一个组成部分。沿俄罗斯北极海岸线开发北极航道为克里姆林宫提供了将俄罗斯北极地区与北极市场联系起来的路线,有助于实现俄罗斯能源政策的多样化,从而减少俄罗斯对欧洲作为关键能源市场的依赖,并且消解了对乌克兰这一能源过境通道的依赖。此外,俄罗斯将北极开发的项目向欧洲能源公司包括法国公司开放,在获取欧洲先进的技术和雄厚的资本的同时,也使得这些公司成为俄罗斯北极开发的重要利益攸关者,以便通过这些能源公司对它们母国政府的对俄政策产生一定的影响。

第三,俄罗斯在北极拥有三大军事利益。(1)确保其在科拉半岛的弹道导弹潜艇(SSBN)部队在与北约发生冲突时能保持二次打击能力。俄罗斯海军的 11 艘弹道导弹潜艇中有 7 艘潜艇部署在北极,对这些潜艇安全的担忧促使俄罗斯努力完善其反介入、区域拒止系统并提高其自身的监视能力;并且在北极增加战略演习和巡逻的频次,并对北极的基础设施进行升级迭代。(2)当俄罗斯与北约发生冲突时,确保能保护俄罗斯在北大西洋和欧洲北极地区的行动能力。与俄罗斯的其他舰队不同,北方舰队可以直接进入巴伦支海、挪威海以及大西洋。北方舰队在该海域的行动能力至关重要。(3)为俄罗斯在北极地区的商业利益提供军事保护。俄罗斯北极地区拥有漫长而开放的边界,一方面气候恶劣、基础设施差,另一方面,民间活动较以往增多,这就增加了海上运输、核事故和环境事故的风险,因此俄罗斯亟需具备在该地区快速部署军事反应的能力。[138]

三、法俄在北极的互动

在俄罗斯的北极地区,法国和俄罗斯之间的互动主要是通过科研合作、共同开发能源等进行,当然,作为北约成员,法国也参与北约的联合军演。

受到乌克兰危机的影响,法俄之间围绕北极的科研合作一度被中止,但马克龙执政以来,多措并举、努力恢复与俄罗斯之间的战略对话与合作。在这个背景之下，2019 年 9 月，位于圣彼得堡的法俄北极及气候研究中心重新启动。[139] 法俄两国围绕北极进行科学研究，共建极地学院（l'Académie polaire franco-russe），迄今已有 25 个法俄合作项目，涉及多个学科，包括研究雅库特的冻土、原住民对全球变暖的适应，甚至与北极土壤解冻带来的细菌和病毒相关的风险等。[140] 法国研究人员和他们的俄罗斯同仁在海洋生态学、古代冰芯研究、人类学和文明研究等主题上密切合作，特别是对东西伯利亚地区开展研究。法国和俄罗斯的极地研究参与者之间的各种交流加强了这种合作。位于圣彼得堡的俄罗斯国立水文气象大学（State Hydrometeorological University）与法国兄弟院校致力于极地研究、2020—2022 年莫斯科国立大学与索邦大学密切合作探讨建构人类在俄罗斯北极地区的安全体系的最佳模型。[141] 由于 2021—2023 年俄罗斯将担任北极理事会主席，2021 年 1 月，法俄议会间合作友谊小组组织会议对北极事宜进行讨论。[142]

在能源领域，美国公司雪佛龙（Chevron）和康菲石油（Conoco-Phillips）、挪威国家石油公司（Hydro and Statoil）以及法国道达尔公司曾竞标开发茨托克曼（Chtokman）油气田。2007 年 7 月，法国道达尔公司被授予 25% 的股份参与茨托克曼油气田第一阶段的开发，俄罗斯天然气工业股份公司（Gazprom）持有 51% 的股份，另外 24% 的股份由挪威国家石油公司持有，美国公司出局。[143] 俄罗斯人之所以选择道达尔，可能因为道达尔在海上技术方面的成熟经验为对抗北极寒冷起到了重要的作用，同时也是俄罗斯试图增进其与法国关系的一个表现。

2011 年，法俄双边关系进展良好，当时法国战略界人士企盼依托法俄之间的"西北风"军售合同，紧紧抓住开发俄罗斯北极的机会能有所作为，包括向俄罗斯提供金融支持、技术支撑等，但 2014 年乌克兰危机爆发之后，由于跟进美国的步伐，法国与俄罗斯在北极的合作受到一定的影响，俄罗斯转向东方[144]，法国的利益有所损失。

法国与俄罗斯在大项目合作方面也取得进展，其中最有代表性的合作项目是亚马尔液化天然气（LNG）工程项目。为了抢占全球液化天然气市场，2009 年俄罗斯第二大天然气公司诺瓦泰克公司接手亚马尔项目及其天然气气田——1.3 亿万亿立方米储量的南坦别伊气田。亚马尔项目启动之初进展并不顺利，诺瓦泰克公司按照俄罗斯《天然气出口法》同持有天然气出口专营权的俄罗斯天然气工业公司签署液化天然气出口代理协议。但是,此时俄罗斯天然气工业公司对液化天然气出口并不热心,致使亚马尔项目没有取得任何实质性进展。同时,亚马尔项目建设需要上百亿美元的投资,而俄罗斯国内银行却只愿意在以液化天然气供应合同为担保的条件下提供贷款。在俄罗斯总统普京亲自向俄罗斯天然气工业公司总裁米勒施压的背景下,2013 年 11 月俄罗斯最终将液化天然气出口权分别交予俄罗斯石油公司和诺瓦泰克公司。

为了落实亚马尔项目董事会批准的最终投资决定(FID)300 亿美元的总投资,诺瓦泰克决定将亚马尔项目转变为中、俄、欧合作的国际投资项目。俄罗斯诺瓦泰克公司控股 50.1%,法国道达尔公司参股 20%,中国石油天然气集团参股 20%,丝路基金参股 9.9%。按照最初设计,亚马尔气田生产的液化天然气根据季节和海况变化,分别输送至欧洲和亚洲方向,满足欧洲和亚洲的天然气消费需求。

亚马尔项目充分体现了法国和俄罗斯的利益。对于法国而言,亚马尔项目为北大西洋沿海国家进口俄罗斯天然气提供了直接渠道,降低了过境第三国的成本和风险,法国利用亚马尔项目同美国进行液化天然气价格谈判时占据优势地位。对于俄罗斯而言,俄罗斯在抢占液化天然气市场的同时,通过大型项目建设将亚马尔项目所在地建成北极圈内集铁路、河运、海运、航空为一体的交通枢纽,为俄罗斯开发远东西伯利亚地区、开拓北极航道、带动极地资源开发等提供了重要的支撑。也正是因为亚马尔项目符合法国和俄罗斯的需求,2014 年以来在欧美对俄的几轮制裁中,亚马尔项目进展基本未受太大的影响。

可以说,亚马尔项目是具有示范意义的法俄合作项目。俄罗斯拥有广袤的空间和丰富的自然资源,法国拥有先进的技术和工艺。法俄合作有利于俄罗斯远东西伯利亚开发和北极地区的重大项目建设,同时,也有利于拓展法国在北极的存在。

四、小结

总而言之,后冷战时期,在气候变化以及俄罗斯与西方关系恶化的大背景之下,作为联通欧亚的最短通道,北极地区的经济价值和战略地位日益凸显。

作为近北国家,法国主要借助科学勘探和考察、依托大公司参与北极开发构建其在北极的叙事体系,依靠其在多个重要国际组织、北极地区组织中的成员国、观察员身份为其介入北极事务提供法理依据。作为北极国家,北极为俄罗斯的国家发展和军事部署提供了坚实的物质基础和战略屏障,但囿于北极地区恶劣的自然条件以及落后的基础设施,俄罗斯的北极开发尚需借助引入包括法国等欧洲国家的技术和资本。但由于近年来美国出台北极战略,明确将俄罗斯列为在北极的主要竞争对手,俄罗斯在北极的军事部署也显著增多;而作为西方成员的法国也在北极参与北约军演,因此,在双边层面,法俄在北极进行合作,但在欧美对峙的过程中,法国也有可能被迫加入西方阵营,这对法俄在北极的双边合作也带来了一定的冲击。

注释

1. 张宏明主编:《大国经略非洲研究》上册,北京:社会科学文献出版社 2019 年版,第 2 页。

2. 李新:《俄罗斯重返非洲:进程、动因和困境》,《当代世界》2019 年第 11 期,第 32 页。

3. François Gouttebrune, "La France et l'Afrique: le Crépuscule d'Une Ambition Stratégique?", *Politique Étrangère* 67(April 2002), pp.1035—1036.

4. 20 世纪 90 年代,西方国家以不同的方式向非洲国家施加经济和政治压力以推动非洲的民主化进程,法国不甘人后。1990 年 6 月在法国拉博勒召开的第 16 届法非首脑会议上,法国总统密特朗就非洲政治民主化发表讲话,这被称为"拉博勒讲话"(le discours de la Baule),主要是将对非援助与非洲国家的政治民主化进程挂钩。参见"Le Discours de la Baule", le 20 juin 1990, https://nsarchive2.gwu.edu/NSAEBB/ NSAEBB461/docs/DOCUMENT%203%20-%20French.pdf。

5. 张宏明主编:《大国经略非洲研究》上册,北京:社会科学文献出版社 2019 年版,第 46—80 页。

6. "Le Piège le Africain de Macron—4 Questions à Pascal Airault", le Point de Vue de Pascal Boniface, le 21 avril, 2021, iris-france.org/156620-le-piege-africain-de-macron-4-questions-a-pascal-airault/。

7. 彭姝祎:《从戴高乐到马克龙:法国的非洲政策变化轨迹与内在逻辑》,《西亚非洲》2019 年第 2 期,第 103—108 页。

8. 同上文,第 108 页。

9. 同上文,第 108—109 页。

10. Abdelkader Abderrahmane, "Eurafrique: New Paradigms, but Old Ideas, for

France in the Sahel", Nov. 21, 2018, https://www.thebrokeronline.eu/eurafrique-new-paradigms-but-old-ideas-for-france-in-the-sahel/.

11. "The Challenges for French Diplomacy in Africa", https://www.diplomatie.gouv.fr/en/country-files/africa/french-diplomacy-in-africa-global-issues/.

12. 王树春、王陈生:《俄罗斯"重返非洲"战略评析》,《现代国际关系》2019 年第 12 期,第 31 页。

13. 张宏明主编:《大国经略非洲研究》上册,北京:社会科学文献出版社 2019 年版,第 745—746 页。

14. 同上书,第 756—778 页。

15. 杨成绪:《笔端——二十多年来对国际形势的观察和思考》,北京:世界知识出版社 2017 年版,第 23—55 页。

16. 张红:《G8"复活"的可能性》,《环球》2018 年第 13 期,参见 http://www.xinhuanet.com/globe/2018-07/05/c_137393904.htm。

17. "Trade in Goods with Africa", United States Census Bureau, https://www.census.gov/foreign-trade/balance/c0013.html.

18. "China-Africa Cooperation Prospers against Covid-19", *Xinhua News*, Jan. 3, 2021, http://www.xinhuanet.com/english/2021-01/03/c_139638729.htm.

19. Neil Melvin, "The Foreign Military Presence in the Horn of Africa Region", Stockholm International Peace Research Institute, Background Paper, April 2019.

20. "India and Africa: Partners in Development", Sep. 18, 2020, https://www.ciiblog.in/international/india-and-africa-partners-in-development/.

21. Neetu Arpan Grover, "Africa and Great Power Politics", Dec. 26, 2019, https://diplomatist.com/2019/12/26/africa-and-great-power-politics/.

22. Ana Maria Baloi, "Russia in West Africa: Trying to Replace the West?", *Grey Dynamics*, Jun. 30, 2020, https://sofrep.com/news/russia-in-west africa-trying-to-replace-the-west/.

23. "News: Indian Ocean Commission(IOC)-Jean-Baptiste Lemoyne's Participation in the 35th Council of Ministers of the IOC", Ministère de l'Europe et des Affaires Étrangères, May 20, 2021, https://www.diplomatie.gouv.fr/en/country-files/africa/.

24. Paul Melly and Vincent Darracq, "A New Way to Engage? French Policy in Africa from Sarkozy to Hollande", Chatham House, May 2013, p.3.

25. Colin Coleman, "This Region will be Worth $5.6 Trillion within 5 Year—But Only If It Accelerates Its Policy", Feb. 11, 2020, https://www.weforum.org/agenda/2020/02/africa-global-growth-economics-worldwide-gdp/.

26. John Grady, "Panel: France Could be 'Bridge Partner' Between U.S., Europe to Counter China, Russia", Nov. 12, 2020, https://news.usni.org/2020/11/12/panel-france-could-be-bridge-partner-between-u-s-europe-to-counter-china-russia.

27.《世界需要非洲！联合国盛会全球目光齐聚中国,王毅为 54 国铿锵发声》,网易新闻,2021 年 5 月 23 日,https://www.163.com/dy/article/GAND21OM0550HKNY.html。

28. "Conference Report: Why Do We Need the African Union?", Sep. 28, 2016, the European Centre for Development Policy Management in Partnership with the Kingdom of the Netherlands.

29. "Climate Change Amplifies Instability in Africa", the Africa Center for Strategic Studies, Apr. 21, 2021, https://africacenter.org/spotlight/climate-change-amplifies-instability-in-africa/.

30. "Africa's Growing Strategic Relevance"，Centre for Security Studies，ETH Zurich，Vol.3，No.38，Jul. 2008，p.1.

31. Arnaud Dubien，Note N°19，"La Russie et l'Afrique：Mythes et Réalités"，Octobre 1，2019，l'Observatoire franco-russe，https：//fr.obsfr.ru/analytics/notes/10953/?sphrase_id＝497.

32. John Campbell，"Macron Signals Upcoming Reduction of French Military Presence in Sahel"，Jan.28，2021，https：//www.cfr.org/blog/macron-signals-upcoming-reduction-french-military-presence-sahel.

33. Ana Maria Baloi，"Russia in West Africa：Trying to Replace the West?"，*Grey Dynamics*，Jun.30，2020，https：//sofrep.com/news/russia-in-west-africa-trying-to-replace-the-west/.

34. 在联合国对非维和行动中,俄罗斯发挥了关键的作用,它所部署的蓝盔人员要多于法国、英国和美国部署的蓝盔人员的总和。参见 J.Peter Pham，"Russia's Return to Africa"，Mar.14，2014，the Atlantic Council，https：//www.atlanticcouncil.org/commentary/article/russia-s-return-to-africa/。

35. Arnaud Jouve，"Russie：Quelle Stratégie en Afrique Subsaharienne?"，le 21 novembre，2020，RFI，https：//www.rfi.fr/fr/afrique/20201121-russie-quelle-strat％C3％A9gie-en-afrique-subsaharienne.

36. Laura Hood，"How Russia is Growing its Strategic Influence in Africa"，Feb.6，2019，https：//theconversation.com/how-russia-is-growing-its-strategic-influence-in-africa-110930.

37. Ana Maria Baloi，"Russia in West Africa：Trying to Replace the West?"，*Grey Dynamics*，Jun.30，2020，https：//sofrep.com/news/russia-in-west-africa-trying-to-replace-the-west/.

38. Isabelle Lasserre，"Comment la Russie défie la France au Sahel"，Le Figaro，le 16 juin 2021，https：//www.lefigaro.fr/international/comment-la-russie-defie-la-france-au-sahel-20210616.

39. Paul Melly，"Afrique-France：la méthode Macron，avantage ou obstacle?"，*BBC News*，le 4 juin 2021，https：//www.bbc.com/afrique/monde-57344816.

40. Orano Corp 成立于 2017 年,是 Areva S.A.的子公司。

41. Eugene Gerden，"France Aims to Retain Leadership in Global Uranium Mining"，Resource World，Dec. 2020，https：//resourceworld.com/france-aims-to-retain-leadership-in-global-uranium-mining/.法国约三分之一的铀来自尼日尔,参见 Ronja Kempin(ed.)，"France's Foreign and Security Policy under President Macron"，SWP Research Paper 2021/RP 04，May 2021，https：//www.swp-berlin.org/en/publication/frances-foreign-and-security-policy-under-president-macron/＃hd-d23619e3721。

42. 赵永升:《法国在非金融影响力,中企可借鉴》,《环球时报》2021 年 6 月 4 日,第 8 版。

43. 王树春、王陈生:《俄罗斯"重返非洲"战略评析》,《现代国际关系》2019 年第 12 期,第 32—34 页。

44. 张晨静:《俄举办首届俄非峰会,取消超 200 亿美元债务》,观察者网,2019 年 10 月 24 日。

45. Tatiana Kondratenko，Reliou Koubakin，"Vente d'Armes Russes en Afrique：la Stratégie du Long Terme"，le 30 juin，2020，https：//www.dw.com/fr/vente-darmes-russes-en-afrique-la-strat％C3％A9gie-du-long-terme/a-54000170.

46. Daphné Benoit and Didier Lauras, "Troll Crackdown Exposes France-Russia Rivalry in Africa", Dec.16, 2020, https://www.themoscowtimes.com/2020/12/16/troll-crackdown-exposes-france-russia-rivalry-in-africa-a72382.

47. Mathieu Olivier, "Centrafrique: 'Le conflit entre la France et la Russie ne nous regarde pas", le 11 juin 2021, https://www.jeuneafrique.com/1186370/politique/centrafrique-le-conflit-entre-la-france-et-la-russie-ne-nous-regarde-pas/.

48. "Foreign Minister Sergey Lavrov's Video Address to the Participants in the International Inter-party Conference Russia-Africa: Reviving Traditions", Mar.25, 2021, https://www.mid.ru/en/foreign_policy/news/-/asset_publisher/cKNonkJE02Bw/content/id/4649876.

49. Ahmed Nadhif, "Russia Steps up Vaccine Diplomacy in Maghreb, North Africa", Apr. 1, 2021, https://www.al-monitor.com/originals/2021/04/russia-steps-vaccine-diplomacy-maghreb-north-africa.

50. Alexandra A. Arkhangelskaya, Russia-Africa: dilemmas and opportunities for the EU, EUREN Brief No.14/January 2020, pp.1—2.

51. Alex Vines, Values vs Interests: EU and Russian Competition in Africa, EUREN Brief No.15, Jan. 2020, pp.3—4.

52. "Russia in West Africa: Trying to Replace the West?", *Grey Dynamics*, Jun.30, 2020, https://sofrep.com/news/russia-in-west-africa-trying-to-replace-the-west/.

53. "La Russie s'Intéresse également à la Nouvelle Afrique", Interview de Arnaud Dubien, Le Point Afrique, le 25 Octobre 2017, iris-france.org/101476-la-russie-sinteresse-egalement-a-la-nouvelle-afrique/.

54. Laurent Fabius, "France-Russie: Quel Partenariat pour un Monde Globalisé?", *Russia in Global Affairs*, Vol.11, Numéro Spécial, 2013, p.16.

55. Samuel Ramani, "Russia Takes Its Syrian Model of Counterinsurgency to Africa", Sep. 9, 2020, https://rusi.org/commentary/russia-takes-its-syrian-model-counterinsurgency-africa.

56. Kimberly Marten, "Russ-Afrique? Russia, France, and the Central African Republic," PONARS Eurasia Policy Memo, Aug.21, 2019, p.1.

57. Sylvie Bermann, "Le Dialogue avec la Russie est le Meilleur Moyen de Garantir la Paix", le n°18 d'Émile, Janvier 2020, https://www.emilemagazine.fr/article/2020/1/28/sylvie-bermann-ambassadrice-de-france-en-russie.

58. RIKARD JOZWIAK, "Russia to help EU in Chad", *Politico*, Sep.29, 2008, https://www.politico.eu/article/russia-to-help-eu-in-chad/.

59. Арно Дюбьен, "«Год России» для Макрона", 10.02.2020, https://profile.ru/columnist/god-rossii-dlya-makrona-225726/.

60. Arnaud Dubien, Note N°19, "La Russie et l'Afrique: Mythes et Réalités", le 1 Octobre, 2019, l'Observatoire franco-russe, https://fr.obsfr.ru/analytics/notes/10953/?sphrase_id=497.

61. "Franco-Russian Dialogue on Climate Change", Youth and Environment Europe, https://yeenet.eu/project_item/franco-russian-dialogue-on-climate-change/.

62. "Russia and France Consider a Possibility of Ongoing Russian-French Business Dialogue", Russian Investment Forum, Feb. 15, 2019, https://rusinvestforum.org/en/news/chrossija-i-frantsija-rassmatrivajut-vozmozhnost-provedenija-rossijsko-frantsuzskogo-biznesa-dialoga-na-postojannoj-osnove/.

63. 非洲国家和法国领导人的代际更迭使得非洲高层政治圈不太愿意回忆以前的殖

民纽带，其中卢旺达就加入了英联邦。

64. Kester Kenn Klomegah，"Besides Mali，Russia Keenly Interest in 5-Nation Sahel Group"，Sep. 21，2020，https：//www. indepthnews. net/index. php/the-world/russia/3862-besides-mali-russia-keenly-interest-in-5-nation-sahel-group.

65. Manuel Lafont Rapnouil，"Alone in the Desert? How France can Lead Europe in the Middle East"，European Council on Foreign Relations，Apr. 2018，p.1.

66. 李延长：《冷战后俄罗斯的中东政策及其特点浅析》，《当代世界与社会主义》2010 年第 3 期，第 105 页。

67. Patrick Müller，"The Europeanization of France's Foreign Policy towards the Middle East Conflict—from Leadership to EU-accommodation"，European Security，22：1，p.117.

68. 赵慧杰：《法国外交中的中东战略》，《西亚非洲》2006 年第 4 期，第 22 页。

69. 吴冰冰：《俄罗斯（苏联）中东政策的演变》，http：//scholar. pku. edu. cn/wubingbing/publications/％E4％BF％84％E7％BD％97％E6％96％AF％E8％8B％8F％E8％81％94％E4％B8％AD％E4％B8％9C％E6％94％BF％E7％AD％96％E7％9A％84％E6％BC％94％E5％8F％98.

70. James Petras and Morris Morley，"Contesting Hegemons：US-French Relations in the 'New World Order'"，Review of International Studies（2000），26，p.61.

71. 汪波：《冷战后法国外交政策的调整》，《法国研究》2002 年第 1 期，第 148—150 页。

72. Tsilla Hershco，"France，the European Union，and the Middle East in the Sarkozy Era"，the Begin-Sadat Center for Strategic Studies，Feb. 27，2008，https：//besacenter.org/france-the-european-union-and-the-middle-east-in-the-sarkozy-era/.

73. Barah Mikaïl，"Francois Hollande and the Middle East：The Controversial Legacy of a 'Normal' President"，Jun. 23，2017，Middle East Eye，https：//www. middleeasteye. net/opinion/francois-hollande-and-middle-east-controversial-legacy-normal-president.

74. 母耕源：《马克龙政府的中东政策》，《国际问题研究》2019 年第 6 期，第 99—104 页。

75. 李延长：《冷战后俄罗斯的中东政策及其特点浅析》，《当代世界与社会主义》2010 年第 3 期，第 104—105 页。

76. 李延长：《冷战后俄罗斯的中东政策及其特点浅析》，《当代世界与社会主义》2010 年第 3 期，第 105 页。

77. Eugene Rumer，"Why? —The Drivers of Russian Policy"，Russia in the Middle East：Jack of all Trades，Master of None，Carnegie Endowment for International Peace（2019），p.7.

78. Éric-André Martin，"L'éviction de l'Europe du Moyen-Orient"，Questions internationales nos 103—104，Sept.-décembre 2020，p.117.

79. Hakim El Karoui，"A New Strategy for France in a New Arab World"，Institut Montaigne，Aug. 2017，p.12.

80. 冯绍雷：《俄罗斯的中东战略：特点、背景与前景》，《当代世界》2016 年第 3 期，第 8—11 页。

81. Hakim El Karoui，"A New Strategy for France in a New Arab World"，Institut Montaigne，Aug. 2017，p.6.

82. Ibid.，p.8.

83. Ibid.，p.10.

84. Eugène Rumer, "Why? —The Drivers of Russian Policy", *Russia in the Middle East: Jack of all Trades, Master of None*, Carnegie Endowment for International Peace(2019), p.3.

85. Pieter Wezeman, et al., "Trends in International Arms Transfers, 2019," Stockholm International Peace Research Institute, Mar. 2020.

86. 参见瑞典国际和平研究所的数据, https://www.sipri.org/databases/armstransfers/sources-and-methods.

87. Hakim El Karoui, "A New Strategy for France in a New Arab World", Institut Montaigne, Aug. 2017, p.7.

88. Steven A. Cook, "Macron Wants to Be a Middle Eastern Superpower", Sep.15, 2020, *Foreign Policy*, https://foreignpolicy.com/2020/09/15/macron-france-lebanon-turkey-middle-eastern-superpower/.

89. Alexandra de Hoop Scheffer, Martin Michelot and Martin Quencez, "After the Terror Attacks of 2015", *France's Hyperpragmatic Diplomacy and its Domestic Dimensions*, German Marshall Fund of the United States, Feb. 2016, p.12.

90. Eugène Rumer, "Why? —The Drivers of Russian Policy", *Russia in the Middle East: Jack of all Trades, Master of None*, Carnegie Endowment for International Peace(2019), pp.3—4.

91. 余国庆:《马克龙时代法国中东政策初探》,《当代世界》2017 年第 9 期,第 42 页。

92. Hakim El Karoui, "A New Strategy for France in a New Arab World", Institut Montaigne, Aug. 2017, p.11.

93. Thierry de Montbrial, Thomas Gomart, *Notre Intérêt National: Quelle Politique Etrangère pour la France?*, Editions Odile Jacob, 2017, p.67.

94. Eugène Rumer, "Why? —The Drivers of Russian Policy", *Russia in the Middle East: Jack of all Trades, Master of None*, Carnegie Endowment for International Peace (2019), p.7.

95. 陈宇:《俄罗斯:"中东巨人"的回归?》,《世界知识》2016 年第 18 期,第 44 页。

96. Fred Weir, "Russia Faces Tough Strategic Choice over Iraq", *Christian Science Monitor*, Vol.95, Issue 61, Feb.24, 2003, p.8.

97. Paul J. Saunders, "The US and Russia after Iraq", *Policy Review*, Jun./Jul. 2003, p.29.

98. 赵慧杰:《法国外交中的中东战略》,《西亚非洲》2006 年第 4 期,第 26 页。

99. James Flanigan, "Key to France, Russia Position on Iraq: Cash", *Los Angeles Times*, Mar. 9, 2003, https://www.latimes.com/archives/la-xpm-2003-mar-09-fi-flan9-story.html.

100. "Russia, France and Germany Issue Joint Declaration on Iraq", Feb.11, 2003, *The Irish Times*, https://www.irishtimes.com/news/russia-france-and-germany-issue-joint-declaration-on-iraq-1.348467.

101. Terry Young, Peggy Crawford, "Hands across the Atlantic?", *International Business & Economics Research Journal*, Volume 2, Number 12, Feb. 2011, p.91.

102. *The New York Times*, May 30, 2003, p.A29.

103. Plantu, "Chirac défend l'ONU contre Bush", *Le Monde*, le 24 septembre 2003, https://www.lemonde.fr/archives/article/2003/09/24/chirac-defend-l-onu-contre-bush_4271742_1819218.html.

104. Thomas Gomart, "France's Russia Policy: Balancing Interests and Values",

The Washington Quarterly，Spring 2007，pp.150—152.

105. 母耕源:《法国对伊朗的政策演变及其对伊核问题的影响》,《区域与全球发展》2018 年第 6 期,第 121 页。

106. Thomas Gomart，"France's Russia Policy：Balancing Interests and Values"，*The Washington Quarterly*，Spring 2007，p.153.

107. Riccardo Alcaro and Andrea Dessì，"A Last Line of Defence：A Strategy for Europe to Preserve the Iran Nuclear Deal"，Istituto Affari Internazionali(IAI)(2019)，p.2.

108. Daniel Harries，"France's Macron Moves to save Iran nuclear deal after Putin call"，Jan. 14，2020，https：//newseu. cgtn. com/news/2020-01-14/France-s-Macron-moves-to-save-Iran-nuclear-deal-after-Putin-call-NelaUHtv8c/index.html.

109. Ibid.，p.12.

110. Главы МИД и минообороны РФ и Франции обсудят ситуацию вокруг Ирана Сирии и Украины，ТАСС，сентябрь，9，2019，https：//tass.ru/politika/6862068.

111. Andrii Kutsenko，"Emmanuel Macron and Franco-Russian relations at the present stage"，*Political Science and Security Studies Journal*，Vol.1，No.1，2020，p.98.

112. "La France et la Russie conviennent d'une 'coopération' militaire 'plus étroite'"，Le Monde avec AFP，le 20 novembre 2015，https：//www. lemonde. fr/attaques-a-paris/article/2015/11/19/syrie-la-cooperation-entre-la-france-et-la-russie-s-organise_4813753_4809495.html.

113. 冯绍雷:《俄罗斯的中东战略:特点、背景与前景》,《当代世界》2016 年第 3 期,第 11 页。

114. Путин и Макрон на неформальной встрече в Версале обсудят международные и двусторонние деле，Первый Канал，май，29，2017，https：//www.1tv.ru/news/2017-05-29/326132-vladimir_putin_i_emmanuel_makron_na_neformalnoy_vstreche_v_versale-obsudili_mezhdunarodnye_i_dvustoronnie_dela.

115. Мы должны говорить друг с другом，ИЗВЕСТИЯ，август，14，2018，https：//iz.ru/773188/ekaterina-postnikova/my-dolzhny-govorit-drug-s-drugom.

116. "Syria—Security Council Vote on the Renewal of Cross-border Humanitarian Assistance (8 Jul. 2020)"，https：//www. diplomatie. gouv. fr/en/country-files/syria/news/article/syria-security-council-vote-on-the-renewal-of-cross-border-humanitarian.

117. Eugene Rumer，"Why? —The Drivers of Russian Policy"，*Russia in the Middle East：Jack of all Trades，Master of None*，Carnegie Endowment for International Peace(2019)，p.5.

118. 李延长:《冷战后俄罗斯的中东政策及其特点浅析》,《当代世界与社会主义》2010 年第 3 期,第 108 页。

119. Discours de Michel Rocard，Moscou，le 9 novembre 2010.

120. RAPPORT D'INFORMATION N°499，le SÉNAT，SESSION ORDINAIRE DE 2016—2017，le 5 avril 2017，pp.39—42，p.53.

121. RAPPORT D'INFORMATION N° 684 sur les stratégies européennes pour l'Arctique，au nom de la commission des affaires européennes，SESSION EXTRAORDINAIRE DE 2013—2014，Sénat，le 2 juillet 2014，pp.162—169.

122. Rapport d'Information，Assemblée Nationale，le 11 décembre 2013，https：//www.assemblee-nationale.fr/14/rap-info/i2704.asp♯P1090_295636.

123. CV Guillaume Martin de Clausonne in *Bulletin d'études de la Marine*，n°47.

124. Marchand Pascal，"Russia and the Arctic"，*Le Courrier des pays de l'Est*，

Aug.5，2008，No.1066，pp.6—19.

125. Brunet Roger，"Géographie du Goulag"，L'Espace Géographique，1981，vol.10，No.3，pp.215—232，p.53.

126. CHAUVET Eva, A qui appartient le détroit de Béring? Entre affrontement et convergence des visées souverainistes russes et américaines，Centre d'Etudes Supérieures de la Marine，2012，http://www.univ-paris1.fr/fileadmin/MRIAE/CESM/CESM_-_Detroit_de_Bering.pdf，consulté le 22 octobre 2012.

127. Camille Escudé-Joffres，"Les régions de l'Arctique entre États et sociétés"，Géoconfluences，septembre 2019，http://geoconfluences.ens-lyon.fr/informations-scientifiques/dossiersregionaux/arctique/articles-scientifiques/regions-arctiques-entre-etats-et-societes.

128. 徐广淼:《变动世界中的北极秩序:生成机制与变迁逻辑》,《俄罗斯东欧中亚研究》2021年第1期,第107页。

129. Rapport d'Information，Assemblée Nationale，le 11 décembre 2013，https://www.assemblee-nationale.fr/14/rap-info/i2704.asp#P1090_295636.

130. Владимир Мухин. Пентагон готовится к арктической битве с Россией// Независимая газета. 18 марта 2021，https://www.ng.ru/armies/2021-03-18/2_8106_pentagon.html.

131. Thierry GARCIN，Géopolitique. L'Arctique ou les Arctiques?，Diploweb.com：la revuegéopolitique，le 5 juin 2021，p.8.

132. "我想我可以声称法国对北极没有直接利益,而且我们不追求任何特定的国家利益",引自 Michel Rocard,极地会议。

133. 参见 2012年10月12日挪威国家石油公司发布的公告。

134. 参见《里斯本条约》第42条第7款。

135. Alexandre Taithe，avec Isabelle Facon，Patrick Hébrard，Bruno Tertrais，"Arctique：perspectives stratégiques et militaires"，N° 03/2013，Novembre 2013，pp.47—57.

136. Réponse de M. Hervé Morin，Ministre de la Défense，à une question de M. François Cornut-Gentille，le 10 mars 2009(Question n°43770).

137. Camille Escudé-Joffres，"Les régions de l'Arctique entre États et sociétés"，Géoconfluences，septembre 2019，http://geoconfluences.ens-lyon.fr/informations-scientifiques/dossiersregionaux/arctique/articles-scientifiques/regions-arctiques-entre-etats-et-societes.

138. Eugene Rumer，Richard Sokolsky and Paul Stronski，"Russia in the Arctic—A Critical Examination"，Carnegie Endowment for International Peace，Mar. 2021，pp.3—7.

139. Ségolène Royal relance le Centre arctique Franco-Russe Jean Malaurie/Tchilingarov，à St Petersbourg，https://desirs-davenir-planete.com/actualites/item/195-segolene-royal-relance-le-centre-arctique-franco-russe-jean-malaurie-tchilingarov-a-st-petersbourg，19 septembre 2019.

140. Intervention de l'Ambassadeur au 5ème Forum international de l'Arctique(le 9 avril 2019)，le 25 avril 2019，Ambassade de France à Moscou，https://ru.ambafrance.org/Intervention-de-l-Ambassadeur-au-5eme-Forum-international-de-l-Arctique-9-avril? var_mode=calcul.

141. "Les Lauréats des Projets Franco-Russes"，https://www.fmsh.fr/fr/interna-

tional/28540.

142. "Groupe France-Russie"，le 21 janvier，2021，https：//www.senat.fr/interna-tional/ag_groupes_damitie/groupe_france_russie.html.

143. Indra ØVERLAND，"La politique énergétique de la Russie en Arctique"，*Prix Marcel-Cadieux de l'International Journal*，Volume 42，Number 2，Jun. 2011，42(2)，pp.145—158.

144. https：//www.iris-france.org/44923-larctique-opportunit-de-dveloppement-du-partenariat-stratgique-franco-russe/.

第五章

冷战后法国对俄政策的影响因素

　　法国外交政策要回答的问题是：思考法国在世界上的地位，需要采用怎样的手段、捍卫哪些利益、强调怎样的地位、推广怎样的价值。

——菲利普·福尔（法国外交部前秘书长）

　　后冷战时期直至今日，国际关系风云变幻，区域格局经历转型，对于法国的外交政策而言，很难用美国主流的国际关系理论诸如现实主义或者自由主义等来简单地加以概括，而是常常会表现出不同于美国式国际关系理论的一些特点。比如，更加注重历史、国际法、文化，以及身份构建等。[1]相应地，其对俄政策亦体现出这些取向。后冷战时期，法国对俄政策摇摆于戴高乐主义和大西洋主义之间，一方面，受到其所处的国际及地区格局，包括俄美欧三边关系的变化、欧盟和北约双东扩、欧盟内部权力结构的变化、国内反恐与地区热点问题的相互交织的影响，另一方面，则受到其国家战略利益的考量、独特外交文化的影响，及其国内精英对俄及法俄双边关系认知的牵引。

第一节　国际及地区格局转型

　　后冷战时期，国际格局及欧亚地区格局均发生巨大变化，作为介于东西方之间的欧洲大国法国，其外交政策和防务政策均根据局势变化进行相应的调整。

一、国际格局：一超多强走向多极化

冷战终结，美苏对抗的两极争霸局面瓦解，世界进入美国一家独霸的状态。在这个大背景之下，俄罗斯转向"西方"，其全球战略布局呈现收缩的态势。21世纪以来，伴随着全球化与区域化的并行不悖，以"金砖国家"为代表的一批新兴国家陆续崛起，传统大国政治影响逐渐减弱，国际格局发生着重大的转型，世界越来越多元化。乌克兰危机之前，美欧呈现既结盟又逐渐疏离的态势，而在俄欧之间相对接近和稳定的同时，俄美之间却相对疏远和起落（俄美关系既有"重启"，又有低落）。[2] 乌克兰危机的爆发，使欧俄关系发生冷战结束以来的巨变，从伙伴急剧恶化为敌人，欧美采取共同行动对付俄罗斯，俄罗斯与西方彻底交恶。特朗普当政以后，其对跨大西洋伙伴关系的消极态度，使得美俄欧三边关系扑朔迷离。在这种不均衡并且起伏不定的三边关系结构中，法国的对俄政策也受到相应的影响。法国一方面希望依托对俄政策，回归全球政治；另一方面，受限于其深刻的意识形态背景以及日益衰落的国家实力，"心有余而力不足"，只能采取务实且灵活的外交政策。在乌克兰危机之前，法国总体上将俄罗斯视为一个有希望的、崛起中的市场；而在乌克兰危机之后，法国对俄的政治信心受到沉重打击[3]，以西北风级两栖攻击舰军售合同的中止以及参与对俄制裁为标志，法俄双边关系走到低谷。直到马克龙上台，法俄关系才开始出现转暖迹象。拜登上台之后，全方位调整特朗普时期的对外政策，努力修复跨大西洋伙伴关系，在地中海、中东及非洲呈现退出的态势。俄罗斯与西方的关系仍在低位徘徊。

当前世界面临百年未有之大变局，除去俄罗斯与西方的关系这样一个重要方面，中国与美国的关系将何去何从也吸引着世界的瞩目。总体而言，法国甚至说欧盟和俄罗斯均在可能到来的中美竞争中持中立的态度，希望尽可能不"选边"、不站队。不成为美国的附庸是法兰西第五共和国外交政策的一个重要特征。在这一背景中也就不难理解法国和俄罗斯希望在多个领域包括数字经济等建立"第三条道路"的战略协作。

二、区域格局:内部权力结构变化

在地区层面,欧盟是法国谋求国家利益的重要载体和权力合法性的主要来源。[4] 21 世纪以来,欧盟内部发生根本性的改变:伴随着德国的经济实力的不断增强,其在欧盟外交决策层面的举措增多,地位不断提升,成为欧盟的领导者[5];同时,欧盟东扩,中东欧国家群体性崛起,在一定程度上挤压了法国在欧盟内部发挥作用的运筹空间[6],其影响力大幅减退。基于此,法国出现了疑欧主义并深刻反思其在欧盟内部的作用。在 2015 年法国国民议会上,法国欧洲事务委员会提交报告[7],建议法国应更好地理解欧盟的运作模式,与欧洲其他国家建立更为紧密的联系[8]。这部分地解释了缘何法国对俄政策出现了欧洲化的趋势。[9]此外,特朗普当政、英国宣布脱欧以来,美德疏离,使得法国有了更多周旋的空间。但与此同时,法国在欧洲安全和防务领域仍发挥着十分关键的作用,甚至在危机事件中代表欧盟采取单边行动[10],法国对叙利亚危机的干预就是一个例证。

伴随着英国脱欧,中东欧国家比如波兰就希望能在欧盟中扮演更为重要的角色。在欧盟对外政策上,众口难调,每个成员国有着不同的考量,差异较大,结果欧盟很难形成统一的对外政策,这在一定程度上影响欧盟的行动力和在国际舞台上的影响力。

三、国内反恐与地区热点问题的驱动

2015 年 11 月的恐怖袭击迫使法国寻求欧洲盟友的支持、巩固与海湾国家的关系、邀请俄罗斯加入"打击 ISIS 的联盟"。法国 2013 年防务白皮书描述了恐怖主义网络如何在地方冲突以及毗邻海岸的脆弱国家发展,包括:萨赫勒—撒哈拉地区、尼日利亚北部、索马里、叙利亚、伊拉克、阿拉伯半岛等。这些激进分子纷纷涌入欧洲,尤其是法国。[11]但法国与俄罗斯的接近仅仅是策略性的,因为当时普京与奥朗德在阿萨德去留问题上持有不同的观点。事实上,奥朗德是要回到两个相互对立的军事同盟中,一个是美国领导的包括逊尼派的阿拉伯国家同盟,另一个则是俄罗斯领导的包括伊朗的国家联盟,法国的努力更多的是与俄罗斯进行协作,而非盟友关系。美国曾担心法俄合作会影响到欧盟对俄制裁,但结果欧盟依旧延续其对俄制裁。这体现出欧盟伙伴国将俄乌冲突与叙利亚战争区分来看,法国一方面取消对俄西北风级两栖攻击舰的军售,另一方面继续与俄罗斯保持外交接触以便找到在叙利亚的政治解决方案。正如法国国际问题研究专家布鲁诺·泰尔特雷(Bruno Tertrais)所说,在叙利亚,俄罗斯有意愿也有能力抗击"伊斯兰国",法国有心但无力,美国有力但无心[12]。这种情况迫使西方国家对俄罗斯采取牵制与策略性合作并举的平衡行动[13]。

中东和北非地区的未来充满了不确定性,包括叙利亚和利比亚,尤其是利比亚离法国非常近。持续不断发生的恐怖袭击事件、大量年轻人离开法国前往叙利亚,以及难民危机,都使得法国在外交上欢迎俄罗斯在中东的介入,同时也将俄罗斯更多地定位为盟友而非敌人。2016年华沙北约峰会上,奥朗德曾明确表示:"北约根本就没有资格说欧洲与俄罗斯的关系应该是怎样的。对于法国来说,俄罗斯不是对手,更不是威胁。俄罗斯是法国的伙伴,当然,不能否认,有时,比如在乌克兰问题上,当俄罗斯出兵乌克兰时,我们对它进行了谴责。"[14] 2016年10月,因为在阿勒颇形势上法俄之间发生了外交危机,部分地冻结了官方关系,但法国建制派中的很多人依旧认为俄罗斯应被视为法国在中东的盟友[15]。欧洲刑警组织表示,法、德等国均将其所面临的威胁等级从"高"调整为"很高"。[16] 根据经济与和平研究所发布的《2020年全球恐怖主义指数》,2014—2019年,法国是受到"伊斯兰国"攻击致死人数最多的西方国家,2015年堪称为法国"9·11"的巴黎连环袭击案就是由"伊斯兰国"发动的。

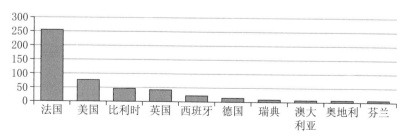

图5.1 "伊斯兰国"在西方国家发起的恐怖袭击致死人数

第二节　法国外交、防务政策的变迁

文化似有若无,却又无处不在。一国的外交文化往往对该国的外交决策有着重要的影响。除了以上的结构性因素之外,法国的对俄政策还受到其外交文化的影响。

一、外交文化:价值观及欧洲定位

首先,法国认为它对世界负有特殊的使命。事实上,这一观点源自1789年的法国大革命,当时,大量民众参与进来,推翻君主制政府、剥夺财产、处决国王。这次大革命不仅推翻了君主和强大的教会结构,而且促进了法国乃至欧洲的社会转型,代议民主制、法治的原则得以扎根,因而成为欧洲现代史中的重要事件。大革命前后的文化成就大大扩大了法国的影响力。法语成为很多欧洲国家上流社会所偏好的语言。1900年,法国社会内部无论左翼还是右翼,均认为法国已经并将继续成为世界的文明灯塔。时至今日,法国肩负着"教化"世界的使命这一观念仍为法国政府所信奉,具体体现为法国在外交中特别强调民主和人权。法国总理德维尔潘曾写道:"对价值观的永恒求索是我们国家认同的核心。"[17]

其次,法国外交较为强调保持独立的话语权及行动力的必要性。当年戴高乐深知法国国力日下,在此情境之下,只有依靠胸怀大志、卓尔不群才能保证其安全,并且重建其伟大。一个伟大的国家,其外交势必也是独立和自主的。[18] 作为左翼的法国外交部长法比尤斯也于2015年8月28日重申,法国外交的独立性是"法国外交政策的标签,同时也是法国国际影响力的关键"。这一点其实与美国的外交政策很相似。也正是基于此,法美两国的独立立场常常会给双边关系注入紧张气氛,比如在伊拉克战争中法美立场的分歧。然而,法国的外交文化还主张在既要坚持其国家利益的同时,也要向美国靠拢看齐,21世纪以来法美之间的盟友关系始终是其外交战略考量所在。

尽管法国外交有着独立性,但是其外交政策常常因为不够灵活、不实用而广受批评,这一点在叙利亚危机中表现得较为充分。法国对于叙利亚危机的强硬观点被其盟友(包括美国)误解。法国的批评者一般会强调法国执着于基于原则的外交方式。值得注意的是,法国的这种刻板性并非源自意识形态,而是其原则文化倾向使然。法国不喜欢在互相矛盾的目标基础上达成妥协,这一点被认为是法国与其他世界大国之间存在分歧和危机的潜在原因。

第三,对于法国决策者而言,法国在世界的地位及影响力至关重要。联合国安理会常任理事国的地位、与阿拉伯世界部分国家的密切关系,以及与全球范围的前殖民地之间的紧密联系均赋予法国开展全球外交的合法性。[19]因此,法国多年来跟美国一样,决定保持其在全球的外交网络,同时法国也自觉承担与全球事务相关的多边倡议,主要是通过联合国,同时也通过一些替代性的多边形式。2015 年 8 月 25 日,奥朗德指出:"法国必须为我们的理念、为我们所居住的地球采取行动。"这为我们理解法国在 2015 年巴黎气候峰会上的表现提供了有益的视角。从这个角度说,法国的文化基因中有着与俄罗斯的弥赛亚意识和美国的救世主精神相一致的部分。

最后,出于欧洲认同的需要。法国外交界相信全球化使得欧洲国家(包括法国)度日维艰,倘若它们不众志成城,是很难显示权利和维护稳定的。因此,尽管欧盟共同的外交与防务政策存在着种种缺陷,但法国还是对之予以支持。法国希望通过建构统一的欧洲来扩大或者加强它自身的行动。[20]在乌克兰危机中,法国外长法比尤斯呼吁防范"零极世界"的风险;面对美国全球的战略收缩,在国际安全问题上,法国一方面需要力推欧洲合作和力量整合[21],另一方面需要强化其在欧盟和北约中的战略地位,寻求与美国更为紧密的合作。[22]

二、法国外交及防务政策变迁

法国对俄政策是法国外交防务政策的一个有机组成部分,因此,回顾后冷战时期法国外交防务政策的变化十分重要,可以从中发现法国对俄外交的总体外交考量。

1. 法国外交政策变迁

(1) 冷战遗产及后冷战时期法国外交

1958年,戴高乐执政时,法国正处于阿尔及利亚冲突之中,他注意到北约内部的军事发展,认为这威胁到法国的自治。法国历史学家莫里斯·瓦伊斯(Maurice Vaïsse)用"伟大"来概括戴高乐的外交政策。[23]戴高乐的战略目标是确保法国在全球的广泛存在、建立一个对非洲开放的自主的欧洲、减少与东方阵营的紧张关系并且建立与中国的关系。他的这一思想源自查尔斯·莫拉斯(Charles Maurras)的"法国方式"(Action Française)的影响,包括两个方面的内容:一方面要捍卫法国主权;另一方面要独立地领导小国来反对帝国。[24]"自主""独立"并非战略目标,而是旨在应对冷战时期两极格局以及伴随两极格局的两个联盟。整个冷战时期乃至后冷战时期,戴高乐的继任者都延续着他的这一外交目标[25],即通过战略自主的方式谋求法国的伟大。冷战已然终结,但冷战时期形成的战略思维却保持着强大的惯性和韧性,部分地延续至今。

为实现战略自主,法国一方面发展独立的核防御能力。其中一个转折性事件是苏伊士运河危机,当时受制于美苏两个超级大国,法国和英国被迫离开埃及,此后,戴高乐加速核计划,旨在保证法国相对于两个超级大国的自主权利。这一时期,法国国内对于应采用怎样的核战略展开了激烈的争论,一派为大西洋主义者,代表人物为雷蒙·阿隆和博弗尔将军(General Beaufre),他们认为法国的核防御应旨在增强美国的防御能力,法国的敌人是东方阵营而非美国;另一派为主权论者,认为法国的核战略不应针对任何敌人,而且也没有必要服务于美国的核威慑,代表人物为加卢瓦将军(General Gallois)和普瓦里耶将军(General Poirier),后者因与戴高乐的总体战略目标相吻合,故而被采用作为法国的核战略。可以说,整个法兰西第五共和国的思想都受到戴高乐思想的深刻影响。另一个实现自主的方式是从北约一体化指挥架构中退出。这主要是因为法国越来越不能忍受英美在北约中的主导权。[26]

伴随全球化的是新兴大国的崛起,之前的大国角色与国际制度发生改变,法国是一个传统的欧洲大国。而且一直希望能扮演全球性的角色。自 1945 年以来,法国的外交政策就一直是希望能够恢复法国的"伟大"(la grandeur de la France)。自从 20 世纪 50 年代以来,法国就通过"政策的欧洲化"来保持、论证以及推行这一外交抱负,法国政治家、外交官和官僚都不遗余力地加强欧洲的一体化,他们认为法国主导的欧洲一体化不仅有利于欧洲,而且有利于法国扩大国际影响力。然而,这一战略也逐渐受到了挑战。首先,欧盟扩大使得法国在欧盟内部的相对权力以及影响力缩水;而且,法国的影响力还受到德国的挑战,因为德国的经济实力使得德国成为欧盟中天然的领导者。同时,欧盟内部新型大国的兴起,也使得法国较为悲观。

萨科齐曾明确表示要与过去的全球政治(包括与美国、法国在非洲的前殖民地的关系)和地区政治(包括与北约、欧盟和俄罗斯的关系)决裂。奥朗德时期,这一政策得到强化,当然形式并不相同。其中,萨科齐时期的一些政策挑战了既有的外交政策实践(比如法国与北约的关系),其他的则仅仅是话语上的改变(比如与非洲的关系),在外交实践中并没有太大的改变。尽管奥朗德广受诟病,但他执政时期,外交实践中发生了更为广泛也更为深远的改变。比如,法国对非政策,法国对俄政策。[27]

后冷战时期,国际体系经历转型,给法国的外交和防务政策带来压力。法国决策者出于冷战时期的习惯和经验,依旧实行独立自主的外交政策,他们不习惯于新的单极秩序,抱怨美国这一超级大国的霸权行径,在多个场合呼吁建构多极世界,希望欧洲能够更加独立于美国。在这一单极世界中,法国必须重新探索与美国之间的关系,并且重新思考与北约之间的关系,即在保持跨大西洋联盟的同时消解北约、建设欧洲防务。但法国安全政策的话语与实践之间的鸿沟越来越大,使得观察人士怀疑法国外交的有效性。[28]

大使会议是法国外交的一项重大活动。自 1993 年以来,每年都会有近 180 个外交使团团长和外交部负责人与法国外长汇聚一堂,商讨法国外交。其中,总统在大使会议上的讲话成为观察法国外交走向的一个窗口。

通过对 1993 年以来法国总统在年度驻外使节会议上的讲话的不

完全归纳,可以发现后冷战时期法国外交继承了冷战时期的外交遗产,同时也结合世界形势、区域格局的变化发生着改变。首先,意识到世界的变化,法国需要寻找新平衡和新视角。后冷战时期美国主导的单极世界正在走向多极化,俄罗斯、中国等国家经历转型。其次,对欧洲的优先关注。欧盟是法国实现大国地位的重要依托,正如萨科齐总统2007年在向驻外使节年度讲话中所强调的,"只有法国强大,欧洲才能强大;同时,也只有欧洲强大,法国才能强大"[29]。法国和欧洲是一种相互成就的关系。对于欧盟近邻的俄罗斯,法国的态度也经历变化,从期待俄罗斯转型到失望,但同时也希望俄欧关系不至于完全恶化。在2017—2019年一年一度的法国驻外使节会议上,马克龙的讲话也体现出法国政府对俄罗斯认知的变化。2017年的讲话并未直接提及俄罗斯,但提出反恐、中国和欧盟是法国外交领域的三大关键问题。[30] 2018年的讲话提出"战术盟友"的概念,即根据形势及不同的主题寻找具体盟友,如在环境外交上可与中国合作。[31] 2019年的讲话则明确指出西方霸权时代即将终结,安全、独立和影响力是法国外交的三大支柱,欧洲安全架构的建设离不开与俄罗斯的合作。[32]

2. 法国防务政策:跨大西洋联盟的例外主义

以美国为主导的单级世界格局挑战着法国的共识。在法国安全政策话语体系中强调"自治"和"主权",这主要是源于冷战时期的习惯。后冷战时期,在法国的安全政策话语与实践中逐渐出现了一道鸿沟,即逐渐将安全置于跨大西洋伙伴关系的安全架构之中。

后冷战时期,法国共发布4份防务白皮书和一份战略实施文件。通过对这4份防务白皮书及战略文件的梳理,可以发现:法国对国际安全态势的认知,法国防务重心以及对俄态度的变化。

1994年的防务白皮书指出:苏联解体、华约组织不复存在,欧洲及全球战略环境发生巨变,这是制定该份白皮书的国际背景。为此,法国需要确保国家独立、维护国家利益;首次表示法国在其边界附近不再有直接的军事威胁;但在新国际格局尚未形成之时,国际安全环境仍充满不确定性和不稳定性;法国防务是欧洲防务的重要组成部分;除了直接

表 5.1 后冷战时期法国国防白皮书及战略文件一览

发布年份	对国际环境的判断	主要内容	对俄立场
1994 年	苏联解体,华约组织不复存在,欧洲及全球战略环境发生巨变。	① 确保国家独立,维护国家利益。 ② 首次表示法国在其边界附近不再有直接的军事威胁。但在新国际格局仍充满不确定性和不稳定性。 ③ 法国防务是欧洲防务的重要组成部分。 ④ 除了直接关系法国国家安全的利益之外,法国还要履行其国际责任,维护世界大国地位。	① 俄罗斯进入长期的不确定时期。长远来看,俄罗斯仍是欧洲强大的军事大国。与俄罗斯接壤的国家的局势依赖于俄罗斯的发展。 ② 俄罗斯是一个欧洲国家,它对于欧洲的平衡和稳定至来说不可或缺。 ③ 俄罗斯是一个风险因素,但却并非威胁。 ④ 法国应在大国协调中发挥作用:既要将俄罗斯纳入欧洲安全架构之中,也要考虑到欧盟的东扩。
2008 年	俄罗斯与西方关系发生重要改变。	① 提出"国家安全"的概念。 ② 调整涉及"核心利益"的重大战略。 ③ 推动法国军队的防务转型。 ④ 强调北约与欧盟的相互补充。 ⑤ 指出从大西洋到地中海,从波斯湾到印度洋的"危机之弧"对法国安全的影响。	① 俄罗斯重返大国竞争,尚未接受俄周边边国的民主化进程,并对其周边国家经济施压。 ② 2007 年以来,俄罗斯开始增加军事演习次数。 ③ 欧洲国家有必要提出既有抱负又平衡的与俄罗斯合作的方式。 ④ 建设俄欧美平衡的关系仍是未来的主要目标。

发布年份	对国际环境的判断	主要内容	对俄立场
2013年	①欧洲在经济金融一体化道路上继续前进,但对主要成员国公共支出进行了严格限制。 ②美国正准备结束十年的军事承诺,并审查其优先事项。 ③包括中国在内的新兴大国已开始重新平衡其经济以满足中产阶层的需求。 ④阿拉伯世界进入新阶段,既有希望亦存风险。 ⑤恐怖主义、网络威胁、核扩散,流行病等有所增加。	①对2008年白皮书中的"国家安全"概念予以确认。 ②将法国面临的威胁的溢出效应,全球化带来的威胁。 ③强调法国的北约义务,激活欧洲防务政策。 ④保护领土和人民,核威慑以及在法国海外进行军事干预。 ⑤对军事力量进行改革,更趋灵活情报。 ⑥网络防御、重视情报。 ⑦以国防推动法国的工业发展。	①俄罗斯军事预算快速增长,并对其核武库进行现代化建设。 ②尽管俄罗斯与西方国家关系改善,但在北约、叙利亚危机问题上,俄罗斯与西方仍争执不断。 ③俄罗斯寻求对能源的垄断,有碍于欧洲国家能源进口多样化的尝试。 ④俄罗斯正在重返权力政治。 ⑤俄罗斯与欧洲国家(包括法国)既有合作也有分歧。 ⑥东欧国家对俄罗斯依旧充满疑虑,在《巴黎宪章》框架下合作是巩固欧洲东翼合作的基础。
2017年	苏联解体后出现的国际体系正在让位于变化中的多极世界,在世界的多极化中的守成大国美国不可预测性是其不可预测性是其主要特征。越来越多的守成大国和新兴大国表现出军事上的咄咄逼人,激化了对战略资源的争夺。	①面对非传统主义(恐怖主义,疫情风险)及传统安全(战争)威胁,法国要做相应部署。 ②主要大国加速发展高科技军备,欧洲要迎头赶上。 ③数字主权是当务之急。 ④增强欧洲防务、建设新型欧洲防务计划;依靠全球盟友网络,履行北约成员国职责。 ⑤增强战略自主,保持全面、均衡的武装力量,重申工业和科技大抱负,实现国防数字化升级。	①俄罗斯在克里米亚问题上破坏了《赫尔辛基协议》及欧洲大陆的安全架构,试图分裂欧盟,破坏大西洋两岸关系,挑战国际制度。 ②在近东、中东甚至地中海事务中,俄罗斯都是关键的一方,俄罗斯的军事现代化及核打击能力均不容小觑。

续表

发布年份	对国际环境的判断	主要内容	对俄立场
2021年	经历深刻转型的国际格局叠加新冠肺炎疫情，国际战略环境不确定性因素增多。	① 面对恐怖主义、核扩散以及大国竞争的威胁。 ② 俄美中之间大国竞争加剧。 ③ 中东及地中海地区大国崛起，中俄挺进该地区，美国退出；对抗形式呈现多样化及混合型的特征。 ④ 国际格局失序，欧洲安全需要欧洲人自己的努力。 ⑤ 法国有决心也有能力在欧盟和北约框架下推动战略稳定。 ⑥ 推动法国防务智能升级，进一步提升欧洲战略自主。	① 欧亚地带动荡，俄罗斯在进行军事现代化建设。 ② 法国和欧洲将日益依赖于俄罗斯，美国及土耳其的天然气；在石油方面，更加依赖海湾国家。 ③ 国际秩序的挑战是大国走向多向度的竞争，战略及军事上的全球竞争正在重现。 ④ 俄罗斯努力在全球实现其战略抱负。 ⑤ 欧洲不安全，需要与新一届美国总统团队磋商，保护欧洲的战略稳定。

资料来源：https://www.defense.gouv.fr/，作者自制。

关系法国国家安全的利益之外,法国还要履行其国际责任、维护世界大国地位。在对俄立场上,表现为:第一,俄罗斯进入长期的不确定时期。长远来看,俄罗斯仍是欧洲强大的军事大国。与俄罗斯接壤的国家的局势依赖于俄罗斯的发展。第二,俄罗斯是一个欧洲国家,对于欧洲的平衡和稳定来说不可或缺。第三,俄罗斯是一个风险因素,但并非威胁。第四,法国应在大国协调中发挥作用:既要将俄罗斯纳入欧洲安全架构之中,也要考虑到欧盟的东扩。

2008 年发布的防务白皮书是首次邀请参议院议员参与编写的,列举出法国国家安全可能面临的威胁,并制定了防务方面的军事战略。这些威胁具有全球的性质,未必是一个主权国家对法国的入侵,而可能是恐怖分子或者非国家行为体的化学、生物、核能或者网络攻击,强调安全更多的是基于知识层面。强调在保持法国核威慑的同时,需要关注情报、先进技术等。白皮书呼吁对资源进行重新配置,向技术和情报相关的防务进行倾斜,同时还要裁军。在地理层面,则指出始于大西洋、越过地中海、通过波斯湾、到达印度洋的地区为"危机之弧",相对应地,不再强调撒哈拉沙漠以南的非洲,将注意力转移到中东地区。[33]

2013 年的白皮书,首次邀请两位欧洲人(一名德国人和一名英国人)参与编写,体现出法国防务政策的欧洲性和欧洲站位。主要内容包括:认为欧洲在经济金融一体化道路上继续前进,但对主要成员国公共支出进行了严格限制;美国正准备结束十年的军事承诺,并审查其优先事项;包括中国在内的新兴大国已开始重新平衡其经济以满足中产阶层的需求;阿拉伯世界进入新阶段,既有希望亦有风险;恐怖主义、网络威胁、核扩散、流行病等有所增加。法国安全及防务方面的优先区域为:欧洲周边(包括乌克兰等国)、地中海盆地、萨赫勒地区及赤道非洲、波斯湾以及印度洋。[34]在俄罗斯问题上,认为:第一,俄罗斯军事预算快速增长,并对其核武库进行现代化建设;第二,尽管俄罗斯与西方国家关系改善,但在北约、叙利亚危机问题上,俄罗斯与西方仍争执不断;第三,俄罗斯寻求对能源的垄断,不利于欧洲国家能源进口多样化的尝试;第四,俄罗斯正在重返权力政治;第五,俄罗斯与欧洲国家(包括法国)既有合作也有分歧;第六,东欧国家对俄罗斯依旧充满疑虑,在《巴黎宪章》框架下合作是巩固欧洲东翼合作的基础。

2017 年 10 月发布的《国防及国家安全战略评估报告》[35]，成为马克龙政府制定外交政策的重要依据。该战略报告对国际环境做了整体评估，认为苏联解体后出现的国际体系正在让位于变化中的多极世界。不稳定性和不可预测性是其主要特征。越来越多的守成大国和新兴大国表现出军事自信，激化了对战略资源的争夺。该报告共有 13 处提及俄罗斯，并有专门一节讨论俄罗斯，认为俄罗斯在克里米亚问题上破坏了《赫尔辛基协议》及欧洲大陆的安全架构[36]，试图分裂欧盟、破坏大西洋两岸关系、挑战国际制度[37]，同时也认识到在近东、中东甚至地中海事务中，俄罗斯都是关键的一方[38]，俄罗斯的军事现代化及核打击能力均不容小觑。因此，法国既要对俄罗斯采取有原则的强硬，同时也要打开对话之门，构建建设性的欧俄关系。[39]

2021 年的防务战略认为经历深刻转型的国际格局叠加新冠疫情，使得国际战略环境不确定性因素增多。法国正面临恐怖主义、核扩散以及大国竞争的威胁；中东及地中海的地区大国崛起，中俄挺进该地区，美国退出；对抗形式呈现多样化及混合型的特征；国际格局失序，欧洲安全需要欧洲人自己的努力；法国有决心也有能力在欧盟和北约框架下推动战略稳定；推动法国防务智能升级，进一步提升欧洲战略自主。对于俄罗斯的认识：第一，欧亚地带动荡，俄罗斯在进行军事现代化建设；第二，法国和欧洲将日益依赖于俄罗斯、美国及土耳其的天然气；在石油方面，更加依赖海湾国家；国际秩序的挑战是大国走向了多向度的竞争，战略及军事上的竞争正在重归舞台。俄罗斯努力在全球实现其战略抱负。欧洲不安全，需要与新一届美国领导班子磋商，保护欧洲的战略稳定。

通过对后冷战时期发布的四份防务及安全白皮书及战略实施文件的研读，可以对法国防务政策有一个纵向的了解。在过去的十年里，反恐、控制移民以及稳定周边逐渐成为法国的重点。同时，后冷战时期，维持在海外大规模干预的能力也是法国防务方面的中心议题。从 20 世纪 80 年代末期以来，法国军队大规模裁员，从 50 万减少到不足 15 万，军事人员转型为更加灵活机动、技术装备更为先进的小单元。冷战末期，防务预算占国内生产总值的 3%，到 2013 年则不足 2%。2013 年法国防务白皮书明确表示军事干预仍是法国安全政策的主要内容,同时,2015 年 11 月的恐袭表明威胁变得更加多元。在这一背景之下,法国有必要维持与俄罗斯的双边关系及防务合同。[40]

三、战略权衡而非经济考量

尽管法俄有着"特殊伙伴关系",但长期以来,法俄的经济纽带远不及俄罗斯与德国和意大利的关系。[41]整个 20 世纪 90 年代,平均而言,俄罗斯仅占法国外贸的 1%。21 世纪以来,法国逐渐稳固了其在俄罗斯市场中的地位,尤其是自 2009 年以来,法国出口占俄罗斯市场份额突破 4%,2012 年和 2013 年分别为 4.4% 和 4.1%。[42]2012 年,法国恢复了其作为俄罗斯的第 2 欧洲供应国的地位。2013 年,成为对俄罗斯第 8 大出口国。[43]根据法国海关的数据,2012 年法国对俄贸易逆差为 30 亿欧元,少于 2011 年的 65 亿欧元。[44]就其结构而言,法俄双边贸易有利于俄罗斯。俄罗斯对法国的出口主要集中在能源领域,其他则主要是冶金和化工产品[45],而法国对俄罗斯的出口则呈现多元化的势头,其中高科技产品份额最多。[46]俄罗斯是法国的第 1 大原油供应国(占法国市场份额的 14.4%)和第 3 大天然气供应商(占法国市场份额的 16.9%)。[47]

在战略利益层面,法国的外交定位是要构建以法国为领导的"欧洲人的欧洲"。在此定位指导下的对俄政策,一方面要反对美国在西方联盟中的主导地位,维护法国的独立主权,在美俄两个大国之间保持平衡,以实现法国的大国地位,并反对美国对西欧事务的控制;另一方面则是要以俄罗斯为依托,制衡德国在欧盟内部的主导地位,同时,基于 21 世纪以来全球经济重心逐渐从大西洋向亚太地区转移,法国日益需要借助俄罗斯以延伸其在亚太地区乃至国际的影响力。[48]尽管欧俄在欧盟边界问题、法俄在叙利亚问题上龃龉不断,甚至相互制裁,但欧洲的安全始终离不开俄罗斯的参与。法国作为欧洲核心国家和俄罗斯的"特殊伙伴",可以顺势发挥重要作用,重开俄罗斯融入欧洲之路。并且,随着欧盟东扩、德国再次崛起,法国在欧洲的地位相对下降,与俄罗斯保持密切关系有助于提升法国的国家地位。在全球层面,法国和俄罗斯都是联合国安理会常任理事国和二十国集团重要成员,而且在推动多极化、维护海上安全、反恐等一系列国际和地区事务上看法相近，开展了广泛的对话、交流与合作，取得了积极成果。[49]

值得注意的是，乌克兰危机倒逼着法国调整其对俄政策，推动对俄关系再平衡，特别是努力减少能源方面对俄罗斯的依赖。2014 年夏，法国出台《能源过渡法》，此前奥朗德还与波兰总理图斯克提出一项关于成立欧盟能源联盟的共同倡议，以降低当前欧盟国家在能源方面对俄罗斯的依赖，确保欧盟地区的天然气供应。此外，法国近年来因为自身实力下滑较快，原有的全球外交模式难以为继，国家哲学逐渐从理想回归现实，更加注重经济外交；同时强调"将与欧盟伙伴国家和盟国，特别是美国，一道努力"，释放出进一步向西方盟友靠拢的明确信号，逐渐从戴高乐主义向大西洋主义回摆。[50]

可以发现，法国虽然注重与俄罗斯之间的经济往来，但实际上彼此在对方经济中的权重是不一样的，存在着一种非对称性的双边经济关系，这种贸易关系更加有利于俄罗斯。但即便如此，法国还是保持与俄罗斯的"特殊伙伴关系"，主要是出于对两国关系的战略考量。随着 21 世纪以来三次危机的爆发，法国对俄政策渐趋强硬[51]，其实也依旧是其战略权衡的结果。

第三节　法国对俄及双边关系的认知变迁

一国对他国及双边关系的认知、情感和评价等观念的因素是探究该国外交政策的根源，而且这些因素也势必会对该国的外交产生重大影响。循着法国国内对俄及双边关系的认知轨迹，可以观察到法国对俄外交政策的变迁曲线。

一、对俄认知主体分布情况

法国牢牢植根于欧洲—大西洋共同体，并且在乌克兰危机上遵循欧洲对于乌克兰危机的共识，对克里米亚问题以及对于俄罗斯的制裁均遵循欧盟总体立场。但法俄双边关系还受到戴高乐遗产的影响。自1944 年以来，戴高乐就寻求将苏联作为对抗美国权力的一种方式。因此,基于共同的欧洲大陆的身份认同,一些法国政治精英和军方建制派对俄持积极的态度,欧洲大陆的身份认同对于美国以及跨大西洋伙伴关系持较为审慎的态度。其他几个因素也塑造着法国对于俄罗斯相对比较积极的态度。法国国内有着重要的俄罗斯人群体,他们与乌克兰没有特殊的联系。而且,俄罗斯也并不构成对于法国的直接的安全或者能源威胁,法俄之间没有油气管道之争。就欧盟内部而言,当处理与东部伙伴关系相关的议题时,法国通常会让德国担当主要角色,因为法国更希望被认为在处理地中海事务和伊斯兰世界时拥有关键的作用。从俄罗斯的角度看,它比较感激法国所扮演的中间人角色,俄罗斯精英对于 2008 年格鲁吉亚冲突中法国在莫斯科和第比利斯之间达成协议所发挥的作用比较欣赏。[52]

与欧盟提倡的以欧盟为中心的安全共同体观点相反,俄罗斯提出了欧洲安全的多极愿景[53],"中心不止一个,没有单一的意识形态"[54]。实际上,这与法国传统的外交政策愿景并无太大区别,即通过建立一个独立于美国和俄罗斯并受到美国和俄罗斯尊重的强大而统一的欧洲来恢复法国的伟大。然而,法国的这种多极化愿景是基于对现有西方自由秩序和多边主义的坚定承诺。尽管如此,这种相似性可以解释为什么法国对一个前大国重获昔日伟大的愿望感到某种尊重,以及为什么法国政治领导人被视为比欧盟其他国家和北约更亲俄罗斯。法国对欧盟和北约扩大进程的态度也表明法国专注于在统一东欧和西欧的目标之间取得平衡,同时确保与俄罗斯的良好关系。虽然法国在反对北约扩大方面没有那么直言不讳,但它赞成逐步扩大联盟以避免激怒俄罗斯。这种平衡行为的一个例子是希拉克总统提议先与俄罗斯达成协议,然后再决定将中欧和东欧国家纳入北约。

这一努力由于巴尔干战争以 1999 年 3 月北约轰炸塞尔维亚而告终,再加上俄罗斯的谴责,欧盟与俄罗斯的协议不可能达成,希拉克最终放弃了这个想法。尽管如此,这表明法国可能比其他北约和欧盟成员国对俄罗斯的利益更敏感。几年后,在法国的大力支持下,提议成立俄罗斯—北约理事会。整个 20 世纪 90 年代,俄罗斯和法国在各个领域进行了密切合作,在文化、科学、能源、贸易以及法国在俄罗斯的投资领域签署了多项合作协议。[55]

二、对俄认知:伙伴还是工具?

法国的外交政策深深根植于其对普京治下俄罗斯的相互矛盾的解读:既将俄罗斯视为不断进步的民主政体,同时也认为它是一个日益衰退的威权政体。这种矛盾的看法使得界定政策的优先级变得困难,同时也要求法国政界在价值观和利益之间做出稳重的权衡:最终目标是将俄罗斯定位于欧洲,还是借俄罗斯来谋求法国在欧盟、跨大西洋对话中更多的权衡空间? 即视俄罗斯为伙伴还是工具?

总体而言,在法国的政治光谱中,存在着对普京治下俄罗斯的七种解读,前三种持批评态度,后四种不乏溢美之词。

前三种敌视态度主要分布在法国的外交精英、媒体、学界和民意中,他们对俄罗斯进行了公开的批评:第一种是"人权捍卫者",他们担心俄罗斯的民主被镇压;第二种则担忧帝国主义的死灰复燃;第三种关注于俄罗斯在军售和核扩散问题上的模糊定位。[56]在法国外交精英中,他们似乎正在逐步摒弃传统的"戴高乐主义",而是更多地转向大西洋主义。在社会层面,根据美国皮尤研究中心的调查,2007—2015年,法国对俄罗斯持友好态度的比率从2007年稳步攀升,至乌克兰危机时开始明显下滑,2013年,有64%的法国人对俄罗斯持批评态度[57],而2014年和2015年,则分别有71%和72%的法国人对俄罗斯不满。[58]法国主流媒体对于俄罗斯的批判,主要表现为对俄罗斯政体的批评。

另四种观点则对俄罗斯充满了信心,对俄罗斯的稳定发展较为乐观。第一种观点聚焦于全球权力均衡,他们视俄罗斯为有价值的战略伙伴。一个具有典型意义的案例是,在2015年,一批议员认为法国对俄态度太消极,提出要将法国国防预算法案中的"俄罗斯正在回归权力政治"这句话删掉。[59]在每一个政党中,都存在着对于"俄罗斯因素"的坚定支持者,部分左翼人士比如舍韦内芒(Jean-Pierre Chevenement),一直提倡与俄罗斯进行合作,且在实际行动中作为法国驻俄特使而发挥着作用。[60]极左翼则出于反美立场,在乌克兰问题上与俄罗斯统一调门。与在格鲁吉亚问题上较为妥协的态度相吻合,右翼人士诸如前总统萨科齐,则含蓄地承认了俄罗斯在克里米亚的所作所为[61]。

第二种观点关注经济,认为俄罗斯市场是法国的重要机会。比如中右翼的共和党人,他们与法国大企业密切相关,而这些企业在俄罗斯有着生意往来,尤其体现在防务领域(包括泰雷兹集团、达索集团、阿尔斯通)、能源领域(道达尔、阿海珐[Areva]、法国燃气)、食品和奢侈品行业(包括达能、乐华梅兰、欧尚、伊夫黎雪、邦迪埃勒)、交通运输业(包括万喜、雷诺)以及银行业(法国兴业银行)。这些公司的很多总裁与克里姆林宫的内圈人士关系密切[62]。

第三种观点充满对普京的仰慕,认为他是类似于戴高乐的、在国际舞台上坚定捍卫俄罗斯国家利益和独立的最后一位"真正的政治家"[63]。持这些观点的比如疑欧派和主权主义者,他们认为,在反对民族国家瓦解、寻求独立外交方面,他们是与俄罗斯站在同一战壕里的。这三种认知主要分布在法国非外交的政界和商界。与此同时,在市民社会层面,众多的俄罗斯移民活跃于非政府组织中,他们的工作得到俄罗斯文化外交政策的大力支持,卫星(sputnik)新闻网站是他们工作的重要界面。[64]

三、对法俄关系的认知:信任—怀疑—摇摆

尽管 21 世纪以来,法俄双边经济往来有所增加,但法俄的政治关系与贸易的增长之间,却并非完全正相关的关系。法俄关系的政治化,是反俄阵营中观点分化的一个重要原因,他们认为与俄罗斯一起介入将是一个危险的组合。俄罗斯外贸银行(Vneshtorgbank)在欧洲宇航防务集团(EADS)取得股份以及俄罗斯天然气公司(Gazprom)决定向外国公司关闭什托克曼气田(Shtokman field),都让法国当局大为惊讶。这些决定让巴黎担心俄罗斯的真正意图:是想破坏稳固的法德关系还是要将法德与美国拉开距离?[65]

乌克兰危机之前,法俄双边关系总体向好,双边互信,法国精英层总体对双边关系抱持积极乐观的态度。

首先,法俄两国间有着稳固的制度性交往框架。两国主要通过部长级政府间会议的形式进行接触。在两国外长和防长之间设有安全事务合作委员会,在 2002—2012 年间共举行了 11 次会议。在经济领域,双边关系有着经济、金融、工业及商业理事会框架。双边议会关系得到

法俄议会委员会（Grande Commission Parlementaire France-Russie）的支撑，在法国国民议会和俄罗斯杜马之间也有着紧密的联系。[66]

其次，法俄两国在国际秩序中的国际化方面有着共同的愿景，在欧洲安全问题上立场接近，在重大战略问题包括反恐怖主义、防止大规模毁灭性武器的扩散等问题上有着广泛的共识。基于国际秩序国际化的共同愿景，法国推动二十国集团的努力得到俄罗斯的大力支持。此外，作为联合国安理会常任理事国，法俄两国都认为本国对国际事务须有责任。在欧洲安全问题上，法国一直认为欧洲大陆的安全需要俄罗斯。这种视角成为法国对俄政策的一个重要考量基础。法国是欧俄四个空间合作的积极推动者，努力将俄罗斯纳入欧盟安全的倡议之中，同时还倡议设计新型的欧洲安全架构。在一些人看来，法俄关系有助于巴黎为其多极化的愿景添砖加瓦。作为全球伙伴，俄罗斯已经扩大其能为法国提供的外交选项范围。比如，法俄双边关系被认为是一种定位欧俄对话的方式；法国认为俄罗斯是处理伊朗问题的一个关键伙伴。法俄两国总统之间持续的个人纽带关系，也有利于缓解紧张局势，并且在特定情况下能促进一些危机的缓解。

然而，伴随着21世纪以来三次危机事件的爆发，法国精英对双边关系的认知在悄然发生改变，他们逐渐不再信任俄罗斯，对俄罗斯的战略意图心存疑虑，不再认为欧洲的转型必然需要与俄罗斯的合作。[67]同时，一种漠不关心的态度也在蔓延。[68]但值得注意的是，同时也出现了一个引人关注的现象，即，尽管美国公然敌视俄罗斯，但法国主流媒体包括《世界报》等，依旧毫不掩饰他们对于马克龙调整对俄政策的欢呼。[69]法国媒体中出现的这种共识，反映出在法国乃至整个欧洲上层社会中所发生的重大转变。与此相映成趣的是，法国学术界也主张反思法俄双边关系，在重新界定法国国家利益的基础之上，深度审视法国对俄政策。[70]马克龙并未对美国唯马首是瞻，而是在重振欧洲的基础上向更紧密的法俄关系回归。[71]

在法国，俄罗斯不仅与极右翼有着联系。事实上，早在苏联时期，苏联政府就利用戴高乐主义者的反美主义倾向，他们认为苏联应该被作为一个有着合法权力的"正常"大国来对待。在法国右翼中这种亲俄态度依旧保持，法国共和党就持这一立场。[72]

第四节　小　　结

　　总体而言,后冷战时期尤其是 21 世纪以来,法国的对俄政策是在法国经济增长乏力、大国地位日渐衰退、俄美欧三边关系发生重大转型、欧盟和北约双东扩、法国对俄认知变迁的多重背景之下制定的。在法国的国家利益中,其战略利益在一定程度上甚至超过了经济利益,而且由于法俄双边经济关系的不对称,法国对俄罗斯的战略依赖要更多一些。法国一方面要维护其大国地位,但由于经济不景气,只能更多地借助于其在国际组织中的地位、文化资本以及在东西方之间的特殊地位,来赢取转圜空间并进而运筹帷幄。

　　可以说,后冷战时期的短短三十年,对于法俄之间跨越三个多世纪的双边关系而言,只不过是短短一瞬,是漫长法俄关系史中的一个小小篇章。这就决定了,这一短时段内法俄双边关系的发展,离不开长时段法俄双边关系历史规律的惯性影响,主要包括以下四个方面。

　　第一,法国对俄政策游走于戴高乐主义和大西洋主义之间,这一特点是由法俄双边关系的本质属性所决定的。正如古典现实主义国际关系学者阿诺德·沃尔弗斯(Arnold Wolfers)所认为的,俄德之间是围绕着"所有权目标"而展开关系的,比如在领土、人口及东欧的合法性等方面的争夺;而法俄关系则更多的是围绕着"环境目标"而展开的,双边关系在很大程度上受到全球环境以及地区格局的影响。[73] 正是基于这种本质属性的考量,法俄之间大体上能维持"君子之交淡如水"的关系,而德俄之间则要么甘之如饴,要么视对方如仇雠。[74] 也正基于此,法俄双边关系一方面延续了冷战时期的特点,具有复杂性、敏感性和脆弱性;另一方面因为地缘因素的牵制,也体现出相对的稳定性,从未走向彻底恶化。

　　第二,法国对俄政策远远超出了法俄双边关系的范畴。法俄两国在国际上相互借重,法国要借助俄罗斯来制衡美国和德国,而俄罗斯则希望借助法国来削弱北约和动摇西方联盟,两国关系中更多的是关注于实现多边目标[75]而非双边的关切,更多地呈现出工具理性而非价值理性。其实,回望长时段的法俄关系史,也可以发现两国间分分合合、起起落落背后的历史定律。早在 18 世纪,法国国力强大,与德国、俄国都有直接的敌对举动,但是到 1870—1871 年普法战争中法国败北,法国精英开始认识到,单纯依靠一己之力已无法击败德国,而正在进行工业化的俄国则为法国提供了模仿的榜样。于是,1891 年法俄正式缔结联盟,两国形成一种相对"紧密"的关系。而到 20 世纪 60 年代后期,法国对苏联推行东方缓和政策,以及在该政策框架下形成了法苏(俄)特殊伙伴关系,德国因素和美国因素都是法国制定对俄政策不能绕开的关键考量。法国正是通过构建其在东西方关系中的特殊地位来提升自身的地位,从而实现其外交政策的目标。

第三,囿于自身实力不足,法国在胸怀"世界使命"的同时,在对国际、国内局势审时度势的基础上,巧妙借助外力来博取国际战略空间;通过或接近或疏远对手,主动在东西方之间承担优先对话者、调停者或者中间人的角色;将危机解决纳入多边机制和多边框架中以参与全球治理、实现其全球影响力。21 世纪以来,法国经济衰退,失业率居高不下。伴随着国家实力的逐渐式微,法国谋求国家利益的途径发生较大变化。从对"硬实力"的倚重逐步转变为对"软实力"的借助。根据 2017 年 7 月英国公共关系机构波特兰战略传播咨询公司发布的全球"软实力"[76]排名,法国跃居全球第一,超过英国和美国。法国发达的外交网络、丰富的文化积淀以及马克龙在合作和一体化方面的政策,都是其软实力独占鳌头的助力。[77]

第四,法国的对俄政策一直游走于国家利益与价值观之间。国家利益与价值关切素来是法国对俄外交的两个思考角度,后冷战时期的法国对俄政策也是始终摇摆于两者之间。然而,法国左右逢源式的、"夹缝型"的对俄政策却具有一定的局限性,即雷声大,雨点小;在国际秩序中不能独立地起到决定性的作用,这其实也是由法国的中等国家实力决定的。在此情势之下,法国日益将其处于东西方之间的特殊地位与其所处的欧盟情境结合起来,力图通过重新整合的欧洲和德美嫌隙来扩大法国的影响力。[78]

马克龙时期的法国对俄政策,依旧受制于这些历史定律的影响,在对法国国家利益以及所处的全球及地区的结构性因素进行深入考量的基础上予以制定。以"法德双核"为推进器的欧盟转型深刻地影响着法国的政策,其中德国的作用十分关键,以波兰为首的中东欧国家的强势制衡也显得十分重要。但同时,基于俄罗斯对于欧洲整体安全及和平的重要性,法国也会避免与俄罗斯之间永久性的、结构性的冲突关系。[79]马克龙在对俄政策的侧重点有着一定的偏移,但却未改变其总体的方向:即在坚持欧盟立场的基础之上,在多边主义的推进之中,一方面与美国紧密合作,另一方面尝试与俄罗斯建立新型合作关系。

注释

1. 严双伍、陈菲:《国际关系理论中的法国学派》,《世界经济与政治》2009 年第 7 期,第 64 页。

2. 冯绍雷:《冷战后欧、美、俄三边关系的结构变化及其未来趋势》,《欧洲研究》2011 年第 4 期,第 8 页。

3. David Cadier, "Detour or Direction: The Europeanisation of France's Policies towards Russia", FIIA Briefing Paper 195, May 2016, pp.3—4.

4. Reuben Wong, "French Foreign Policy, Asia and Europe", Jun.5, 2002, http://www. lse. ac. uk/internationalRelations/centresandunits/EFPU/EFPUworkshop2002/paper%20-%20Wong.pdf.

5. 根据首家泛欧洲智库欧洲外交关系委员会(ECFR)2010 年至 2016 年的年度"欧洲对外政策计分卡"(European Foreign Policy Scorecard),可以发现德国在欧盟外交事务中的领导作用和角色日益显著。参见 http://www.ecfr.eu/scorecard/。

6. C. Lequesne, *La France dans la nouvelle Europe: Assumer le Changement d'échelle*, Paris: Presses de Sciences Po, 2008.

7. Assemblée Nationale, "Rapport d'information Déposé sur l'influence Française au sein de l'Union Européenne", Rapport d'information N°3468, Paris: Commission des Affaires Européennes, 2015, p.9.

8. Ibid., p.8.

9. "Foreign Policy: Speech by M. François Hollande, President of the Republic, at the Opening of Ambassadors' Week", Paris, Aug.25, 2015, http://www.elysee.fr/declarations/article/speech-by-the-president-of-thefrench-republic-at-the-opening-of-ambassadors-week/.

10. 也有学者认为欧盟在乌克兰危机处理上存在重大失误,欧委会对于俄罗斯的理解存在重大偏差,使得法国和德国在危机处理上一直处于纠偏纠错的状态,参见 Hélène Carrère d'Encausse, "French Historian: Europe is Wrong about Ukraine", *Tribune of Geneva*, Jan. 2015, http://www. fort-russ. com/2015/01/french-historian-europe-is-wrong-about.html。

11. Øyvind Østerud, "Strategic Ability in Europe: The Case of France", J.Haaland Matlary, T.Heier(eds.), *Ukraine and Beyond*, 2016, p.131.

12. Paul Taylor, "Putin's 'realpolitik' aims to make Russia indispensble," *Reuters*, Nov.24, 2015.

13. Alexandra de Hoop Scheffer, Martin Michelot and Martin Quencez, "After the Terror Attacks of 2015", *France's Hyperpragmatic Diplomacy and its Domestic*

Dimensions，German Marshall Fund of the United States，Feb. 2016，p.12.

14. "Hollande：Russia Is a Partner，Not a Threat"，Radio Free Europe/Radio Liberty，Jul. 8，2016，http：//www. rferl. org/content/hollande-russia-is-a-partner-not-a-threat/27847690.html.

15. Marlene Laruelle，"France Mainstreaming Russian Influence"，*The Kremlin's Trojan Horses：Russian Influence in France，Germany，and the United Kingdom*，Atlantic Council，2016，p.11.

16. EUROPOL，European Union Terrorism Situation and Trend Report（TESAT）2016，https：//www. europol. europa. eu/activities-services/main-reports/european-union-terrorism-situation-and-trendreport-te-sat-2016，pp.27—28.

17. Daniel Vernet，"Dominique de Villepin ou le gaullisme ressucité"，*le Monde*，le 11 Dec.，2003.

18. ［法］乔治·杜比主编：《法国史》，吕一民、沈坚、黄艳红等译，北京：中国出版集团、商务印书馆 2010 年版，第 1660 页。

19. Paul Belkin，"France：Factors Shaping Foreign Policy，and Issues in U. S.-French Relations"，Apr.14，2011，p.7.

20. Simond de Galbert，"The Hollande Doctrine：Your Guide to Today's French Foreign and Security Policy"，CSIS，Sep.9，2015.

21. Portland USC Centre on Public Diplomacy，"the Soft Power 30：A Global Ranking of Soft Power 2017"，p.42；"Macron Presents Vision for Post-Brexit Europe"，AFP（Paris），Sep. 26，2017，http：//www. breitbart. com/news/macron-presents-vision-for-post-brexit-europe/；Lara Marlowe，"Macron has big plans for France and Europe"，Aug.19，2017，https：//www. irishtimes. com/business/economy/macron-has-big-plans-for-france-and-europe-1.3189606.

22. "Entretien avec Laurent Fabius，Ministre des Affaires étrangères européennes"，*Revue Internationale et Strategique*，2013/1，No.89，pp.51—65.

23. Maurice Vaïsse，La Grandeur. Politique Etrangère du General de Gaulle（Paris：Fayard 1998）.

24. Georges-Henri Soutou and Martin Motte（eds），*Entre la Vieille Europe et la Seule France：Charles Maurras，la Politique Extérieure et la Défense Nationale*（Paris：Economica 2009）.

25. Maurice Vaïsse，la Puissance ou l'Influence? La France dans le Monde depuis 1958（Paris：Fayard 2009）；Frédéric Bozo，La Politique Etrangère de la France depuis 1945（Paris：Flammarion 2012）.

26. Olivier Schmitt，"The Reluctant Atlanticist：France's Security and Defence Policy in a Transatlantic Context"，*Journal of Strategic Studies*，http：//dx.doi.org/10.1080/01402390.2016.1220367，pp.3—4.

27. Pernille Rieker，*French Foreign Policy in a Changing World：Practising Grandeur*，Palgrave Macmillan，2017，p.4.

28. Frédéric Charillon，*La France Peut-elle encore Agir sur le Monde?*（Paris：Armand Colin 2010）.

29. Speech by French President Nicolas Sarkozy at Ambassador's Conference，Aug. 27，2007，https：//www. iranwatch. org/library/government/france/president/speech-french-president-nicolas-sarkozy-ambassadors-conference.

30. Speech by President Emmanuel Macron-Ambassadors' Week 2017，https：//

www. diplomatie. gouv. fr/en/the-ministry-and-its-network/events/ambassadors-week/prior-editions/ambassadors-week-edition-2017/speech-by-president-emmanuel-macron-ambassadors-week-2017/.

31. Speech by President Emmanuel Macron-Ambassadors' Conference 2018, https：//www. diplomatie. gouv. fr/en/the-ministry-and-its-network/events/ambassadors-week/ambassadors-week-edition-2018/article/speech-by-president-emmanuel-macron-ambassadors-conference-2018.

32. Discours de Président de la Républiqueà la conférence des ambassadeurs，le 27 août 2019，https：//www.elysee.fr/emmanuel-macron/2019/08/27/discours-du-president-de-la-republique-a-la-conference-des-ambassadeurs-1.

33. Paul Belkin，"France：Factors Shaping Foreign Policy，and Issues in U. S.-French Relations"，Apr.14，2011，p.11.

34. Livre Blanc 2013，Défense et Sécurité Nationale(Paris：Direction de l'Information Legale et Administrative).

35. Ministère de la Défense，*Revue stratégique de défense et de sécurité nationale 2017*，Paris：Bureau des Éditions，2017，p. 60，https：//www. defense. gouv. fr/dgris/presentation/evenements/revue-strategique-de-defense-et-de-securite-nationale-2017.

36. Ibid.，p.19.

37. Ibid.，pp.18，60.

38. Ibid.，pp.23，44.

39. Ibid.，p.42.

40. Øyvind Østerud，"Strategic Ability in Europe：The Case of France"，J.Haaland Matlary，T.Heier(eds.)，*Ukraine and Beyond*，2016，pp.130—131.

41. Laure Delcour，"France-Russie：la Réinvention d'une Relation Spècifique"，*DGAP analyse*，No.6，Juil 2010，p.8.

42. 引自 *Russie 2014 Regards de l'Observatoire franco-russe*，sous la direction d'Arnaud Dubien，le 18 avril 2014，Paris，Questure de l'Assemblée nationale，p.64.

43. Ibid.，p.64.

44. Ibid.，p.65.

45. *Russie 2013 Regards de l'Observatoire franco-russe*，sous la direction d'Arnaud Dubien，le 18 avril 2013，Paris，Questure de l'Assemblée nationale，p.65.

46. Ibid.，p.114.

47. Ibid.，p.65.

48. Hélène Carrère d'Encausse，"I'm not sure if Russia needs Europe but Europe needs Russia-French historian"，Oct.4，2010，https：//www.rt.com/politics/helene-dencausse-russia-europe/.

49. 周谭豪：《法俄关系：今生难续前缘?》,《世界知识》2014 年第 19 期，第 39 页。

50. 同上文。

51. Thomas Gomart，"France's Russia Policy：Balancing Interests and Value"，*The Washington Quarterly*，2007，Vol.30 No.2，p.148.

52. Marlene Laruelle，"France Mainstreaming Russian Influence"，*The Kremlin's Trojan Horses：Russian Influence in France，Germany，and the United Kingdom*，Atlantic Council，2016，p.11.

53. P.Rieker，and K.L.Gjerde，"The EU，Russia and the potential for dialogue：Different readings of the crisis in Ukraine"，*European Security* 25(3)，2016，pp.304—325.

54. R.Sakwa, *Frontline Ukraine*: *Crisis in the Borderlands*(London: I.B. Tauris), 2015, p.27.

55. Pernille Rieker, *French Foreign Policy in a Changing World*: *Practising Grandeur*, Palgrave Macmillan, 2017, pp.68—69.

56. Daniel Vernet, "Le désordre règne à Moscou", *le Monde*, le 17 octobre 2006.

57. Jacob Poushter, "Countdown to Sochi Olympics: What the World Thinks of Russia", Pew Research Center, Jan.31, 2014, http://www.pewresearch.org/fact-tank/2014/01/31/countdown-to-sochi-olympics-what-the-world-thinks-of-russia/; "Survey Report, Global Opinion of Russia Mixed: Negative Views Widespread in Mideast and Europe", Sep.3, 2013, http://www.pewglobal.org/2013/09/03/global-opinion-of-russia-mixed/.

58. "Transatlantic Trends 2012 and Transatlantic Trends 2014", http://trends.gmfus.org/.

59. 这一修正案最终却被否决,参见 http://www.assemblee-na-tionale.fr/14/cri/2014-2015/20150252.asp♯P546367。

60. "Franco-Russian Relations: A Long Way to Go", Dec.8, 2012, https://sputniknews.com/voiceofrussia/2012_12_08/Franco-Russian-relations-a-long-way-to-go/.

61. "Nicolas Sarkozy légitime l'annexion de la Crimée par la Russie", *le Figaro*, le 10 février 2015.

62. Marlene Laruelle, "France Mainstreaming Russian Influence", *The Kremlin's Trojan Horses*: *Russian Influence in France*, *Germany*, *and the United Kingdom*, Atlantic Council, 2016, p.8.

63. Lilia Shevtsova, "Putin's Legacy: How the Russian Elite is Coping with Russia's Challenges", Carnegie Moscow Center Briefing 8, Jun 2006, No.4, p.2, http://www.carnegie.ru/en/pubs/briefings/Briefing-2006-04-web_en.pdf.

64. Matthias Waechter, "EU-28 Watch", Institut für Europäische Politik, No.11, Oct., 2015.

65. Thomas Gomart, "France's Russia Policy: Balancing Interests and Values", pp.147—148.

66. Isabelle Facon, "La Relation France-Russie à l'Epreuve", p.118.

67. Ibid., pp.121—122.

68. Arnaud Dubien, "Indifference Threatens Russia-France Relations", Oct.4, 2017, http://eng.globalaffairs.ru/book/Indifference-Threatens-RussiaFrance-Relations-19029.

69.《世界报》欢呼马克龙将抓住"欧洲时刻","在英国脱欧和特朗普的重商孤立主义背景之下,欧盟必须强化其在当前国际重大事件上的身份认同,包括:乌克兰危机、叙利亚危机和全球变暖"。这种观点得到法国左、中、右三种政治色彩的报纸的一致赞同。右翼的《费加罗报》认为当前的国际局势有利于法国,十分赞赏马克龙对于与普京会晤时机的把握;《自由报》也为此欢欣鼓舞。

70. Arnaud Dubien, "Reconstruire la Relation Franco-russe", p.24.与此同时,法国学术界和外交界精英也围绕着法国国家利益的重新界定进行了热烈的讨论,比如 Thierry de Montbrial, Thomas Gomart, *Notre Intérêt National*: *Quelle Politique Etrangère pour la France?*, Éditions Odile Jacob, Janvier 2017。其中,法国前外交部长韦德里纳(Hubert Védrine)提出法国需要摆脱美国和中东欧国家的影响,对俄罗斯采取较为不同的立场和态度,以增强法国在国际舞台上的影响力,参见该书第86页。

71. 比如,在叙利亚问题上,法国自 2011 年以来就支持北约进行的旨在推翻阿萨德政权的战争,马克龙则提出可以在大马士革重开法国大使馆,甚至提议与俄罗斯开展更为紧密的反恐合作。参见"Russian Reactions To The Putin-Macron Meeting"，Jun. 2，2017，Special Dispatch，No. 6949，https://www. memri. org/reports/russian-reactions-putin-macron-meeting。

72. Alina Polyakova，Marlene Laruelle，Stefan Meister and Neil Barnett，"The Kremlin's Trojan Horses: Russian Influence in France，Germany，and the United Kingdom"，the Atlantic Council，November 2016，http://www. atlanticcouncil. org/images/publications/The_Kremlins_Trojan_Horses_web_0228_third_edition.pdf，p.7.

73. Pierre Hassner，"Western European Perceptions of the USSR"，*Daedalus*，Winter，1979，Vol.108，No.1，pp.113—151.

74. Angela Stent，"Franco-Soviet Relations: from De Gaulle to Mitterand"，Report to National Council for Soviet and East European Research，Mar. 1989，p.2.

75. Ibid.，p.4.

76. "软实力"概念最初由美国政治学家约瑟夫·奈提出，但现在随着数字革命，该概念的内涵得以扩展，偏向于指协作、构建新的网络和联系的能力。

77. Alex Gray，"France Becomes the World No.1 for Soft Power"，https://www. weforum. org/agenda/2017/07/france-new-world-leader-in-soft-power/，Jul.27，2017.

78. ［法］乔治·杜比主编：《法国史》，吕一民、沈坚、黄艳红等译，第 1660 页。

79. David Cadier，*Detour or Direction: The Europeanisation of France's Policies towards Russia*，FIIA Briefing Paper 195，May. 2016，p.2.

第六章

法国的俄苏研究：双边关系的法国学术基石

> 各国对于俄罗斯、包括对于苏联曾经有过的态度与决策，都与
> 其各自对于俄罗斯的学术研究不可分割。
>
> ——冯绍雷（中国俄苏问题研究资深专家）

除去结构性因素诸如国际格局变迁、地区格局变化，法国战略精英的考量以及法国民众对于俄罗斯、对于法俄关系认知的改变，法国的俄苏研究也从学术和智识层面提供着双边关系演进的部分答案。本章从长时段的视角对法俄双边关系的法国学术基石进行回顾和分析。

第一节　跨越三个世纪的发展：从混沌到反思

作为一个学科门类，国外俄苏研究既年轻又有着丰厚的历史积淀，在对沙俄帝国、苏联和俄罗斯的观察和研究方面已经形成涉猎广泛的丰富内容。[1]就法国而言，法国社会精英对于俄罗斯语言、文化和历史的兴趣由来已久，这其中既有着对于斯拉夫文明的兴趣，同时也有着对于东方文明的好奇[2]，当然，这种好奇也反映了两国发展双边关系的需要。回顾两国从建交至今的 300 多年历史，法国的俄苏研究经历了从混沌到萌芽、再从快速发展到反思和革新这样四个阶段，每个阶段都留下了特定时代的印记。

一、混沌时期：1717—1917 年

法国俄苏研究的混沌时期也是法国俄苏研究的史前时期，这一时

期法国国内尚未形成真正意义上的俄苏研究,相关成果较为零散,内容也多浮于表面。

法国最初的俄国印象主要散见于外交官的游记、商人对于俄国的感性观察,以及学者对俄国的政治组织和经济状况的初步认识等。著名的比如屈斯蒂纳侯爵(Marquis de Custine)的《书信集》(*Lettres*)以及《1839 年的俄罗斯》(*La Russie en* 1839)。在《1839 年的俄罗斯》一书中,屈斯蒂纳以他在俄国为期三个月的旅行见闻为基础,观察尼古拉一世时期俄国的生活方式和社会状况,尝试着以比较的视角来探讨法国民主与代议制政府的合宜性,该书对俄国的专制统治进行了深刻的批判,并认为俄国的专制统治与东正教、蒙古入侵以及彼得大帝的政策密切相关。与托克维尔的《论美国的民主》类似,《1839 年的俄罗斯》在法国国内甚至西方社会引起巨大的反响。[3]时至今日,西方学者每每论及俄罗斯的专制时还要追溯到这本书。[4]外交官德·沃盖居埃(Melchior de Vogüé)的作品《俄国小说》(*Le roman russe*)(1886 年),则尝试对俄罗斯的文学史做一个梳理,提出法俄间的交往要务在于增进彼此精神上的理解[5];历史学家博利厄(A. Leroy-Beaulieu)则前往俄国收集政治组织及经济状况的材料,著有《沙皇的帝国及俄罗斯人》(1897 — 1898 年第 4 版,*l'Empire des Tsars et les Russes*)等。

作为法国颇具特色的思想活动的中心场所,沙龙在推进法国精英和大众对俄认知过程中发挥了重要的作用,最为显著的例证是 1894 年法俄结盟。[6]在 1870—1894 年长达 20 余年的时间里,泛斯拉夫的社会活动家以沙龙为平台,以报刊、讲座、舞会、演说的形式潜移默化地推动着法国精英和公众增进对于俄国的认知。俄国专制的拥护者与法国知名共和党人正是在沙龙中建立了对话。比如,当时法国极负盛名的巴黎莉莎·特吕贝茨卡亚(Liza Trubetskaia)沙龙,就云集了一批法国高官,总统阿道夫·梯也尔(Adolphe Thiers)与特吕贝茨卡亚往来密切,他签署了相关文件支持法俄战略接近[7];法国 19 世纪 70 年代驻俄的几位大使,以及法国驻彼得堡大使馆的陆军武官[8]布瓦代弗尔(Raoul de Boisdeffre)也对这一沙龙的亲俄立场很是支持。

在沙龙中,这些泛斯拉夫活动家利用他们的个人关系,游说法国的外交高官;促进两国之间的文化和政治交流,并且运用大众媒体进行公共外交。这一沙龙网络营造了一种政治氛围，促使法国政治家和民众改变了对俄国的认知：视俄国为盟友而非对手。这一网络构成非常多样，既有精英贵族也有普罗大众，既有批判社会不公的左翼人士也有对革命失序感到无比恐慌的保守分子。沙龙中法俄文化之间的相互嵌合为两国结盟提供了土壤：俄国人逐渐欣赏甚至庆祝共和党人关于人民主权的观念；而法国人则倾心于俄国的专制。到19世纪90年代早期，沙龙网络催生了一种新型的混合物：以明显反自由的、专制的方式重构共和党人的群众政治的平台；创造了妥协性的、既源自法国又来自俄国的治理模式；左翼和右翼的观点得到兼收并蓄。沙龙中的交流促进了法俄两国政治文化之间的一种新型、相互交织的状态，形成法俄两国爱国者都能接受的意识形态和思想模式。这种相互混合的意识形态反过来又给法国的政治生活带来不可磨灭的影响，并继而影响法国的国内政治和对外政策，包括法俄两国都介入了19世纪80年代的布朗热事件，将民族主义思想与社会主义思想、专制视角与民粹话语结合在一起。[9]

总体而言，这一时期的法国俄国研究是法国斯拉夫观察中密不可分的一个组成部分；主体多元的巴黎沙龙在推进法国精英和公众对于俄国的认知方面发挥了异常重要的作用。受益于法俄结盟，直到1917年十月革命，两国精英的交流得以通过一系列合作项目、双方互访、著作交流等得以维持，这就使得法国的俄国观察有着更多源自互动的体悟。

二、萌芽时期：1917—1945 年

1917年，十月革命爆发，俄国发生天翻地覆的变化。短时间内很多崭新现象出现，然而，法国学界对于语法和语言学领域的过度关注[10]使得其知识储备严重不足，无法对俄国的诸多现象提供充分的解释。这一落差迫使法国知识界思考加强俄国研究的必要性。

1917年7月，巴黎大学历史学家、波希米亚专家埃内斯特·德尼（Ernest Denis）创立期刊《斯拉夫世界》（le Monde Slave），旨在介绍斯拉夫世界的文学作品和政治制度。但较为遗憾的是，随着《布列斯特—

利托夫斯克条约》(Brest-Litovsk Treaty)的签署,苏俄内战爆发[11],仅仅几个月后这个期刊就被迫停办[12]。然而,德尼推动法国斯拉夫研究的努力却并未终止,他进一步萌生了创建永久性研究机构的念头。1919 年,德尼在巴黎创建斯拉夫研究所(l'Institut d'études slaves),旨在"跟踪和介绍东欧的政治、经济、思想和道德演进状况"。[13] 1921 年,该所主办的期刊《斯拉夫研究》(Revue des études slaves)面世。然而,该刊创刊号的前言却明确表示其主旨在于语言学。[14] 鉴于当时苏联政体的逐渐稳固,可以说法国错失了一次研究斯拉夫和苏联的绝佳机会。

与此同时,部分法国学者也认识到创立斯拉夫学的时机已然成熟,其中,巴黎大学的路易·艾森曼(Louis Eisenmann)扮演了重要的角色。艾森曼十分欣赏英国的国别研究,尤为推崇伦敦斯拉夫学院(London School of Slavonic Studies)。[15] 1924 年,他与法兰西人文院(Académie des Sciences morales et politiques)的奥古斯特·戈万(Auguste Gauvain)等有识之士共同努力恢复《斯拉夫研究》这一期刊,并提出《斯拉夫研究》[16]尤应关注俄国这一强国[17]和苏联这一独一无二的政治现象[18]。这是法国俄苏研究史上第一次提出这样深刻的认识。梳理这一时期《斯拉夫研究》的文章,可以发现其所涵盖的研究领域已相当广泛:政治层面包括疆界、宪法、行政系统、政府形式、政党生命、军事组织等;社会层面包括社会结构、农业问题、劳动立法、金融和银行组织等。[19]这些议题可谓正式拉开了现代法国俄苏研究的序幕。

这一时期涌现了一批斯拉夫研究的先驱,诸如布瓦耶(A.Boyer)、拉布里(R.Labry)、莱热(L.Léger)、勒格拉(J.Legras)、马宗(A.Mazon)以及雷奥(L.Réau)。赛尔日(Victor Serge)、苏瓦林(Boris Souvarine)以及萨杜尔(Jacques Sadoul)等知识分子对十月革命进行了探讨。其中,苏瓦林系法共的创始人,著有《斯大林传》和《斯大林:布尔什维主义的历史回顾》等。

20 世纪 20 年代,由于革命的影响,一批原沙俄知识精英涌入法国,比如,别尔嘉耶夫(Berdiaev)、布尔加科夫(Bulgakov)、梅列日科夫斯基(Merezhkovsky)、佳吉列夫(Diaghilev)、沙利亚平(Chaliapin)、沙加尔(Chagall)等创作了多部关于俄罗斯的严肃作品。[20]但由于俄侨或者不愿意从事当代俄苏的研究,或者在法国大学中谋不到研究职位,而且他们的研究客观性也受到法国学界的质疑;而那些曾游历俄国的学者,比如最初亲布尔什维克的皮埃尔·帕斯卡尔(Pierre Pascal)[21]也尽量避免论及苏维埃政权[22],因此,他们并未成为当时俄苏研究领域的主力军。此外,这些尚较零散的研究也未能带动法国高校对于俄苏研究的兴趣。比如,直到1939年,法国大学中仍没有关于苏联的专门课程[23],当然这也与当时法国高校中普遍忽视区域研究的"学术黑暗"或者说"学术无明"密切相关[24]。

总体而言,1917—1945年是法国俄苏研究的萌芽时期。这一时期,现实发展的需要迫使法国学界日益认识到俄苏研究的重要性,他们通过创办期刊、创立机构的方式尝试着建立法国俄苏研究的学科,但囿于20世纪30年代资本主义的法国与社会主义的苏联之间的相互敌视、法国区域研究的落后以及学术个人主义的盛行,法国的俄苏研究主要由大学之外的一小批有识之士进行[25],仍停留在分散无序的状态,研究水准也有待提升。

三、发展时期:1945—1991年

1945年第二次世界大战结束,法国的俄苏研究开始步入更有活力的轨道,研究体系渐趋形成。[26]

首先,内嵌于大学之中的研究机构开始扮演关键的角色,其中最为重要的就是上文提及的斯拉夫研究所[27],该所担当着协调整个斯拉夫研究学界的重任。共有19家法国大学与该研究所签署协议,并且通过理事会进行统一协调,成员包括巴黎第一、第三、第四、第七、第八以及第十大学等,其他参与机构包括国立东方语言文化学院[28](l'Institut National des Langues et Civilisations Orientales)、巴黎政治学院[29](l'Institut d'Etudes Politiques de Paris)以及东西方关系研究中心(le Centre d'Etudes des Relations Est-Ouest)等。然而,囿于人事、政治和宗教等因素的影响,加之法国的俄苏专家之间有着太多的分化,协调工作并非易事。[30]

其次,不同机构各司其职,有着不同的研究侧重,比如法国当代国际关系史研究所、巴黎政治学院均从国际关系的视角对俄苏进行

研究,前者的代表人物为让·巴蒂斯特·迪罗塞尔(Jean-Baptiste Duroselle)[31]和爱德华·博纳富(Edouard Bonnefous),他们主要从法苏双边关系的角度进行研究;后者的代表人物为当科斯(Hélène Carrère d'Encausse)和伊夫·帕尼耶(Yves Pagniez),他们分别从苏联民族状况、政治史和苏联外交政策的角度进行研究;法国社会科学高等研究院(EHESS)则侧重于电影和历史的角度,代表人物为马克·费罗(Marc Ferro)和亚历山大·本尼格森(Alexandre Bennigsen)。

这一时期,法国的俄苏研究重镇为巴黎,尤其集中于拉丁区,但随着1968年学生运动的爆发,为了便于管理,巴黎大学被拆分为13所大学,相应地,俄苏研究力量也散布于这些大学之中。此外,在外省诸如埃克斯、波尔多、里尔、里昂、克莱蒙费朗、第戎、雷恩和图鲁斯等地,俄苏研究也方兴未艾。其中,最为重要的苏联研究中心是位于斯特拉斯堡的苏联及东方国家研究中心(Centre de Recherches sur l'U.R.S.S. et les Pays de l'Est),由亚历山大·克斯(Alexandre Kiss)担任主任。这一时期,法国俄苏研究领域涌现了一大批重要的学术成果,比如:弗拉基米尔·魏德勒(Vladimir Weidlé)的《缺席及在席的俄罗斯》(*la Russie absente et présente*,1949年);普罗科波维奇(N. S. Prokorovicz)的《苏联经济史》(*Histoire économique de l'URSS*,1952年)。1964年1月凯尔布莱(Basile Kerblay)所撰写的"法国篇"被收录于 *Survey 50* 中关于"西欧的苏联学研究"的系列文章之中[32],他还著有《现代苏联社会》(*Modern Soviet Society*,1983年);当科斯(Hélène Carrère d'Encausse)则著有《分崩离析的帝国》(*L'empire éclaté: la révolte des nations en U.R.S.S.*)等。然而,在现任国际斯拉夫欧亚研究学会(ICCEES)会长同时也是巴黎五大荣休教授乔治·明克(Georges Mink)看来,战后十年,法国对东欧研究的兴趣依旧不大[33],因此,尽管这一时期法国的俄苏研究呈现了量的增加,但质上仍有很大的提升空间[34]。

这种状况直到20世纪60年代戴高乐奉行对美独立政策[35]之时才发生较大的改变,苏共二十大的召开,及其对东欧国家影响的逐渐扩散,法国俄苏研究的束缚才得以放松,有关苏联的文献资料获得更为便利、科学交流更为自由、财政支持也日益增多,同时,60年代初期以来的异议者文学也为法国的俄苏研究开辟了新的空间。至此,法国的俄苏研究渐趋细化和成熟，对于历史的研究（代表人物为乔治·奥普特[Georges Haupt]、马克·费罗[Marc Ferro]和米歇尔·埃莱尔[Michel Heller]）、对于民族问题的研究（代表人物为亚历山大·本尼森[Alexandre Bennigsen]、尚塔尔·奎尔克杰[Chantal Quelquejay]和埃莱娜·卡雷尔·当科斯[Hélène Carrère d'Encausse]）、对于社会、政治、司法体系以及地缘战略的研究（代表人物为巴西勒·凯尔布莱[Basile Kerblay]、勒内·吉罗[René Girault]、米歇尔·勒萨热[Michel Lesage]、亨利·尚布尔[Henri Chambre]、让·拉卢瓦[Jean Laloy]、皮埃尔·哈斯纳[Pierre Hassner]和墨舍·勒文[Moshe Lewin]）、对于经济体系的研究（代表人物为欧仁·扎列斯基[Eugène Zaleski]、乔治斯·索科洛夫[Georges Sokolof]、玛丽·拉维尼[Marie Lavigne]和皮埃尔·纳维尔[Pierre Naville]）、对于文化活动的研究（代表人物为乔治·尼瓦[Georges Nivat]、让·博纳穆尔[Jean Bonamour]）、对于卫星国家的研究（代表人物为皮埃尔·康德[Pierre Kende]、弗朗索瓦·费托[François Fejtö]、乔治·蒙[Georges Mond]、帕维尔·提格雷[Pavel Tigrid]、兹德内克·斯特米什卡[Zdenek Strmiska]和托马·罗维[Thomas Lowit]），以及对于国际共产主义的研究（代表人物为安妮·克里格尔[Annie Kriegel]和依里欧·雅纳那基[Ylios Yananakis]），都取得长足的进步。[36]

20世纪七八十年代，法苏两国国内政治氛围的改变以及欧洲局势的变化都为法国的俄苏研究带来了各种各样的发展机遇，例如民主反对派的出现导致了大规模的团结热潮，这对法国公众舆论和精英认知产生了重要的影响。这一时期，一些法国的政府机构和美国公司开始向研究团体提供额外的资金支持，例如康德斯（P. Kendes）和斯特米斯卡施（Z. Strmiskas）领衔的"不平等研究"项目、由斯特米斯卡施（Z. Strmiskas）和明克（G. Mink）带队的苏联和东欧社会学观察站都得到资助。此外，70年代索尔仁尼琴的《古拉格群岛》也给法国俄苏研究学者带来了极大冲击，他们日益不满于左翼做派，也不再视苏联为社会主义的故乡和打败纳粹的伟大国家。以德雅尔丹（Desjardins）和里古洛（Pierre Rigoulot）[37]的两本书为代表，法国的俄苏研究学者开始更多地凝视和反思自己的学科[38]。另外，值得一提的是，这一时期，法国的智库也如雨后春笋一般蓬勃发展,它们努力在知识与权力、研究与政策之间架起桥梁,比如法国国际关系研究所(IFRI)等机构[39]都成立于这一时期,他们在咨政启民方面发挥了重要的作用。

这一时期,伴随着国际关系格局从两极对峙逐渐走向两个超级大国争夺世界霸权,法国的俄苏研究先是受限于东西方阵营对峙,随后由于法美矛盾凸显而增加了对苏的研究投入和资助。由领军人才带领的研究团队在法国各地四处开花,关注的议题涉及苏联的方方面面。斯拉夫研究所在法国俄苏研究的体系化过程中扮演了重要的角色。但由于法国天生的专注于自身事务,而对外部世界关注不足的特点[40],因此,法国的俄苏研究总体呈现量上增加、质上不足的状态。

四、反思和革新时期:1991 年至今

1991 年,伴随着苏联解体、欧盟一体化和教育的全球化发展,后冷战时期的法国俄苏研究在直面问题、反思调整的基础上,对所存在的问题进行了大幅度的改革,法国的俄苏研究迎来了春天,并呈现迎头赶上国际同行的势头。当然,2014 年的乌克兰危机也曾让法国的俄苏研究一度陷入滞缓的状态。

首先,就研究主题而言,后冷战时期的法国俄苏研究呈现更为多元化的特征,尤其关注于社会理论的研究,尝试着从社会理论的视角来理解共产主义试验失败的原因。比如,菲雷(François Furet)撰写的《逝去的幻觉》和库尔图瓦(Stèphane Courtois)主编的《共产主义黑皮书》[41]这两本书尤其值得关注。苏联解体迫使法国俄苏研究学者反思,苏联学是否还有存在的价值[42];俄罗斯研究是否应放在中欧与东南欧研究的框架之中;法国的俄苏研究是否应更团结和去意识形态化;如何应对英美比较转型学的挑战;如何运用更为多样化的研究方法,等等。同时,法国国家科研中心(CNRS)对后苏联时期精英的转型进行了研究[43],主要是运用大量的定量调查以及一些半开放式的访谈,并且运用社会资本等社会学概念来理解这些精英在社会中的重新定位。布尔迪厄(Pierre Bourdieu)则对马克思主义中占主导地位的概念进行了反思。[44]在这一新时期,法国学者努力寻找合适的概念来理解一些新的特

点,包括如何在缺乏资本主义和资本的背景之下理解市场经济的建构方式等。此外,还涌现了一批顶尖专家,比如高加索及欧洲研究中心前主任布卢姆(Alain Blum),主要聚焦于俄罗斯人口的强制安置、政治暴力、人口学和社会转型的相互关系等,作品比如《19世纪俄罗斯农民的婚姻》等;该中心主任多斯(Françoise Daucé)则聚焦于俄罗斯的国家与社会之间的关系、军政关系等;中心研究员西格曼(Carole Sigman)则关注俄罗斯政体、以政治社会学的视角分析俄罗斯政治空间的转型等。曾任法国国家科研中心第四十所委员的法瓦雷尔-加里格(Gilles Favarel-Garrigues)以对俄罗斯田野调查为基础,关注于当代俄罗斯社会、经济犯罪的规制等。[45]与此同时,智库的发展也推动了法国俄苏研究中的政策转向,涌现了一批尤其专注于俄罗斯政策研究的专家,比如法国国际关系研究所所长、俄罗斯研究中心前主任戈马尔(Thomas Gomart)、法俄观察研究所所长迪比安(Arnaud Dubien)、法国国际和战略关系研究所所长博尼法斯(Pascal Boniface)等。

其次,就研究方法而言,学界充分认识到法国俄苏研究中的顽疾,努力打破学科之间的界限,鼓励跨学科研究和集体合作。当代法国俄苏研究的重镇法国社会科学高等研究院(EHESS)下设的高加索及欧洲研究中心(Centre d'études des mondes russe, caucasien et centre européen, CERCEC)可谓是这方面的成功典范。该中心有着浓厚的史学传统,但在当代则转向了多学科发展。研究成员既有历史学家、地理学家,又有政治学家和社会学家,通过法国社会科学高等研究院招收硕士生和博士生,为法国俄苏研究源源不断地输送多学科背景的研究人员。该中心当前主要聚焦于五个主题的研究,包括16世纪至今帝国的边疆;17世纪至今俄罗斯社会和经济的实践;俄罗斯政治治理过程中的科学和技术;20—21世纪变革社会中的暴力和正义;帝俄、苏联和后苏联时期文化产品的创造、传播和接受。这些主题从17世纪绵延至今,在充分考量历史背景的基础上兼顾对象国当下的社会、政治、经济、科技和文化的变迁。[46]围绕这些主题,来自多个学科领域的专家通力协作,积极创新。

第三,就国际化水平而言,法国学术界积极向国际同行尤其是英美同行学习,提倡比较研究和跨国合作。比如法国社会科学高等研究院高加索及欧洲研究中心提倡比较研究,改变了过去在俄苏研究中存在的一些偏见,并且因为比较视野的引入,观察的视角更为宽大,研究也更为客观;巴黎政治学院的国际关系研究中心则强调对跨国政治、社会和经济现象进行比较研究和历史分析。[47]主要的俄苏研究机构也十分倡导与国际同行的交流和合作,比如法国社会科学高等研究院下设的工业模式研究中心(Centre d'études des modes d'industrialisation, CEMI)与本国、俄罗斯及西方其他的研究机构和研究人员之间建立了庞大的合作网络,互通有无,互相借鉴。合作形式包括召开圆桌会议、举行学术研讨会、互设工作室、共同出版书籍等;巴黎政治学院则与牛津大学和剑桥大学建立了合作团队。[48]高加索及欧洲研究中心、法国社会科学高等研究院和法国国家科研中心于 2018 年 3 月—6 月间联合举办讲习班,当代法国俄苏研究的领军人物诸如布卢姆、卡迪奥(Juliette Cadiot)和瓦永(Isabelle Ohayon)延请来自美国哈佛大学、加州大学伯克利分校等顶尖大学的专家学者,围绕着"1918—2018 年俄罗斯、高加索、中亚及中欧世界:来源和方法,帝国的前沿和边疆"主题进行系列讲座,内容涉及俄罗斯帝国的去殖民化、列宁研究、1917 年革命之后泛俄罗斯思想的衰败、俄罗斯帝国主义的基本知识,后社会主义国家的网络战争等。[49]

最后,就研究对于政策的影响而言,法国的俄苏研究也扩大了其对于法俄关系的影响力。1991 年、2004 年及 2012 年分别成立的法国国际和战略关系研究所、法国国际关系研究所俄罗斯研究中心和法俄观察研究所在其中扮演了重要的角色。法国国际和战略关系研究所聚焦于地缘政治和战略,是法国国防部 6 个最重要的研究合作伙伴之一,资深研究员格利尼亚斯蒂(Jean de Gliniasty)聚焦于俄罗斯、独联体国家以及法国的外交政策;研究员卡尔卡纳格(Samuel Carcanague)关注于俄罗斯、中亚的能源与安全问题。[50]法国国际关系研究所俄罗斯研究中心主要聚焦于与俄罗斯、独联体国家相关的公共辩论和政策制定。该中心围绕多个主题定期发表论文,包括重点议题比如外交政策与能源政策之间的互动,更具创新性的话题比如俄罗斯政府对于互联网治理的态度,俄罗斯大学的竞争性等。该中心与独联体国家的公众权威机构和跨国公司保持着密切的联系,同时,还与欧洲、美国、中国、日本和原苏联加盟共和国的智库和研究机构建立了伙伴关系,在欧洲乃至全球都有较大的影响力。法俄观察研究所(l'Observatoire franco-russe)系应法俄工商会(la Chambre de Commerce et l'Industrie France-Russie)的倡议建立的,宗旨是生产关于俄罗斯的较为深刻的专业知识,并且推动俄罗斯决策者认识到当今法国的现状及挑战,专家委员会由法俄两国的知名专家组成。[51] 所长迪比安(Arnaud Dubien)系法国国防部、外交部、欧洲议会、法国航空航天工业联合会(GIFAS)的专家顾问,2010年以来,他还是俄罗斯瓦尔代国际辩论俱乐部的成员,成为沟通法俄两国高层的关键人物。

总而言之,尽管法俄外交往来已跨越三个世纪,但真正的俄苏研究在法国形成体系则仅有百年的历史。在这过去的一个世纪里,法国的俄苏研究仿佛一支变奏曲,走过了从贫瘠到发展、从混沌到清晰、从零散到系统的艰难历程,体系建构之路充满艰辛和反复,但其独具特色的研究方法和研究视角[52]因为得到法国的民族性和人文性的滋养,而日益成为国际斯拉夫学界一道独特的风景。

第二节　法国俄苏研究的三个关键因素

法国的俄苏研究从混沌走向发展,这一历程的出现主要受到三大因素的影响,第一个因素是法俄关系,包括文化、经济和政治关系的发展曲线;第二个是法国教育系统中结构性的因素,包括教育与科研之间的关系调整,以及区域研究路径从政治学向多学科发展的转向;第三个则是意识形态或者说观念性、文化性的因素。正是在这三个关键因素的共同作用之下,法国的俄苏研究才经历了这样一个从无到有、由衰而兴、由分散到系统的过程。

一、法俄(苏)关系的变迁曲线

一国的区域国别研究往往伴随着国家间相互交流的增多以及全球化的进程而逐渐发展,法国的俄苏研究也不例外。事实上,法俄之间跨越三个世纪的交往史无疑见证着法国俄苏研究的潮落潮起。回望法国的俄苏研究,可以发现它的变迁曲线与两国双边关系的变迁呈现着某种形式的高度相关性,而这种关系的变迁中则涵盖文化、经济和政治这三个向度。

作为两个都高度重视自己精神世界和文化生活的民族,法国与俄罗斯心有灵犀、互相吸引。早在法国俄苏研究的萌芽时期,法国精英更多是出于一种对于遥远国度、东方文明、斯拉夫文明的好奇和兴趣,所以,那个时期的研究较多停留在对于俄国的一种大写意的想象、观察和体悟之上,同时也更多关注于俄国的语言学和文学领域的研究。直到1787年,经过多轮谈判,两国关于贸易的协议终于得以签署,然而,1789年的法国大革命却"埋葬"了这种好不容易才建立起来的合作形式。俄国开始视法国为对其政体及欧洲安全构成威胁的国家,当然这个过程中拿破仑也发挥着关键的影响,两国之间战争爆发,结果以亚历山大一世率军于1814年长驱直入巴黎而宣告结束。随后两国又回归到各自的轨道上发展,直到1853—1856年克里米亚战争爆发。不得不提的是,在克里米亚战争之后,德国在国际舞台上的主导权促使法俄两国战略接近。19世纪90年代早期,尽管法国国内争议不断,但共和的法国还是与专制的沙俄建立了军事和政治联盟。可以发现,双边关系中的经济因素和战争因素对于法国的俄苏研究都发挥着潜移默化的作用,影响着这一时期法国俄苏研究的研究对象和研究兴趣。

而1917年俄国十月革命则将法国俄苏研究中存在的深层认知不足充分暴露出来,迫使法国的俄苏研究不再停留于语言和文学领域,而是开始向更为广阔的空间延伸,包括经济、政治、历史等领域,比如巴黎第十大学(南特)苏联研究中心的副主任、历史系教授吉罗(René Girault)所撰写的论文"1887—1914年俄向法借款及法国在俄投资研究"以及在此基础上撰写的著作《1887—1914年法俄经济和金融关系》[53]在法国引起上自精英下至百姓的普遍关注,正是因为十月革命,法国在俄国大量的投资有去无回。此外,十月革命也激发了法国知识精英对于俄国政治制度的兴趣,大量政治方面的著作诞生;十月革命还有一个结果则是大量的俄国移民涌入法国,为法国的俄苏研究带来很多非常宝贵的内视角的观察。然而,好景不长,列宁执政以后,法苏军事联盟彻底瓦解,两国之间的经济合作也完全取消,法国一度难以获得俄苏研究方面的资料。

1917—1945 年,法国与俄(苏)之间的关系更多地体现为资本主义阵营与社会主义阵营、西方与东方、欧洲国家与欧亚国家之间的张力。这一时期的法国俄苏研究体现为对于苏联这一特殊的政治现象、社会主义和共产主义这种新生制度的极大研究兴趣。一个较为有趣的现象就是,法国既是共产主义研究的重镇同时也是反共呼声很高的国家,呈现高度分化的特点。比如,法国的苏联新闻社(le Bureau Soviétique d'Information)出版的《苏联时事新闻》(Actualités Soviétiques)小册子宣传苏联对于当前事务的官方立场,苏联的塔斯社、《真理报》和《消息报》驻巴黎的分社在宣传苏联和共产主义方面也十分活跃。作为法国共产党中央委员会的政治和理论机构,月刊《共产主义手册》(Cahiers du Communisme)也成为法国共产党与托派进行斗争的有力武器。[54] 与此相反,巴黎第四大学的斯拉夫系则是最为重要的反共平台,代表人物为奥库蒂里耶(Michel Aucouturier)、博纳穆尔(Jean Bonamour)、凯尔布莱(Basile Kerblay)以及俄侨西尼亚夫斯基(Andrei Sinyavsky)。[55]

1945—1991 年冷战期间,正值东西方冷战正酣之时,戴高乐总统敢为西方先,将法国定位为与苏联相对较好的欧洲大国,积极倡导东西方"缓和与合作",主张与苏联以及东欧国家进行贸易和文化交流,为东西方之间处于冰点的关系注入了一股暖流。在这个过程中,法国浓郁的共产主义传统鼓励着法苏之间一定程度的意识形态上的接近。直到苏联解体,俄语都在法国初中广为讲授。20 世纪 60 年代戴高乐所缔结的"法俄特殊伙伴关系"则为后冷战时期的法俄关系打上了深刻的印记,并且帮助法俄两国经受住了乌克兰危机以来西方对俄制裁的考验。这一时期,法国的俄苏研究关注苏联的方方面面,包括经济、政治、文化、民族、社会、文化等。后冷战时期,戴高乐时期所奠定的两国之间协作的制度基础和大学之间的学术合作机制得以保持,经济关系、人文交往以及战略考量推动着法俄关系向前稳步发展。比如,乌克兰危机之后,即 2014—2017 年,法国一直是俄罗斯最大的投资国,有千余家法国公司在俄境内运营。法国也是俄罗斯的第一大外国雇主。尽管在政治上高度敏感,但自戴高乐时期开始的航天领域的双边合作仍持续至今。法俄之间的人文合作也是双边关系中的一个重要因素,法国和俄罗斯的大学互设双学位[56]，甚至合作办学[57]。法俄之间这种特殊的伙伴关系无疑为法国的俄苏研究提供了明显优于美国的机会，比如：在法俄工商会的提议之下，2012 年初成立法俄观察研究所（L'observatoire franco-russe），对俄罗斯进行全方位、多层面的研究，该所所长迪比安（Arnaud Dubien）系法国国防部和外交部部长的政策顾问，同时，自 2010 年以来，他还是俄罗斯总统高层支持的瓦尔代国际辩论俱乐部[58]的成员[59]。

概而言之，法国的俄苏研究与法俄（苏）关系的演进密切相关，双边关系中的不同面向在不同的历史时期分别发挥着不同的作用。其中处于首位的是文化关系，彼此向往，文化上相互渗透，语言中不时体现着对方语言的特色[60]；俄侨在法俄交流中发挥了重要的作用，使得法国的俄苏研究中既有着来自俄侨的内视角的体悟，又有着法国学者作为西方文明传承者的外视角的观察，还有着内外视角的融合审视。经济关系上的或紧或疏，对国际地位和战略利益的考量，都对不同时期法国的俄苏研究的侧重点产生了深刻的影响。

二、结构性因素

法国俄苏研究的结构性因素具体体现在三个方面，首先是教育与研究的侧重点的变迁，其次是高校体系和研究机构的系统性状况的演化，最后则是学术个人主义向集体、跨学科研究的发展。

第一，冷战前，法国的大学主要侧重于教育而非研究，冷战后这种状况发生了渐进式的改变，并且在 21 世纪初期高等教育改革的背景之下取得较大进展。法国的高等教育确立于 19 世纪 70 年代，当时大学人士不是因为教学业绩或者研究能力，而是因为口才和通俗化的技巧为人所赏识。19 世纪 90 年代，高等教育才逐渐发展起来。[61]冷战之前，法国的高等教育只关注于对学生的教育，就这些学生而言，俄语本身即是目的，而并非社会科学研究的附属之地。比如国立东方语言文化学院（L'Institut national des langues et civilizations orientales）的主要任务一度是讲授东欧、亚洲、大洋洲、非洲以及美洲当地人的语言，主要目的是服务于学生的就业。语言学课程几乎完全是语言学性质的，只有一门选修课程是关于俄罗斯文学。整个系都将重点放在语言教学上，语言系的老师多达 50 位，而且多数是俄裔，文明系则只有 10 位老师，显示出教学力量在语言与文明主题上的巨大悬殊。这与法国以国家本位为基本价值取向，强调培养技术人才直接服务于国家政权需要的模式密切相关。[62]而后冷战时期，由于"解冻"以及了解俄罗斯的迫切需要的推动，在法国国家科研中心（CNRS）的帮助之下，该研究院下设的苏联所成立了俄苏研究中心，下设三个项目：（1）俄法和法俄专门词汇研究，尤其强调政治、经济词汇和用语；（2）用俄语和法语复制古老或者稀有的与俄苏相关作品的微缩胶卷；（3）基于田野调查研究北高加索社会，深入分析俄罗斯和格鲁吉亚的档案，并且对语言学数据进行计算机分析。[63]

21 世纪初期，在全球化以及欧盟启动博洛尼亚进程[64]进行教育改革的背景之下，法国也开启高等教育改革的进程，力图改变法国高等学府当中的"双重分裂"现象，即综合大学和高等专业学校（la grande école）之间的分裂、法国高校与科研机构之间的割裂。恰恰是这种双重分裂现象的存在导致法国高校数量多而散、教学基地与研究领域严重脱节、研究力量分散的现象。[65]进入 21 世纪法国政府出台的有关高校重组的《科研规划法》（loi de programme pour la recherche），试图以一种多元化、多层次的联盟形式开辟一条新路径，相应地，高等教育与研究轴心（PRES, Pôle de recherche et d'enseignement supérieur）的概念也应运而生[66]，在很大程度上聚焦了法国的科研力量。

第二，法国的研究机构从碎片化走向系统化。就法国的研究机构而言，无论是大学下属的研究机构，抑或大学之外的研究机构，在相当长的时间里，它们都缺乏体系化。[67]学术个人主义盛行，团队合作精神严重缺乏，这就使得法国的俄苏研究呈现碎片化的特点。一方面，这些研究者高度分散；另一方面，他们的研究领域甚至与他们所在机构的主攻方向也不一致。比如，20 世纪五六十年代的专家都是在封闭的小圈子里做研究，这些研究者互相缺乏交流，组织性更是严重不足。可以说，在这个方面，法国国家科学和研究中心是失职的。[68]此外，法国的社会科学政策注重研究团队和机构的数目增加，却忽视了研究质量的提升，这在 20 世纪 70 年代已引起部分法国学者的重视，比如特兰（Jean

Train)。与研究碎片化、不成体系相并行的现象则是：少数知名学者在法国甚至在国际舞台上声名显赫，而大多数学者却默默无闻，呈现一种冷热不均、发展相对不均衡的状态。

这种碎片化的状况在20世纪70年代中期之后逐渐发生改变。斯拉夫研究所（l'Institut d'etudes slaves）承担着协调整个法国斯拉夫学界的重任。截至1973年，该所出版活页的"斯拉夫学者指南"，记录法国在斯拉夫领域的所有活动。[69]1975年，17所法国大学、法国社会科学高等研究院（Ecole des Hautes Etudes en Sciences sociales）、巴黎政治学院（l'Institut d'études politiques）签署三方协议，在该协议的框架之下成立了一个新的实体，即法国国家斯拉夫研究所（l'Institut National d'études slaves，INES），该所主管部门为法国高等教育、研究和创新部（the Ministry for the Universities）。此外，法国还于2018年成立俄罗斯东欧社会科学研究学会（SFERES，Société française pour les études russes et est-européennes en sciences sociales）[70]，系中东欧研究国际理事会（International Council for Central and East European Studies，IC-CEES）的成员[71]，于2019年11月初迎来它成立以来的首次大会[72]。

第三，从学科之间泾渭分明、缺乏学科融合到跨学科的发展甚至是多学科之间的深度融合。在法国俄苏研究发展的混沌、萌芽期和快速发展期，法国的社会科学发展也经历了一个由分化到综合甚至是融合的过程。就社会科学的发展而言，早期不同学科有着非常清晰的分野[73]，术业有专攻，比如俄语老师和讲授法学、政治学和社会学的老师有着十分严格的区分[74]。这种表象背后蕴含的是一种深层次的结构，即大学从根本上拒绝学科融合，这阻碍了法国俄苏研究人员团队的形成。结果就是，少数专家常常是自学成才，他们的方法也是手工作坊式的，大学内部严重缺乏学科之间的交叉。然而，随着时间的推进，信息化、全球化、大数据的发展，法国的俄苏研究日益转向运用多学科的视角，正如法国年鉴学派的当代传人、曾任巴黎人文之家主席的莫里斯·埃玛尔（Maurice Aymard）教授，在巴黎人文之家与华东师范大学联合举办的中法人文历史讲习班上所说的："人文社会科学领域学科分合，既出现了美国式的学科分化趋势，同时也出现了法国年鉴学派积极参与之下的学科综合的趋势，强调学科之间的相互关联，强调从大学科、长时段、多视野、人性化的宽广立场,关注人文社会科学研究对象的特殊性。"[75]可以说法国的俄苏研究越来越多地体现着这些特点。比如,巴黎政治学院媒体实验室(Médialab)当前正在进行的"20世纪80年代以来的法国俄苏研究"项目,该项目的负责人莱皮奈(Vincent Lépinay)系人类学、社会学专家,乐泽安(Estelle Lezéan)系俄罗斯研究专家,他们协力合作,以跨学科的方式进行着研究。[76]

第四,政治学框架下研究俄苏问题转向多学科视野中审视俄苏问题。美国政治学者、同时也是关注于法国俄苏学研究的学者卡内特(Roger Kanet)指出,法国的苏联政治研究作品大多采用"制度—法学研究框架"。比如,讨论国家和政党的组织结构、苏联宪法、探讨苏联历史发展中的亮点等。这构成了法国苏联学的一个主要方面。

可以说,第二次世界大战之前,法国的俄苏研究主要是在政治学的框架之下进行的,因此,法国的俄苏研究体现着法国政治学研究的一些特色,但总体而言并没有体现出太多的创新性。相反,法国俄苏研究因运用了法国政治学中惯用的方法和主题,因而也承袭了法国政治学中的弱点,即不擅长政策分析。直到20世纪60年代早期,法国政治学都强调对于国家进行历史和"法学"的分析,十分强调从公共法的角度分析制度。法国政治学中缺乏与政治学相关联的特殊的训练。政治学中的专家大多数是从其他学科转行而来,包括历史学家、文学家、哲学家、公共法专家等。法国的俄苏研究很大程度上借鉴了这些学科。因此,也就没有出现像美国同行那样的调查方法,甚至一度法国的俄苏研究还对美国政治学的方法充满了质疑。

第二次世界大战之后,法国的社会科学中出现文化转向,这深刻影响了法国的俄苏研究。尽管当时法国各个学科的制度化明显不够,同时还有碎片化之嫌。[77]但法国的俄苏研究还是力求打破政治学的研究范式,努力将俄苏研究放在多学科的视野之下进行审视。在著名的美国苏联问题专家莫斯利(Philip Mosely)看来,法国高等研究实践学院(École pratique des hautes études, EPHE)的第六部即社会科学部[78]无疑做出了良好的示范,该部教授美国学专家克莱芒·埃莱尔(Clemens Heller)通过承办暑期研讨班的方式对区域的多学科研究进行实验。而俄苏研究则是在历史研究中心、在大文化的框架之下展开的,区域研究的这种伟大创新和尝试实则为法国的人文和社会学科融合进行了伟大的试验,这一尝试得到法国政府的大力支持。1944年,在法国外交部的支持之下,在巴黎政治学院成立俄罗斯研究中心[79],延请社会学家、法学家、经济学家、历史学家和地理学家加盟,共同致力于俄苏研究。在团队建设上,既有专才也有通才。[80]这种设置充分考虑了学科之间的弹性。

在法国人文学科与社会科学打破藩篱,直击俄苏现实问题的同时,20世纪50年代,很多俄苏专家还专门前往美国学习,引入美国的研究方法。当时,美国的俄苏研究正发生着重要的质的变化:从孤立主义转向比较主义。对于这种方法,法国俄苏研究领域的接受度呈现分化的状态。一部分学者比如凯尔布莱(Basile Kerblay)认为只有当社会科学取得进展时,法国的俄苏研究才能取得进步。几年后,当科斯就特别提倡在苏联研究中开辟新的视野,比如她研究苏联政治时就大量借鉴了美国的文献。但在马克思主义学界中,并没有多少改观。比如法学家沙尔万(Robert Charvin)就认为英美的量化方法在研究社会主义国家的政治上是无用的,并且谴责将在西方尤其是美国的政治社会学应用到苏联研究之中的谬误。此外,法国政治学研究的自给自足性使得在政治学学科框架之下的俄苏研究也具有同样的特点。因此,沙尔万指出外国政治学尤其是英美国家的政治学对法国的影响非常小,法国的俄苏研究自成一系。

三、观念因素:理想与现实之间

在法国,意识形态的考量在很大程度上阻碍了法国俄苏研究的发展。第二次世界大战之前,法国学者对俄苏研究充满了激情。正如《斯拉夫世界》杂志的顾问委员会所指出的,早在20世纪20年代,法国常常是以审问者和招魂者的视角来观察苏联。[81]在《苏维埃俄国》的引言中,作者利翁(Jacques Lyon)高度认同这一观点,并强调苏联研究的要务在于确保研究的客观性。[82]然而,1945—1956年间,客观地研究苏联已成为一种奢望,当时法国的俄苏研究几近瘫痪。这一时期,"苏联"成为一个极其敏感和极具争议的话题,学者不能也不敢对苏联进行任何学术性的研究，以免引起巨大的争议。然而，这却掩盖不了这一时期法国俄苏研究的激情达到史无前例的高峰的这样一个事实。[83]诚如1947年法国社会学家西卡尔（E.Sicard）所指出的，"苏联研究总是遭遇困难，同时也不乏激情"。[84]

　　第二次世界大战以后，左派知识分子成为法国社会的中流砥柱，他们言必称马克思主义和共产党，苏联因与法国共同击溃纳粹、践行社会主义和共产主义而被神圣化。任何一个敢于批判苏联的人都会自动被戴上阶级敌人的帽子，被认为属于帝国主义和法西斯主义的阵营。自然，很少有人愿冒这样的险[85]。这种"一边倒"的方式使得法国的苏联研究极难走在客观的轨道上。在这个过程中，法国共产党活跃于政治领域，寻求分享政治权力，并且渗透进俄苏研究领域，影响了法国的俄苏研究。[86]然而，1956年，由于匈牙利事件的爆发，苏联的神圣形象崩塌[87]，很多法国知识分子对共产主义的热爱大打折扣。几近瘫痪的俄苏研究环境开始发生改变，正如布里科（F.Bourricaud）所言，人们又可以像谈论其他国家一样来探讨苏联。[88]

　　然而，比较遗憾的是，1956年之后，法国知识分子更有兴趣谴责"苏联帝国主义"，而非对苏联政治和社会进行充分、客观的研究，在20世纪六七十年代，无论是1968年的布拉格之春还是20世纪70年代索尔仁尼琴的启示时期，法国知识分子日益认识到要对马克思主义进行深刻的反思，并进而去认识真实的苏联。然而，他们的研究从主观的全面肯定走向了全面否定，曾经的共产主义者和苏联的忠实捍卫者又走到了意识形态光谱的另一个极端。这些人代表着现代法国苏联学的右翼，他们倾向于采用当代政治学之外的概念。在这方面，俄罗斯移民，1969年来到法国并且担任索邦大学教师的米歇尔·埃莱尔（Michel Heller）和贝桑松都颇具代表性。

　　此外，法国的思想流变无疑对法国的俄苏研究有着非常重要的影响。正如曾担任法国哲学学会主席的雅克·东特（Jacques D'Hondt）所说的："法国发展的最清晰的特征，也许就是同过去的文化和思想的决裂，在主观意愿上同过去惯习的决裂。"[89]法国的俄苏研究恰是在不断地反思和与过去的决裂中实现不断的成长。比如法国20世纪最重要的哲学家之一萨特（Jean-Paul Sartre）系西方思想界对社会主义最为积极的倡导者之一,在战后初年亲苏,但伴随着 1956 年苏联军队入侵匈牙利,萨特强烈谴责苏联军队和对干涉表示支持的法共领导,并与法共决裂。[90]

第三节 小 结

在回顾法国的俄苏研究近百年的发展历程时,我们会发现法国的俄苏研究是法国区域研究[91]中的一个重要组成部分,与法国的美国学相比,有着更为悠久的历史,但从总体而言,法国的俄苏研究并没有达到法国社会科学总体的高度和质量,呈现出以下三个看似相互矛盾但却又实质统一的特点。

第一,法国社会科学繁荣,但在包括俄苏研究在内的区域研究方面相对滞后。在世界民族之林中,高卢民族是一个非常有特色的民族,他们特立独行、尊重自我、注重思辨、强调批判性思维和创造性思维,有着非常浓郁的哲思传统、社会关注和丰厚的历史学研究积淀,拥有实证主义传统,涌现了一批又一批灿若群星的思想家,为世界奉献了非常深刻的哲学思想、非常丰富的社科理论以及非常严密的研究方法。法国是社会科学的诞生之地,并见证了社会科学的日益繁荣。[92]正是在法国,启蒙运动风起云涌,社会学应运而生,年鉴学派形成,然而,与这种善于思考,善于向内心探寻的思想传统并行不悖的是对于外部世界兴趣的缺乏。法国一度是现代化和先进文明的起源地以及杰出代表,它过于注重自我,却缺乏对于外部世界的兴趣和认识,在 20 世纪中叶因为自给自足和固步自封、疏于也不愿意向英美学习,疏于与国际同行的学习和交流,这就使得它的俄苏研究乃至整个区域研究都较为落后,落后于英美同行的步伐。尽管相较于英美的俄苏研究,法国的俄苏研究处于较为落后的水平,但其丰厚的社会科学传统却也给法国的俄苏研究打上了浓郁的法兰西特色,比如注重微观、乐于批判、注重社会学、历史学、人类学的分析等;同时,法国的俄苏研究也从其发达的社会科学中引入、借鉴了很多重要的概念,与社会科学之间形成一定的互动,并在一定程度上也丰富了法国的社会科学。

第二,社会科学崇尚价值中立原则,然而法国的俄苏研究却常常在崇拜和批判这两个极端之间摇摆,体现出非常明显的价值导向。马克斯·韦伯曾提出,学术应该坚持价值中立原则,社会科学应奉行这一原则,力求做到研究过程的去主体化。然而,在法国的俄苏研究中,主观倾向却常常占据主导地位。究其原因,可能在于法国这种欧洲式的中央集权制模式以及法国长期以来在政治学框架下研究俄苏问题的范式:这包括 20 世纪前半期法国学界对于苏联现象的极端崇拜,甚至是不能言说,被归入"政治正确与否"的范围;再到匈牙利事件爆发之后,学界对于苏联的全盘否定和极度批判。及至冷战期间的极端意识形态化,以及乌克兰危机之后对于俄罗斯议题的过于政治化等。作为区域研究之一种,法国的俄苏研究也难免不被用工具理性和价值理性这两个角度来衡量。包括这个学科有着什么样的产出,投入资金后是否划算? 作为政治学的功能是否充分发挥出来了? 也就是实用主义视角和学术研究的视角。然而,时代永远是在重重困难中不断前行的,正如法国的汉学研究[93]一般,当代的法国俄苏研究也正在逐渐跳出学科的区隔,以文史哲共融共通的社会科学整体研究范式的变革为基础出现了一些可喜的变化。毕竟,时代在演进,研究对象也正日益呈现愈益复杂的特点,过于政治化和过于意识形态化的方式来进行国别研究已经显得缺乏生命力和不合时宜。

　　第三,法国俄苏研究有着浓郁的法兰西特色,然而在全球化以及美式泛科学化的冲击之下,也经受着考验。首先,崇尚法国性还是全球性? 具体而言,法国性体现为法国人文社科学界的人本主义传统。作为启蒙运动的发起地,法国十分崇尚人性。尽管法国的俄苏研究起步并不早,但却能独树一帜,正是因为它从人文、社会、历史的角度出发,而国家社会的发展恰恰最深层因素就是这些,所以,法国的俄苏学界往往能有非常不同于英美学派的观点,这也就使得法国的俄苏研究能够与英美的俄苏研究相互补充、相得益彰,共同丰富着国际俄苏研究这个领域。关于苏联解体,美国的专家学者因未能预见到这种可能性,而遭到广泛质疑,被认为洞察力有问题,而法国俄苏研究大家当科斯却能成功预言,这不能不说是法国特殊研究路径、关注点不同带来的必然结果。这也印证了美国国会图书馆前馆长詹姆斯·比灵顿在《俄罗斯寻找自己》一书中的观点,即人文研究往往比计算性的社会科学更为重要、更具预见性。[94]

法国性还体现在法国文明与俄罗斯文明之间因长期深入交流和相互欣赏所形成的一种互嵌性。作为法国俄苏研究主体的俄侨,既内又外的双重视角为法国的俄苏研究提供了与众不同的透视镜。一方面,他们切身体会着俄苏,深刻感受着何为真实的俄罗斯,另一方面,他们因为远离故土,距离的拉远又为他们观察和研究俄罗斯提供了别样的认识,他们既能鞭辟入里,又能跳出迷局,非常独特。此外,他们的思考、体悟还与法国发达的理论思维相结合和融合,从而别具特色,毕竟俄侨是比法俄两国跨国合作更为紧密的一种连接。从比较的视野看,美国的俄罗斯研究是在冷战结束之后才呈现国际化的特征,而从这个意义上说,法国的俄苏研究早就具备了这一特征,毕竟法俄交往源远流长。但因为法国是文明大国、二流实力,况且法兰西民族较多关注于自己而非外部世界,使得法国在俄苏研究上的投入并不多。这也可以说是法国国家的一个局限性。此外,法国性还体现在它所特有的批判性思维。与美国的俄苏研究不同,法国俄苏研究更擅长运用批判性思维来思考苏联经验,故而能够发现苏联经验的不足和问题。当然,不容忽视,法语在很大程度上也阻碍了法国学界与国际学界的交流,以及法国俄苏研究在国际学界的可见度。

其次,徘徊于艺术和技术之间。法国的俄苏研究出发点是人文和社会,人和社会是研究的中心和落脚点,俄苏研究都是围绕这些而展开,包括历史角度、经济考量等,体现出人文性、历史性、社会性以及文化性。同时还将苏联现象视为人类社会的一种现象,共产主义制度是人类制度之一种,是从人类的普遍性出发来研究俄苏的特殊性,最终又上升到普遍性的这样一种研究路径。这与国际关系史法国学派从历史的角度思考国际关系的维度,重视国际关系的复杂性,重视历史意识、时间变量的多元性和空间维度的多层性,关注社会表征的作用[95]等是完全统一和吻合的。而其人本主义的出发点、多学科融合致力于俄苏研究的特点就使得法国的俄苏研究更多呈现出一种艺术性,学者甚至使用包括建筑、文学、电影、艺术等多种形式来理解苏联和俄罗斯。而美国的俄苏研究则直接服务于其国家利益,将苏联视为敌人,因而美国的俄苏研究与美俄关系的疏与密呈现负相关的关系,研究也更多侧重于安全的角度，是就特殊性论特殊性，由特殊到一般，并没有一个从普遍到特殊再上升到普遍的过程。

概而言之，法国的俄苏研究有着浓郁的法兰西特色，以人本主义为研究起点，以多学科交叉和融合的视角、从世界历史和人类社会的维度来观察俄苏现象，但其过于注重内心探寻而忽视外部世界、议题囿于政治化框架，以及过于注重自身的独特性，也使得其俄苏研究存在着一些问题。回顾法国的俄苏研究，无疑能为我们理解法国对俄政策及后冷战时期的法俄关系提供认识论基础和线索。

注释

1. 封帅：《冷战后英国的俄苏研究》，上海：上海人民出版社 2018 年版，"冯绍雷：丛书总序"，第 1 页。

2. 在法国人看来，俄罗斯更多地呈现出一种东方文明的属性，类似于阿拉伯世界、印度和中国，有关这一点参见弗拉基米尔·别列洛维奇：《20 世纪法国的俄国史研究》，《世界历史》2008 年第 4 期。

3. https://en.wikipedia.org/wiki/Marquis_de_Custine.

4. 比如美国冷战鼻祖、遏制之父乔治·凯南专门著有《屈斯蒂纳和他 1839 年所观察到的俄罗斯》（*The Marquis de Custine and His Russia in 1839*）一书。参见 George Frost Kennan, *The Marquis de Custine and His Russia in 1839*, Princeton: Princeton University Press, Jun 1971。又如乌克兰诗人的短评，参见 Andriy Ljubka, Russia in 1839 and 2015: has anything changed?, Euromaidan Press, http://euromaidanpress.com/2015/04/28/russia-in-1839-and-2015-has-anything-changed/。

5. http://bibliotheque-russe-et-slave.com/Livres/Vogue%20-%20Le%20Roman%20russe.htm.

6. Michel Cadot, *La Russie dans la vie intellectuelle française (1839—1856)*, Paris: Eurédit, 2014; Charlotte Krauss, *La Russie et les Russes dans la fiction française du XIXe siècle (1812—1917)*, Amsterdam: Rodopi, 2007. 19 世纪七八十年代，法俄两国民众认为他们的国家利益是相互背离的。

7. Daniel Halévy, *Le Courrier de M. Thiers*, Paris: Payot, 1921, pp.471—482.

8. Edmond Toutain, *Alexandre III et la République Française*, Paris: Plon, 1929, pp.20—21; George F.Kennan, *The Fateful Alliance: France, Russia and the Coming of the First World War*, New York: Pantheon Books, 1985, pp.11—17.

9. William D. Irvine, *The Boulanger Affair Reconsidered: Royalism, Boulangism, and the Origins of the Radical Right in France*, Oxford: Oxford University Press, 1989; James R. Lehning, *To Be a Citizen: The Political Culture of the Early French Third Republic*, Ithaca and London: Cornell University Press, 2001, pp.155—181.

10. J. Bonamour, "Soviet and East European Studies in France", in A. Buchholz (ed.), *Soviet and East European Studies in the International Framework—Organization, Financing and Political Relevance*, New York: Transnational Publishers, 1982, p.51.

11. Dominic Lieven，Western Scholarship on the Rise and Fall of the Soviet Regime：The View from 1993，*Journal of Contemporary History*，Vol.29，No.2，1994，p.199.

12. 在艾森曼看来，德尼之所以停办该刊，主要是不愿在德国对法国磨刀霍霍之时，还要展示出与斯拉夫的团结，继而引火上身。参见 Conseil de direction，*le Monde slave*，No.1，Nov. 1924，p.3.

13. Alfred Fichelle，Origines et développement de l'Institut d'études slaves(1919—1949)，*Revue des études slaves*，Vol.27，1951，p.96.

14. A. Meillet，Avant-Propos，*Revue des Études Slaves*，Année 1921 1-1-2，p.5，https://www.persee.fr/doc/ slave_0080-2557_1921_num_1_1_997.

15. 在 1922 年的一篇文章中，艾森曼指出法国高等教育系统的结构是"进行实用研究"的重要障碍。参见 Louis Eisenmann，Slavonic Studies in France，*The Slavonic Review*，Vol.I，No.2，Dec. 1922，p.299.

16. 通过对《斯拉夫研究》1921—1929 年的文章的分析，可以发现很多文章都体现出这种突破。继马赛尔·莫斯(Marcel Mauss)提出要对布尔什维克主义进行社会学研究之后，人们发现一些明显在现代苏联学范畴内的议题，比如"俄共第十四次代表大会"、"苏联政府对乌克兰的民族政策"、"苏联的女性"、"苏联的政治经济和思想生活"、"共青团"、"斯大林政治"、"第二次俄罗斯农业革命"，等等。这一时期，法国学者已认识到苏联的独特性，并尝试着考察苏联的诸多新特点。

17. Conseil de direction，*le Monde slave*，No.1，Nov. 1924，p.16.

18. Ibid.，p.6.

19. Ibid.，pp.17—18.

20. 比如别尔嘉耶夫的《俄罗斯共产主义的来源及意义》。参见 Nicholas Berdiaev，*les Sources et le sens du communism russe*，Paris：Gallimard，1938.

21. 参见 Pascal Pierre，*Journal de Russie*（1928—1929），édité et annoté par Jacques Catteau，Sophie Cœuré，Julie Bouvard，Paris：Éditions Noir sur Blanc，2014。

22. Hélène Carrère d'Encausse，"Introduction"，*L'Union Soviétique*，par Lilly Marcou，Paris：Armand Colin，1971，p.14.

23. Richard Szawloski，"Review of Annuaire de l'URSS"，*Droit-Economie Sociologie-Politique-Culture*，Volumes for 1965，1966 and 1967，Paris：Editions du Centre National de la Recherche Scientifique，1966—1967，1968，in *Soviet Studies*，Vol.xxi，No.2，Oct. 1969，p.260.

24. 即便在著名的巴黎自由政治学堂(Ecole libre des Sciences politiques，系巴黎政治学院的前身，指 1945 年以前的巴黎政治学院)，也存在同样的盲点，当时这所学堂尚未提供完整意义上的、有关俄罗斯的"区域研究"的课程。直到 1989 年，整个大学系统中的区域研究都落后于大学以外研究机构所做的区域研究。

25. 比如法国共产党创立者之一的鲍里斯·苏瓦林(Boris Souvarine)，著有经典之作《斯大林：布尔什维克主义的历史回顾》。参见 Boris Souvarine，*Staline：Aperçu historique du bolchévisme*，Paris：Plon，1935。

26. Robert Desjardins，*The Soviet Union through French Eyes 1945—1985*，Hampshire：The Macmillan Press Ltd.，1988，p.60.

27. 斯拉夫研究所并不讲授常规的课程，但却在三个领域十分活跃：文学、语言学以及社会科学。

28. 国立东方语言文化学院主要从事斯拉夫语言学方面的教学和研究工作，领军人物为拉布里奥勒(François de Labriolle)。

29. 巴黎政治学院主要从法苏双边关系的视角进行研究，代表人物为爱德华·博纳富(Edouard Bonnefous)。

30. 包括马克思主义者和保守主义者之间的分裂,也有东正教徒和无神论者之间的分裂,还有仇俄者与亲俄者之间的分裂,参见 Ronald Hilton, "Russian and Soviet Studies in France: Teaching, Research, Libraries, Archives, and Publications", *The Russian Review*, Vol.38, No.1(Jan, 1979), pp.52—79。

31. 让·巴蒂斯特·迪罗塞尔系法国当代著名的历史学家,1975 年当选法兰西学院伦理学和政治学院院士,在国际上享有一定的声誉。他于 1978 年所撰写的著作《外交史(1919—1984 年)》(Histoire Diplomatique de 1919 à Nos Jours)被选为巴黎大学国际关系史教材,在法国国内和国际学界引起巨大反响,我国于 1992 年引入,作为大学参考用书,由汪绍麟先生翻译,上海译文出版社出版。

32. Basile Kerblay, "France", *The State of Soviet Studies*, Edited by Walter Z. Laqueur and Leopold Labedz, Cambridge: The M.I.T. Press, 1965, pp.59—68.

33. Georges Mink, "French Research on Eastern Europe", Where are Slavic Eurasian Studies Headed in the 21st Century?, 21st Century COE Program Occasional Papers, No.7, 2005, Edited by Osamu Ieda, p.26, http://src-h.slav.hokudai.ac.jp/coe21/publish/no7/contents.html.

34. 法国顶尖的苏联问题研究专家凯尔布莱(Basile Kerblay)曾指出尽管法国学者增进了对苏联的了解,但由于他们的论文深度不够,因而影响力还是相当有限的。

35. 丁强:《二十世纪六十年代法美矛盾》,《历史学习》2001 年第 11 期,第 9 页。

36. Georges Mink, "French Research on Eastern Europe", Where are Slavic Eurasian Studies Headed in the 21st Century?, 21st Century COE Program Occasional Papers, No.7, 2005, Edited by Osamu Ieda, p.26, http://src-h.slav.hokudai.ac.jp/coe21/publish/no7/contents.html.也有学者对当时法国俄苏研究的滞后充满了不满和批判,比如:1969 年,沙夫洛斯基(R. Szawloski)撰文指出法国与其他西方国家尤其是联邦德国在苏联学研究上存在着巨大的差距。在他看来,倘若不投入更多的人力和财力支持,这个差距将很难缩小。此外,法学家勒萨热(Michel Lesage)、蒙(Georges Mond)以及当科斯(Helene Carrere d'Encausse)均持此观点。在 1979 年维尔德(G. Wild)所撰写的对《分崩离析的帝国》一书的书评中,他认为当科斯的这本书恰恰点出了法国需要加强苏联研究的必要性。

37. Pierre Rigoulot, *Les paupières Lourdes. Les Français face au goulag: aveuglements et indignations*, Paris: Editions Universitaires, 1991.

38. Ruth Rischin, "Review on the Soviet Union through French Eyes, 1945—1985 by Robert Desjardins and Les paupieres Lourdes, Les Francais face au goulag: aveuglements et indignations by Pierre Rigoulot", *Slavic Review*, Vol.53, No.1, Spring 1994, p.273.

39. 法国国际关系研究所成立于 1979 年,其下设有俄罗斯研究中心,在资政启民方面十分活跃。参见 https://www.ifri.org/fr/recherche/zones-geographiques/russie-nei。

40. Alexander Mikaberidze, *The Russian Eagles over the Seine: Russian Occupation of Paris in 1814*, p.13, http://www.napoleonicsociety.com/english/pdf/j2011mikaberidze.pdf.

41. François Furet, *Le Passé d'une Illusion: Essai sur l'Idée Communiste au XXe siècle*, Paris: Robert Laffont/Calmann-Lévy, 1995; Stèphane Courtois(ed.), *Le Livre Noir du Communisme: Crimes, Terreur et Repression*, Paris: Robert Laffont, 1997.《共产主义黑皮书》尤其引起了法国学界极大的争议,法国左派从对苏联的幻觉中逐渐苏醒。

42. 比如在笔者与国际斯拉夫欧亚研究学会会长明克(Georges Mink)教授的交谈

中,他曾表示当前的苏联学研究已经没有价值和意义。

43. Mink, Georges et Szurek, Jean Charles, "La Grande Conversion", *Le destin des communistes en Europe de l'Est*, Paris: Le Seuil, 1999.

44. 比如对于"资本"等概念的反思。

45. http://www.sciencespo.fr/ceri/fr/cerispire-user/7220/1291.

46. https://www.ehess.fr/en/node/12489; https://www.cercec.fr/en/research/.

47. https://www.sciencespo.fr/en/research/research-units.

48. https://www.sciencespo.fr/en/research/research-units.

49. https://www.ehess.fr/en/node/13565.

50. http://www.iris-france.org/experts-en/.

51. 包括俄罗斯瓦尔代国际辩论俱乐部的学术委员会主任卢基扬诺夫(Fiodor Louki-anov),以及曾任俄罗斯最具影响力的智库——外交与国防政策委员会主任及俄罗斯国立高等经济大学世界经济与国际事务系主任的卡拉加诺夫(Serguei Karaganov)等。参见:https://www.obsfr.ru/fr/experts.html。

52. 比如,法国独具特色的社会理论传统,包括社会流动的生活史、转化理论、象征性的社会文化资本理论以及社会运动的社会学等。此外,苏联档案解密后,法国历史学家也做出了卓越的贡献。

53. René Girault, *Emprunts russes et investissements français en Russie 1887—1914*, 1973; René Girault, *Les Relations économiques et financières de la France et de la Russie de 1887 à 1914*, Paris: Armand Colin, 1973.

54. Ronald Hilton, "Russian and Soviet Studies in France: Teaching, Research, Libraries, Archives, and Publications", *The Russian Review*, Vol.38, No.1(Jan., 1979), pp.70—71.

55. Ibid., p.57.

56. Arnaud Dubien, Indifference Threatens Russia-France Relations, Oct.3, 2017, http://russiancouncil.ru/en/analytics-and-comments/analytics/indifference-threatens-russia-france-relations-/.

57. 比如:经第21届法俄经济、金融、工业和商业合作理事会(CEFIC)的表决,在法俄两国政府的强有力推动之下,于2016年成立了法国——俄罗斯大学(Russian-French University, RFU),现任校长为俄罗斯联邦总统国民经济与国家行政学院(RANEPA)院长弗拉基米尔·毛(Vladimir Mau),前任校长为弗雷德里克·维达尔(Frédérique Vidal)教授(法国尼斯大学的校长),她曾任法国高等教育、研究与创新部部长。参见https://www.ranepa.ru/eng/sobytiya/novosti/vladimir-mau-elected-president-of-russian-french-university。

58. https://en.wikipedia.org/wiki/Valdai_Discussion_Club.

59. http://obsfr.ru/fr.html,迪比安研究领域主要是俄罗斯外交及安全政策、苏联的权力网络、乌克兰的内政外交等。

60. Elena L. Berezovich et Galina Kabakova, "STÉRÉOTYPES DU «RUSSE» ET DU «FRANÇAIS» REGARDS CROISÉS", *Revue des études slaves*, Vol.86, No.4, Relations franco-slaves(2015), pp.389—412.

61. [法]乔治·杜比主编:《法国史》上卷,吕一民、沈坚、黄艳红等译,北京:商务印书馆2014年版,第1186—1187页。

62. 高玉珍:《19世纪德法高等教育价值取向的历史比较》,《山东社会科学》2018年第2期。

63. Ronald Hilton, "Russian and Soviet Studies in France: Teaching, Research, Li-

braries，Archives，and Publications"，*The Russian Review*，Vol.38，No.1(Jan.，1979)，pp.55—56.

64. 博洛尼亚进程(Bologna Process)，是指 29 个欧洲国家于 1999 年在意大利博洛尼亚提出的欧洲高等教育改革计划,该计划的目标是整合欧盟的高教资源,打通教育体制。参见 https://en.wikipedia.org/wiki/Bologna_Process。

65. 汪少卿:《全球化时代大学改革的法国道路》,《外国教育研究》2012 年第 3 期。

66. https://about-france.com/higher-education-system.htm.

67. [法]乔治·杜比主编:《法国史》上卷,吕一民、沈坚、黄艳红等译,北京:商务印书馆 2014 年版,第 1058 页。

68. 参见 Bonamour, *Soviet and East European Studies in France*，p.52。尽管法国国家科研中心成立于 1939 年,是一所隶属于法国高等教育与研究部门的公立科研机构,但将法国俄苏研究有机系统整合在一起却还是晚近的事。

69. Ronald Hilton，"Russian and Soviet Studies in France：Teaching，Research，Libraries，Archives，and Publications"，*The Russian Review*，Vol.38，No.1，Jan. 1979，p.55.

70. sferes.hypotheses.org/723.

71. http://iccees.org/.

72. src-h. slav. hokudai. ac. jp/jcrees/text/CFP _ SFERES％ 20Congress _ 1989％20between％20order％20and％20subversion.pdf.

73. Louis Eisenmann，"Slavonic Studies in France"，*The Slavonic Review*，Vol.I，No.2，Dec. 1922，p.302.

74. 法国区域研究中普遍存在着语言研究与社会科学研究之间的分野,比如法国的波兰研究和美国研究中也存在着同样的问题。前者参见 N.Davies，Study visit in France：a short Report，*International Newsletter*-International Committee for Soviet and East European Studies，15 July 1982，p.46;后者参见 Jean Kempf，American Studies in France：A Critical Review，*European Journal of American Studies*，Vol. 1，No. 1，2006，pp.2—3。

75. 冯绍雷:《对于高质量的地区与国别研究的殷切期待》,《俄罗斯研究》2018 年第4 期。

76. https://medialab.sciencespo.fr/projets/mapping-french-russia/.

77. Ioana Popa, "*AIRES CULTURELLES ET RECOMPOSITIONS（INTER）DISCIPLINAIRES*"，La 6ᵉ section de l'EPHE et les études sur l'espace russe，soviétique et est-européen，le Seuil，Actes de la recherche en sciences sociales，2015/5，N°210 ｜ page 62.

78. 后来从中独立出来的法国社会科学高等研究院(EHESS)是法国乃至欧洲的人文社会科学研究的重镇。

79. Ioana Popa，*AIRES CULTURELLES ET RECOMPOSITIONS（INTER）DISCIPLINAIRES*，La 6ᵉ section de l'EPHE et les études sur l'espace russe，soviétique et est-européen，le Seuil，Actes de la recherche en sciences sociales，2015/5，N°210 ｜ page 63.

80. Ibid.，p.68.

81. "Conseil de direction"，*Le Monde slave*，No.1，Nov. 1924，p.6.

82. J.Lyon，*La Russie Sovietique*，Paris：Librairie Félix Alcan，1927，p.1.

83. Robert Desjardins，*The Soviet Union through French Eyes 1945—1985*，Hampshire：The Macmillan Press Ltd.，1988，p.12.

84. Emile Sicard, "I. Sociologie et Histoire des peuples et des Etats slaves", *Sociologie et Droit Slaves*, No.1, 1947, p.10.

85. 有兴趣的人不愿意从事苏联研究,大学中也是同样的情形,历史学家阿兰·贝桑颂称之为学院主义(academism)。尽管极少数大学教授是法国共产党员,但似乎他们十分谨慎地注意到了时代精神,并且相应地采取了行动。第二个后果是俄苏研究常常被一些外在的标准所评估,诸如对于技巧的熟练度、对于注释的把握等。

86. 法国共产党能够在苏联议题上施加大量的影响。比如,他们摒弃了极权主义的概念,转而认为资本主义体系才是真正的敌人。雷蒙·阿隆曾对这种现象予以批评。

87. M. Winock, *La gauche non communiste en France：La coupure de 1956*, in P.Kende and K. Pomian（eds.），1956 Varsovie-Budapest-La deuxieme revolution d'Octobre, p.145.

88. Bourricaud, Le bricolage ideologique, p.178.

89. 高宣扬:《当代法国思想五十年》上册,北京:中国人民大学出版社 2016 年版,第2 页。

90. 萨特著有《斯大林的幽灵》一书,谴责苏联对于匈牙利的干涉,参见 Jean-Paul Sartre, *the Ghost of Stalin*, New York：George Braziller, 1968。

91. 事实上,区域研究的发祥地为法国,并形成以白兰士为首的法国区域学派。参见 https://zh.wikipedia.org/wiki/％E5％8D％80％E5％9F％9F％E7％A0％94％E7％A9％B6。

92. 倪玉珍:《法国大革命与"社会科学"的诞生——19 世纪上半叶法国思想家重建社会的努力》,《社会科学》2016 年第 10 期。

93. 当代的法国汉学研究,比如毕仰高(Lucien Bianco)已成功做到了这一点。

94. James H. Billington, *Russia in Search of Itself*, Washington D.C.：Woodrow Wilson Center Press, 2004, p.xiv.

95. 刘树才:《历史地思考国际关系——国际关系史法国学派述评》,《国际关系研究》2014 年第 2 期。

第七章

法俄关系的前景

如果在联合国安理会投票支持美国发动伊拉克战争,这个世界今后十五年到二十年就是美国的了,法国、欧洲、俄罗斯、中国统统不在美国人的眼里。

——雅克·希拉克(法国前总统)

诚如美国古典现实主义国际关系学者阿诺德·沃尔弗斯所指出的,法国和俄罗斯之间双边关系主要是围绕"环境目标"而展开,因此,法俄关系的前景将与全球国际格局及地区秩序的发展密切相关。具体而言,包括西方与俄罗斯的关系及俄美欧三边关系的演进。

就西方与俄罗斯的关系而言,俄罗斯前驻法国大使亚历山大·奥尔洛夫(Alexander Orlov)曾表示:"俄罗斯是欧洲文明和文化的重要组成部分。俄罗斯已采用市场经济和民主制度。当前俄罗斯与西方之间不是新冷战,而是被美国强加的地缘政治冲突。"[1]

当前,这一地缘政治博弈态势似有加剧的倾向。一方面,拜登执政以来,回归盟友政治,努力修复跨大西洋伙伴关系,2021 年 5 月下旬表态解除对涉及北溪-2 项目的德国企业的制裁,让德国、法国和俄罗斯都松了一口气。另一方面,俄美关系起起伏伏,在冰岛举行的俄美外交部长会议,俄美双方均释放善意,为 6 月举行的俄美元首峰会铺平了道路,俄美关系似呈现转圜的迹象。此后,美俄互动频繁,10 月以来,美俄高官互访,但与此同时,乌东局势动荡不休,美不断危险触及俄罗斯的"红线"。

第一节　拜登时期美俄欧三边关系

一、美俄攻守战

拜登入主白宫近一年,对俄政策形同"过山车":先是火速、无条件地延长《第三阶段削减和限制进攻性战略武器条约》,随后在接受媒体访谈时,承认普京是"杀手";教唆乌克兰,致使顿巴斯局势再度激化,待俄罗斯陈兵布阵之时,却又决定不向黑海派遣驱逐舰;致电普京,提议举办峰会,随后却出台新的制裁措施,其后又邀请普京出席气候峰会并对普京表示赞赏。下半年,乌东局势在美国、北约的怂恿之下持续升温,美国对俄以武促谈,12月俄美两国元首举行视频峰会。

1."遏制＋合作"双管齐下

乌克兰危机以来,美俄关系一路走低,曾表示"看不到普京灵魂"的建制派拜登的当选更是让俄美关系蒙上阴影。受实用主义外交的影响,拜登上台后奉行"两不"原则,既不重启美俄关系,亦不追求对抗升级,体现出"遏制为主、合作为辅"的特点。

首先,与特朗普主义划清界线。特朗普时期,在"美国优先"的旗号之下,美国奉行单边主义,不断"退群",包括退出伊核协议、《巴黎协定》、世界贸易组织、世界卫生组织等,并在贸易关税等方面与欧洲盟友龃龉不断,使得跨大西洋伙伴关系裂痕频现。而拜登执政以来,通过《临时国家安全战略指南》等明确发出"美国重回国际舞台"的信号,并表达要重建盟友体系的决心,在对俄政策上则介于"推—拉"之间,即上任伊始火速续约削减战略武器会谈(START)、提议与普京举行峰会;同时,因网络攻击和"俄罗斯干预大选"而对俄实施制裁、驱逐俄外交人员、通过禁止美金融机构购买俄罗斯债券的方式削弱俄融资能力。

其次,遏制为主。拜登团队为奥巴马时期有着丰富的涉俄外交经验的官员,包括国务卿布林肯、国家安全事务助理沙利文(Jake Sullivan)、气候特使克里(John Kerry)、副国务卿纽兰(Victoria Nuland)。他们曾参与与俄关系"重启",并历经利比亚和乌克兰危机,直至"重启"的失败。他们了解对俄"重启"的限度,对改善与俄罗斯的关系不抱幻想,对于双边利益的评估也更为务实,主张遏制俄罗斯为主的政策:在经济上强化制裁,在原苏联加盟共和国地区保持对俄罗斯的军事政治压制态势。

第三,合作为辅。相较于特朗普的"口惠而实不至",拜登上台后,在事关全球战略稳定事宜上毫不含糊,火速续约;难得地留任特朗普时期的美国驻俄大使;4月,拜登在与普京的通话中提议举办峰会,拟开启战略稳定对话、寻求在军控和安全领域的合作、共同应对来自伊朗和朝鲜的核威胁、抗击全球疫情,以及应对气候变化威胁等。就经济领域而言,当前仍有千余家美国企业在俄运营,两国人员往来、文化交流均在增进。同时,在遏制毒品扩散以及国际反恐方面,俄美双方也有着共同的利益。

2. 平衡筹码

尽管拜登执政以来对俄频频示强,但恶化与俄关系无益于其施政目标的实现。经济进一步下滑及实施"2024议程"是横亘在俄罗斯面前的严峻考验,而俄罗斯"东向"政策和民众对普京的高支持率均显示出美欧对俄围堵、制裁效应的有限。

首先,美国对俄政策将受制于拜登政府的三个重要议题,即国内政治、跨大西洋伙伴关系以及遏华需要。抗疫、发展、移民问题均是拜登政府的燃眉之急,这些会牵制拜登的外交投入;在对俄关系上,拜登本希望其执政团队立场能互有掣肘:任命素来对俄态度强硬的鹰派人物纽兰为负责处理对俄事务的副国务卿,任命主张对俄协调的温和派人物罗詹斯基(Matthew Rojanksy)为国家安全委员会对俄政策主任。但由于遭强烈反对,后一任命被迫停止。值得注意的是,纽兰的对俄立场有着微妙的变化,她于2020年在《外交事务》(*Foreign Affairs*)双月刊上曾撰文建议美国在对俄强硬的同时,也要在联合投资基金、自贸区、泛欧安全对话等领域开展合作;在北约东翼建立永久军事基地、增加联合军演频次的同时,北约也需重启与俄罗斯的关系。

第二,跨大西洋伙伴关系是拜登上台后力求改善的,但协调与欧盟的对俄立场并非易事。在3月举行的北约外交部长会议上,美国极力拉拢欧洲对抗俄罗斯,但德国明确表示将形成独立的对俄政策;在北溪-2问题上,德美两国分歧凸显;尽管近期中东欧国家、波罗的海国家纷纷上演与俄罗斯的外交战,但由于欧盟内部的对俄态度分化,因此,欧美尚难达成一致强硬的对俄政策。第三,遏制中国的主要目标会掣肘美国的对俄政策。冒险与俄罗斯就"太阳风"黑客事件发生冲突会分散美国本要放在中国问题上的时间和精力;美国也很难在联印反华的同时又因印度购买俄罗斯的防空系统而惩罚印度。

就俄罗斯而言,一方面,内部事务亦是先于外部竞争。在疫情冲击之下,俄罗斯经济持续下滑,同时,以2024年为界,俄罗斯要完成多项国家项目建设,实现经济转型、着力弱化能源依赖。4月21日普京发表的国情咨文即以很大篇幅对此进行阐述,而对外政策则涉及不多。另一方面,尽管俄罗斯素有西方情结,但克里米亚危机之后,俄罗斯的外交政策更为多元,"东向"政策在一定程度上稀释了以美国为首的西方的影响力。在北约外交部长会议召开的同时,俄罗斯外交部长先后访问中韩两国。此外,中俄两国决定联合推动国际月球科考,更是让美国有所忌惮。事实上,在遭受多年经济制裁和政治孤立之后,俄罗斯政权充分体现韧性,制裁的效用越发显得有限。

3. 未来走向及其影响

乌克兰危机以来,俄美关系呈现螺旋式下降态势,拜登执政以来,对抗的主旋律似将继续。

尽管拜登政府已对俄出台新一轮的制裁措施,但在美国国内,拜登政府仍面临巨大的压力:共和党指责拜登政府并未扩大特朗普时期对俄的制裁清单;对俄新一轮制裁力度不够,俄尚有空子可钻;美国参议院外交关系委员会4月下旬要求拜登政府对20家参与北溪-2项目的公司予以制裁;同时,针对拜登拟让对俄温和派人物罗詹斯基担任美国国家安全委员会对俄政策主任一职,在共和党明确反对的情况下只能停止。

作为世界主要大国的美俄关系的走向将影响全球和地区格局的演进。首先,影响世界主要大国的互动格局。美国因素是影响俄欧关系的重要变量,紧张的美俄关系给本来渐趋缓和的俄欧关系带来阴影,面对较为团结的西方,俄罗斯的政治运作空间较为有限。欧盟将跟进美国对俄实施制裁,但出于自身利益的考量,在经贸和能源领域仍将保持与俄罗斯的合作。在内生需要的驱动及紧张的俄美关系的影响之下,中俄新时代全面战略协作伙伴关系将获得进一步的发展,而俄罗斯也会进一步推动与印度、日本,乃至非洲的关系,这无疑有助于世界的多样化发展。其次,加深欧洲安全困境。拜登执政以来,"俄罗斯威胁"再次成为汇聚欧洲盟友尤其是中东欧盟友的议题。以捷克为首的中东欧国家以及波罗的海国家纷纷跟进美国、驱逐俄外交官,体现出它们对于美国及其反俄政策的坚定支持。而事实上,捷克内务部长本计划访俄商谈购买疫苗事宜,而俄参加捷克核反应堆竞标的希望也落空。同时,拜登执政后,美国不仅不撤军反而增兵德国,在东欧加大军事政治对抗力度,使得欧洲战略稳定问题持续发酵。第三,引发欧亚地区的动荡。美国在欧亚地区的推波助澜,包括表示要为乌克兰提供经济和军事援助,使得乌克兰东部局势不断升温;在白俄罗斯选举危机中美俄的对立态度以及在纳卡问题调解中的美俄竞争,都使欧亚地区局势进一步陷于动荡。

二、"俄罗斯问题"考验欧美"团结"

拜登主政以来,努力重建跨大西洋伙伴关系并且在欧亚地区推波助澜,一时间,乌克兰东部局势持续升温,俄美关系继续走低。捷克等中东欧国家和波罗的海三国紧跟美国步伐,对俄上演"外交驱逐战",欧盟三位高官也发表联合声明表示保留对俄反制的权利,法德两国则一边强调俄勿越"红线",一边继续与俄罗斯暗通款曲,"俄罗斯问题"考验着欧美"团结"。

一方面,欧洲缺乏统一强硬的对俄政策。乌克兰危机以来,俄欧关系急转直下,从伙伴变为对手。特朗普执政时期奉行"美国优先"政策,在北约军费分担、经贸关税领域敲打欧洲,跨大西洋伙伴关系裂痕频显,默克尔表示欧洲依赖美国的时代已然结束,欧盟理事会主席则直言美国这样的盟友无异于敌人。彼时,"俄罗斯"成为欧美博弈的筹码,特朗普呼唤俄罗斯重返八国集团(G8),欧俄关系出现转暖迹象:俄罗斯重返欧洲委员会议会大会,欧俄重申在维护伊核协议等方面的共同立场。拜登执政以来,对俄实行"强硬遏制＋有限合作"双管齐下的政策,在此背景之下,欧洲一些国家对美国亦步亦趋,另一些国家则强调战略自主和对话外交,呈现较为多元和分化的立场。

就欧盟层面而言,2月欧盟外交与安全政策高级代表博雷利访俄可谓乌克兰危机以来欧盟对俄的最高层级访问,然而就在博雷利访俄期间,俄罗斯毫不留情地驱逐三名欧盟国家外交官,令博雷利颜面尽失,在返回欧洲后招致同僚的一致批评。欧盟成员国出现两种趋势,一种趋势是对欧盟处理俄罗斯问题的制度能力产生怀疑,另一种则是担心布鲁塞尔在欧俄关系中将更趋边缘化,使得中小成员国影响欧俄关系的渠道更为有限。针对乌东局势升级,尽管欧盟三位高官发表联合声明,共同谴责俄罗斯,声称保留出台对等反制措施的权利,但较难推出具体、切实的举措。

就欧盟内部而言,存在着三种态度和立场,即亲俄立场、平衡立场和反俄立场。第一种立场以德国为代表,强调基于自由主义的相互依赖,认为合作和对话能化解分歧,提倡保持与俄罗斯的沟通。第二种立场以马克龙领导下的法国为代表,强调战略自主、呼吁增强欧洲防务,强调对俄奉行强硬与对话并举的政策,始终保持对话之门的敞开。在美国对俄强硬施压之际,法俄两国元首仍保持畅通的电话会谈,两国经济往来、民间交往、文化交流依旧热络。第三种立场以立陶宛为代表,基于历史积怨,对俄罗斯持批评的态度,在拜登的撑腰之下上演与俄罗斯的外交战。当前,欧盟奉行"击退、牵制和接触"的对俄政策,可谓是对三种立场的综合考量。

另一方面,欧美在对俄问题上存在着不同的利益考量和认知分歧。

首先,利益考量。美俄之间经贸往来薄弱,而俄欧之间在经济、贸易、能源、旅游、文化、科学合作、社会交往方面仍十分密切,2020年欧盟仍是俄罗斯第一大贸易伙伴,每年三分之一的签证是授予俄罗斯公民的。在事关欧盟稳定周边方面,无论是北非、中东还是欧亚地带,俄罗斯均是不可绕开的对象。当前欧美在接近竣工的北溪-2项目上分歧明显,德国外交部长马斯明确拒绝欧盟就纳瓦利内事件对俄罗斯施加进一步制裁,相反强调保持与俄罗斯对话以避免局势升级。

其次,认知分歧。一是欧美对世界格局的判断不同。美国希望维持一极独大的世界格局、维系其全球霸权;而在欧盟看来,多极化世界乃大势所趋,欧盟希望与同为"中间地带"的俄罗斯在多极化世界中担当重要的一极。二是欧美在跨大西洋伙伴关系中的定位不同。拜登执政目标之一是恢复美国的全球领导地位,而经过"特朗普冲击波"的欧洲深刻认识到战略自主的重要性,尽管拜登执政令欧洲欢欣鼓舞,但欧洲更多的是一份清醒认识,尤其是对后拜登时期特朗普式人物卷土重来的隐忧,更使得欧洲倾向于在战略自主的基础上与美国协作,而非单纯听命于美国。根据欧洲对外关系委员会(ECFR)2021 年 1 月对11 个欧盟成员国、逾 1.5 万人的民意调查,主要欧盟成员国的大多数民众认为美国的政治体制崩塌、在重大危机中不能依赖美国;如果美俄发生冲突,近六成受访民众表示将保持中立。4 月,德国国防部长在参加法国国际关系研究所(IFRI)与德国康拉德·阿登纳基金会联合主办的视频会议时也表示,欧洲国家必须加强战略自主,携手应对诸多挑战。

第三,欧美对"俄罗斯问题"的认识不同。在拜登政府看来,俄罗斯是国际秩序的破坏者,是欧洲不稳定的肇因。而在欧洲比如法国总统马克龙看来,对俄强硬的同时与俄罗斯保持全方位的对话是谋求欧洲和平与稳定的关键所在,毕竟在地理上,俄欧紧密相连;在历史、文化层面,俄罗斯是欧洲的一部分;无论是在军控、气候变化等涉及全球战略稳定问题上,还是在欧洲邻国比如在中东等灰色区域,俄罗斯均发挥着至关重要的作用。近日在接受"安全与人权监察"平台访谈时,法俄关系总统特使维蒙再次强调,与俄罗斯对话是捍卫欧洲利益的重要举措。

总之,"俄罗斯问题"再次考验着努力修复中的欧美"团结"。拜登时期,英国已脱欧,德国已进入后默克尔时代,法国于 2022 年将迎来总统大选,欧洲政局面临变数,在这一背景之下,一方面,欧洲对俄务实外交将继续受制于美国因素;但另一方面,伴随着美国实力的减退、影响力的下降及特朗普效应加深下欧洲对美的疑虑,欧洲对俄政策也将体现更多的战略自主性。

第二节　法俄关系前景分析

自马克龙执政,尤其是 2019 年 8 月他与普京"夏宫"会晤及 9 月两国重启战略对话机制以来,在两国元首的共同引领和推动之下,法俄双边关系稳步回暖,然而,2020 年 8 月的纳瓦利内"中毒"事件[2]却给两国关系带来严峻的考验,尽管法国外交部长勒德里昂及法国驻俄大使莱维(Pierre Lévy)均公开表示将坚持既定的"强硬与对话并举"的对俄政策,但固有的结构性矛盾和制约性因素将影响两国战略重启的进度和深度。

一、美国因素投下重重阴影

在法俄战略重启中,美国是最为重要的第三方。特朗普上台以来,尽管在马克龙的精心运作下,法美关系相较于德美关系略近一筹,但随着特朗普执意奉行单边主义,法美关系不断走低。无论在多边层面还是在技术领域,法国都体现出抵制和批评的态度。对于美国退出世界卫生组织却仍想主导谈判,法国宣布退出世界卫生组织的改革谈判;法国与德国联合推出"欧洲云"抗衡美国[3],批评美国退出国际数字服务税谈判的行为等。[4]值得注意的是,尽管法美龃龉不断,但无论是作为欧洲安全的提供者还是关键性地缘政治盟友,美国对法国的影响力均不可低估。[5]

就美俄关系而言,尽管特朗普一直力推改善对俄关系,连续三年邀请普京重回八国集团、2020 年 4 月与普京为纪念"易北河精神"发表联合声明,俄方也向美国提供抗疫物资、尝试恢复两国对话,但收效甚微。美俄关系仍在低位徘徊,表现在美国考虑发展核动力武装破冰船以制衡俄罗斯在北极的战略能力[6]、北约如期举行针对俄罗斯意味浓厚的"波罗的海行动-2020"军演[7]、美国增加在波兰的驻军、挑唆乌克兰对俄示强[8]等。拜登执政以后,美俄关系依旧积重难返,美国与北约持续在俄周边地区"极限施压"。

就美国国内形势而言,拜登当选后,努力恢复跨大西洋伙伴关系,加强北约组织,奉行更为强硬的对俄政策,美欧正协调对俄政策。法国势必维护西方的团结,跟随美国对俄实施较为强硬的政策。此时,俄罗斯将再次面对稳固的西方,政治运作空间将受限。

值得一提的是,乌克兰危机暴发后,萨科齐曾表示,美俄之间的利益并非欧俄之间的利益所在,有着一定的差异性。而 2015 年 5 月,法国前总统德斯坦则明确表示:"如果欧盟足够独立,欧洲与俄罗斯之间的问题压根就不会出现。"[9] 也许这正从一个侧面揭示出美国因素对欧俄、法俄关系举足轻重的影响。

二、欧盟内部反俄、疑俄国家的制约

法俄战略重启牵动着欧盟内部反俄、疑俄国家的神经。对于波罗的海国家以及前华约国家而言,历史记忆叠加 21 世纪以来的俄格战争以及乌克兰危机,使得它们的疑俄情绪强烈。尽管马克龙和默克尔一直努力推进明斯克进程,寻求乌克兰危机的解决,但如果普京未在乌克兰问题上作出任何让步或采取进一步举动,法国与乌克兰、波兰、罗马尼亚和巴尔干国家之间的关系将陷入危险的境地。2019 年 12 月,克里米亚大桥铁路的开通无疑让乌克兰以及欧盟东部成员国更为疑惧,同时给希望缓和欧俄关系的法国出了一道难题。[10] 尽管诺曼底模式在逐步推进,乌克兰东部冲突问题可能取得进展,但在撤出重型武器等方面,彻底解决危机仍困难重重。[11] 2020 年 7 月,波兰、乌克兰和立陶宛三国外交部长宣布将建立"卢布林三角"的新机制以对抗"俄罗斯侵略"[12]。2020 年 8 月马克龙访问东欧国家,包括拉脱维亚和立陶宛,希望能在对俄政策上统一立场,建设欧洲主权和战略自主,减少对美国的依赖。然而,如何说服波罗的海国家,如何统一欧盟立场,并非易事。[13] 2020 年 8 月的纳瓦利内"中毒"事件更是给法俄战略重启带来巨大冲击,9 月的"2+2"战略对话会议及马克龙访俄行程均被推迟。同时,一些疑俄国家给法俄战略重启也带来了不小的阻力,中欧和北欧国家尤其怀疑法国的外交新倡议。[14] 2020 年席卷全球的新冠肺炎疫情也考验着欧盟的团结。疫情之初,没有一个欧盟国家向"震中"意大利伸出援手,分裂的欧洲很难形成统一、温和的对俄政策。而且,新冠肺炎疫情可能会使全球经济陷入全面衰退,甚至可能出现系统的全球金融危机,这会使欧洲出现更多的保护主义和民族主义情绪,对法俄战略重启也将产生一定的负面影响。

另外,在硬安全领域,尽管法国是核大国,但美国协同欧盟和北约中最倾向于大西洋主义的中东欧国家一起施加压力,将阻碍法俄之间的对话,使法俄关系前景变得复杂。对于德国及大多数欧盟成员国来说,大西洋联盟仍是欧洲安全的主要支柱,尽管马克龙有着将欧洲纳入法国核保护伞框架下的意愿,欧盟内部却应者寥寥。

三、法俄不对称关系的负面影响

法俄战略重启还受到双边关系的本质属性及相互认知的制约。首先,法俄双边关系本质属性中的"环境目标"决定了两国关系在很大程度上受制于两国所处的地区和全球格局,具有一定的复杂性、敏感性和脆弱性。[15]同时,法俄双边关系更多关注于实现多边目标而非双边的关切,更多的是工具理性而非价值理性,因此两国在国际上相互借重,法国借俄罗斯制衡美国和德国,而俄罗斯则借助法国削弱北约和动摇西方联盟。当外部环境发生巨大变化时,比如,后疫情时代德俄关系回暖或美俄关系改善,均会对法俄战略重启的力度和深度产生影响。

其次,两国相互认知存在显著差异。一是两国精英对民主和专制的认识迥异。针对普京修宪,法国精英认为这是俄罗斯政府专制本质的赤裸裸的表现,并陷法国对俄外交于窘境。[16]二是两国总统在一些关键问题上立场迥异。在欧盟问题上,法国积极促进欧盟整合,而俄罗斯并不乐见强大的欧洲;在中国问题上,马克龙希望"拉俄入欧"以制衡中国,但俄罗斯并不认同。[17]三是在国际及地区安全问题上,法俄两国的认知存在较大的差异。比如在叙利亚问题上,法俄两国对于冲突根源、行动者的性质、它们所在的区域联盟及危机的规制都存在着截然不同的看法。

第三,法俄双边关系存在不对称性。一是马克龙任期即将结束,而普京可能长期执政。新冠肺炎疫情给马克龙执政带来较大冲击[18],2022 年的选情将比 2017 年更为胶着。[19]俄罗斯的修宪公投,为普京长期执政铺平道路。二是在地区热点问题上,俄罗斯居于主导地位。无论是乌克兰危机、叙利亚冲突还是利比亚问题,法国均是顺势而为。[20]在非洲事务上,俄罗斯近年来逐渐占据优势,尤其在新冠肺炎疫情的催化之下,非洲国家包括马里的反法情绪高涨,迫切希望加强与俄罗斯的合作。[21]法俄两国在中非共和国地区问题上的矛盾是否会激化,乌克兰问题[22]、叙利亚问题[23]、利比亚问题[24]是否会节外生枝,中东难民是否更多地涌入欧洲等,这些都可能影响法俄战略重启的进程。

一方面,马克龙政府将稳步推进其对俄缓和政策,但若出现原则性问题则可能被迫暂停甚至中止。缓和对俄关系是马克龙自担任经济部长以来就一以贯之的政策,其执政后更是坚定不移地予以落实。伴随着 2019 年 6 月法国帮助俄罗斯重返欧洲委员会、法俄重启"2+2"战略对话,法俄回暖加速推进。2020 年 2 月,在慕尼黑安全会议上,马克龙重申改善法国、欧洲与俄罗斯关系的重要性。4 月,法国外交部长勒德里昂在欧盟官员会议上再次呼吁扩大欧俄接触。面对突如其来的新冠肺炎疫情,特朗普政府宣布对欧洲大陆实施旅行禁令,使欧美关系雪上加霜,与此相对,法俄两国元首频繁互通电话,并呼吁在联合国框架下合作抗疫。2020 年,法国政府面临诸多难题,包括美国撤军后日趋恶化的叙利亚局势、伊拉克局势、利比亚局势及非洲萨赫勒地区日益严峻的反恐态势等。同时,多边主义面临重重困境,包括"联合全面行动计划"(JCPOA)和世界贸易组织遭受巨大冲击、七国集团(G7)的失能等,都迫使法国继续谋求改善与俄罗斯的关系。在实际安排和部署上,2020 年,法俄两国恢复军事互访、继续"2+2"战略对话,就地区及国际安全问题进行磋商;围绕地区热点问题,采取不同的合作形式;在双边关系上,法国努力谋求解除对俄制裁,推动双边合作抗疫、经贸合作、社会交往和文化交流。2020 年 5 月,普京向马克龙致电祝贺世界反法西斯战争胜利 75 周年,并强调面对复杂的国际形势法俄两国加强协作的重要性。[25]6 月,两国元首举行视频会议,就多领域合作进行讨论。可以说,两国都有增进合作的强烈意愿,但受到疫情的冲击,两国也更多关注本国内政,包括国内的公共卫生、经济发展和民生状况,这些在一定程度上影响了两国投入外交关系的精力。而 8 月的纳瓦利内"中毒"案也给法国的对俄政策带来较大冲击,未来这些有关化学武器、人权的原则性问题无疑将继续考验法国对俄缓和政策的发展。值得一提的是,因为马克龙对俄罗斯的缓和政策,在纳瓦利内事件上,俄罗斯虽对德国进行抨击,但对法国却较为委婉。[26]此外,由于美俄关系、德俄关系在俄罗斯外交中占有更为重要的地位,当德国先于法国与俄罗斯发展关系时,法国的作用会被边缘化,这一点在俄罗斯对欧关系史上不乏先例。同时,在中东和非洲的部分国家,俄罗斯拥有更大的主动权,包括在中东问题谈判上的强势主导和在中非共和国日渐增长的影响力等。[27]

此外,马克龙延续其对俄缓和政策,因为这有利于建立一个强大的欧洲,以便在中美竞争的不确定的国际秩序中占有一席之地;俄罗斯国内的经济发展不可持续,包括人口老龄化、经济发展迟滞、过多国力放在国防方面等,尽管俄罗斯自诩为欧亚进程的领导者,而且也不愿意在中俄关系中处于附庸的地位,这就使得在逻辑上俄罗斯将寻求与欧洲关系的缓和,而马克龙想抢占先机,让法国成为俄罗斯与欧洲谈话的中间人。[28]当然,也有一些法国专家呼吁法国应从"法俄特殊伙伴关系"的惯性思维中解放出来,因为这一双边关系定位一方面让法国在欧盟处于尴尬的地位,另一方面也没能让俄罗斯发生任何的改变。法俄关系应放在俄欧关系的框架中予以思考,应与德国、英国和中东欧国家比如波兰共同行动,聚焦于真正处于风险之中的南高加索和中亚,尤其是阿富汗和伊朗。同时,对于俄罗斯在欧亚地区的地位也应有一个清醒的认识。俄罗斯不仅是一个欧洲国家,而且还是一个欧亚国家。

另一方面,法国的对俄政策较难转化为欧盟的对俄态度。乌克兰危机是横亘在俄欧之间的巨大鸿沟,《明斯克协议》的全面履行是欧俄关系转圜的关键。尽管2019年12月"诺曼底模式"得以重启,乌克兰东部紧张关系得以部分缓解,但在撤出重型武器、归还克里米亚等方面仍困难重重,因此,2020年4月欧盟表示再次延长对俄罗斯的经济制裁。2020年7月,法国国防部长帕利(Florence Parly)则明确表示法国缓和对俄政策收效甚微。同时,英国脱欧重创欧洲一体化[29]并改变欧盟的权力结构,以波兰为首的东欧国家影响力上升,成为可以抗衡法德核心的力量。新冠肺炎疫情在欧洲蔓延,考验着欧盟的协同能力,一些国家的极右翼势力趁机大做文章,煽动不满情绪并借机提高"疑欧"音量。[30] 在疫情初期,欧盟国家各自为政,对疫情最为严重的意大利袖手旁观,各国纷纷关闭边境,凸显了欧盟的治理赤字和凝聚力不足,而且受到疫情冲击的欧盟疲于应付内部事务而无暇东顾。与此同时,基于冷战而形成的俄欧安全格局的惯性仍在持续,欧盟内部亲俄(如德国、匈牙利、希腊、意大利)与反俄(波兰、立陶宛)势力的较量也使欧盟难以形成统一、温和的对俄立场,突发的原则性问题,如纳瓦利内"中毒"案更使欧盟内部的反俄、疑俄立场占据主导地位。

2020 年席卷全球的新冠肺炎疫情仍在蔓延,给正在经历深刻转型的世界秩序注入了更多的不确定性。在这一背景之下,美国对俄政策不会发生巨大的改变,而疫情危机也不会改变美俄关系中的关键问题,比如美俄对于欧洲的安全架构存在着截然相反的认知。美欧俄当前正陷入这一低谷,将牵制法俄关系的进一步发展。

第三节　中国的立场及对策

当前,国际格局正在经历深刻转型,美国霸权式微,中美两国博弈日益加剧。在这一背景之下,面对美国的全面围堵,最大程度地了解"中间地带"国家的所思所想所为,尽可能团结一切可以团结的力量,以利于我们在变局中谋先机,在旧局中开新局具有重要的意义。

首先,中国对法国积极调整对俄政策持欢迎态度,但在具体议题上要进行具体分析。法国积极改善与俄罗斯的关系,在叙利亚、乌克兰等问题上加强与俄罗斯的合作,这对国际战略形势和走向是一个积极的信号,有利于对美国的单边主义和霸权行为形成一定的约束。这与中国主张和倡导的世界多极化是高度一致的。对此,中国表示欢迎。当然,针对不同议题尚需进行具体分析。比如,非洲一直是法国的战略重点,中国多年来也在持续加大对非洲的投入,俄罗斯近年来也在重返非洲,并期待与所有利益相关方进行接触,2019 年 10 月的首届俄非首脑会议就是俄罗斯重返非洲战略的标志性事件。对此,我们需要进行深入的观察和分析,研究其中可能的利益交汇点和冲突点。三方在非洲的活动不会完全和谐或完全冲突。因此,需要找到三方利益一致的合作点,如国际维和、联合反恐、卫生合作、建立科研网络等[31],积极推动三方在非洲的合作[32]，努力发挥各自的比较优势、实现互利共赢，并甄别可能的利益冲突点，如经贸投资项目的竞争、在军售领域的竞争等，这对于总体的三边关系、国际态势、中国的总体外交以及具体的议题领域都十分重要。

其次，在国际机构中加强合作，践行多边主义，推进国际法治。作为联合国安理会三大常任理事国，中、法、俄在维护世界和平与稳定方面肩负着重要的责任[33]。三国之间应加强战略沟通，共同维护《联合国宪章》宗旨、原则和国际关系基本准则，共同反对单边主义和霸权主义，共同维护国际公平正义，为妥善应对当前的地区热点问题发挥积极作用，为避免地区局势紧张、升级发挥建设性作用。在伊朗核问题、地区安全、军备控制、非传统安全威胁、消除贫困、环境保护、国际抗疫等问题上，三方应积极寻求契合点，进行沟通并开展合作。值得注意的是，法美在国际秩序问题上观点迥异，在国际场合分歧凸显，比如，美国在联合国安理会对法国有关萨赫勒地区的 G5 反恐行动[34]，以及法国提交的呼吁全球所有冲突地区停火的决议案均进行阻挠。[35]与此相对，在2020 年抗击新冠肺炎疫情的过程中，中法俄三国守望相助，携手抗疫，为构建人类卫生健康共同体作出了积极贡献。[36]

第三，依托"一带一路"倡议，发展双边或三边多领域合作与交流，推动"一带一路"倡议与欧盟的互联互通计划、俄罗斯的欧亚经济联盟的对接。中、法是全面战略伙伴关系，在很大程度上引领着中欧关系的发展。[37]中、俄是新时代全面战略协作伙伴关系。在"一带一路"框架下，中国应探索并推出有利于三方战略兼容的合作项目，努力形成全方位、宽领域、多层次的经贸互利合作格局。当前，创新成为时代潮流，中法俄三国也都重视创新、数字经济、可持续发展等问题，这些均为三国企业的创新合作提供了坚实的基础。同时，在"一带一路"框架下，还可发展三国的城市交流[38]，包括加强基础设施建设、建立会展中心、引进新的公共服务、增进人文交流与合作等举措。当然，中法俄三国在"一带一路"框架下的合作成果还可向非洲地区辐射，为三方在非洲的合作创造有利条件。此外，作为地处欧亚大陆的三个大国，中法俄三国可以以基础设施互联互通、产业互补共建的方式，推动经济合作向更高水平发展。值得注意的是，伴随着中国的强劲发展，欧洲对华防范意识逐渐增强,比如,欧盟战略界呼吁在中亚加强欧俄合作[39]以制衡中国。对此,中国要密切关注,积极作为,在应对挑战的过程中推动中法俄三方合作进一步发展。

第四节 小 结

当前,新冠肺炎疫情仍肆虐全球,对正在经历深刻转型的国际秩序造成深远影响。一方面,面对疫情,法国抗疫不力,欧洲一体化进程遭遇沉重打击,同时跨大西洋关系面临新的挑战。另一方面,俄罗斯战略界认为俄正迎来自乌克兰危机甚至冷战结束以来最重要的战略机遇期,并积极做好相应的布局[40]。在此背景下,法俄关系在多种因素的驱动下实现缓和并不断发展。然而,纳瓦利内"中毒"案给本已回暖的法俄关系造成巨大冲击。在后疫情时代,马克龙政府是继续推行对俄缓和政策,在统筹兼顾欧盟内部利益和呼声的基础上积极发展欧俄新型伙伴关系,还是暂停甚至中止其与俄罗斯的战略重启进程,重新回到奥朗德时期的对俄强硬政策,有待观察。同时,2022 年法国将迎来总统大选,马克龙是否会连任,倘若没有连任,新一任总统会奉行怎样的对俄政策,亦有待密切关注。但在中美竞争的国际格局背景下,谋求欧洲战略自主、寻求与中间力量的联合仍将是法国外交政策的优先方向,而俄罗斯就是其中之一。与此同时,俄罗斯也会在疫情冲击背景下积极运筹大国关系,谋求和构建有利于自身发展的国际环境。基于此,中国需要对正处于变动中的大国关系给予高度关注,在处理好国内事务的同时,在实践中积极推动中法俄乃至中欧俄三边关系的良性发展,为推动世界的和平、稳定与发展做出应有的贡献。

注释

1. "L'avenir des relations franco-russes", l'Institut Diderot,Automne 2015,p.16.

2. 纳瓦利内系俄罗斯反腐基金会创始人,于 2020 年 8 月 20 日乘坐俄罗斯国内航班时感到不适,飞机紧急降落后,他被送往当地医院接受救治,随后被送往德国柏林接受治疗。德国政府发表声明表示纳瓦利内中了"诺瓦乔克"类型的神经毒剂,欧盟和北约盟友决定对此事采取集体回应措施。

3. Janosch Delcker and Melissa Heikkilä, "Germany, France Launch Gaia-X

Platform in Bid for 'Tech Sovereignty'", Jun. 4, 2020, https：//www. politico. eu/ article/germany-france-gaia-x-cloud-platform-eu-tech-sovereignty/.

4. Véronique Le Billon, "Taxe numérique：les Etats-Unis stoppent les négociations, le Maire dénonce une 'provocation'", Les Echos, le 17 juin 2020, https：//www. lesechos.fr/monde/enjeux-internationaux/taxe-numerique-les-etats-unis-evoquent-une-impasse-1216000.

5. 周琪：《欧美关系的裂痕及发展趋势》，《欧洲研究》2018 年第 6 期，第 100 页。

6. 张亦驰、柳玉鹏：《美考虑发展核动力武装破冰船?》，《环球时报》2020 年 6 月 11 日，第 8 版。

7. "Russia, NATO Conduct Parallel Wargames over Baltic Sea", *The Associated Press*, Jun. 11, 2020, https：//www. militarytimes. com/news/your-military/2020/06/ 11/russia-nato-conduct-parallel-wargames-over-baltic-sea/.

8. 张宁：《美挑唆乌克兰对俄示强》，《中国国防报》2020 年 7 月 13 日，第 4 版。

9. "L'avenir des relations franco-russes", l'Institut Diderot, Automne 2015, p.34.

10. "Putin Opens Railway Bridge to Crimea", *The Associated Press*, December 23, 2019, https：//abcnews. go. com/International/wireStory/putin-opens-railway-bridge-crimea-67892609.

11. Conseil de la Fédération et Assemblée Fédérale de la Fédération de Russie, *Rapport Conjoint*, N°484 SÉNAT RÉPUBLIQUE FRANÇAISE, p.40.

12. 于洋、青木：《波兰成为美俄对抗桥头堡?》，《环球时报》2020 年 8 月 5 日，第 16 版。

13. Claire Demesmay, Milan Nič, "Macron Looks East", DGAP Commentary 2020-29, Oct. 2, 2020, https：//dgap.org/en/research/publications/macron-looks-east.

14. Dominique Moisi, "What's Right About France's Overtures Toward Russia?".

15. 张红：《法国对俄"摇摆"政策的国内外因素探析》，《俄罗斯研究》2018 年第 1 期，第 79 页。

16. Isabelle Lasserre, "L'infructueux 'reset' de Macron avec Moscou", *Le Figaro*, le 24 juin, 2020, https：//www. lefigaro. fr/international/l-infructueux-reset-de-macron-avec-moscou-20200623.

17. Vladimir Frolov, "Macron is 'Ours'—but Does Russia Need Him?", *The Moscow Times*, Nov.14, 2019, https：//www. themoscowtimes. com/2019/11/14/macron-ours-does-russia-need-him-a68156.

18. 法国民众对马克龙抗疫的满意度较低，仅为 39%。参见潘亮：《〈纽约时报〉批法国百姓不知足》，《环球时报》2020 年 6 月 11 日，第 4 版。

19. "Présidentielle 2022：un sondage place Macron et le Pen au coude à coude", *Le Point*, le 22 juin, 2020, https：//www.lepoint.fr/politique/presidentielle-2022-un-sondage-place-macron-et-le-pen-au-coude-a-coude-22-06-2020-2381146_20.php.

20. Ivan Timofeev, "Onslaught of French Diplomacy", Valdai Discussion Club, Sep. 19, 2019, https：//valdaiclub.com/a/highlights/onslaught-of-french-diplomacy/.

21. "The Great Anti-French Revolution in Mali：Françafrique Fails", *United World*, Jun. 12, 2020, https：//uwidata. com/11630-the-great-anti-french-revolution-in-mali-francafrique-fails/.

22. 在乌克兰问题上，法国不满意于俄罗斯在乌克兰东部采取的"俄罗斯化"举措，包括发放俄罗斯护照、禁用乌克兰车牌等，参见 Conseil de la Fédération et Assemblée Fédérale de la Fédération de Russie, *Rapport Conjoint*, N°484 SÉNAT RÉPUBLIQUE

FRANÇAISE，p.40。

23. 比如，在为叙利亚提供跨境人道主义援助问题上，法俄两国持有不同的观点，俄罗斯在联合国安理会对法国提出的这一决议草案投了否决票，参见"Syria-Security Council Vote on the Renewal of Cross-border Humanitarian Assistance"，Jul.8，2020，https：//www.diplomatie.gouv.fr/en/country-files/syria/news/article/syria-security-council-vote-on-the-renewal-of-cross-border-humanitarian。

24. 在利比亚问题上，法国主张有欧盟国家及非洲域内国家参与的和平进程，而俄罗斯则主张建立全面、包容的利比亚内部对话机制。参见 Conseil de la Fédération et Assemblée Fédérale de la Fédération de Russie，*Rapport Conjoint*，N° 484 SÉNAT RÉPUBLIQUE FRANÇAISE，p.43，p.48。

25.《普京向美法领导人致电祝贺世界反法西斯战争胜利 75 周年》，新华网，2020 年 5 月 9 日，www.xinhuanet.com/world/2020-05/09/c_1125961638.htm。

26. Jamie Dettmer，"Is Russia Trying to Revive French Courtship?"，Jan.13，2021，https：//www.voanews.com/europe/russia-trying-revive-french-courtship.

27. Manuel Lafont Rapnouil，"Alone in the Desert? How France can Lead Europe in the Middle East，" European Council on Foreign Relations Policy Brief，Apr. 2018，p.18.

28. Morgan Fox，"A 'Strategic Dialogue' on the Ropes：What France-Russia Relations Mean for Europe"，*The Observer*，Nov.13，2020，https：//theobserver-qiaa.org/a-strategic-dialogue-on-the-ropes-what-francerussia-relations-means-for-europe.

29. 吴志成：《英国脱欧对欧洲及世界格局的影响》，《光明日报》2019 年 1 月 17 日，第 12 版，http://epaper.gmw.cn/gmrb/html/2019-01/17/nw.D110000gmrb_20190117_2-12.htm。

30. 戴尚昀：《疫情考验欧洲协同治理能力》，2020 年 3 月 18 日，海外网，http://opinion.haiwainet.cn/n/2020/0318/c353596-31745068.html。

31. 李宏策：《开放和透明让中法科研合作汇流》，《科技日报》2019 年 9 月 26 日，第 2 版。

32. 张春：《涉非三方合作：中国何以作为?》，《西亚非洲》2017 年第 3 期，第 19 页。

33.《王毅分别同俄罗斯外长、法国外长和伊朗外长通电话》，《人民日报》2020 年 1 月 5 日，第 3 版。

34. Alexandra de Hoop Scheffer，Martin Quencez，"The U.S.-France Special Relationship：Testing the Macron Method"，The German Marshall Fund of the United States Policy Brief，April 2018，p.3.

35. "USA blockieren UN-Resolution zu Coronavirus-Pandemie"，*Deutsche Welle*，May.9，2020，https：//www.dw.com/de/usa-blockieren-un-resolution-zu-coronavirus-pandemie/a-53376308.

36. 李鸿涛：《中法携手抗疫践行多边主义》，《经济日报》2020 年 4 月 3 日，第 7 版。

37. 王朔：《法国正打造新的对华战略》，《环球时报》2019 年 11 月 15 日，第 14 版。

38. 李永群：《中国是我们重要的合作伙伴——访法国前国民议会议员布朗斯汀》，《人民日报》2020 年 3 月 17 日，第 3 版。

39. Axel Hellman，"How has European Geostrategic Thinking towards Russia Shifted since 2014?" European Leadership Network，Jul. 2019，p.12.

40. 冯玉军：《俄罗斯战略视野下的"后疫情时代"国际秩序》，《世界知识》2020 年第 9 期，第 75 页。

附录:后冷战时期法俄关系大事记

1992 年

2 月 5—7 日,俄罗斯联邦总统叶利钦访问法国。

2 月 7 日,法国与俄罗斯签署双边协议,承认俄罗斯是苏联的唯一继承国。

2000 年

10 月 30 日—11 月 1 日,俄罗斯总统普京访问法国,并与法国总统希拉克和总理若斯潘会晤,出席俄欧峰会。

2002 年

1 月 15 日,俄罗斯总统普京访问巴黎,与法国总统希拉克会晤。法国提议建立法俄外长和防长"2＋2"安全委员会,得到普京支持,旨在对俄罗斯—北约、俄罗斯—欧盟关系进行有益的补充。

2003 年

2 月 10—12 日,俄罗斯总统普京访问巴黎,与法国总统希拉克和总理拉法兰会晤。

11 月 7 日,俄罗斯总统普京访问巴黎,与法国总统希拉克会晤。

2004 年

4 月 4 日,法国总统希拉克访问俄罗斯,与普京总统会晤,并参观俄罗斯顶级机密的季托夫(Titov)航天系统控制中心,成为参观这一中心的西方第一人。

6 月 6 日,俄罗斯总统普京前往法国卡昂,出席盟军诺曼底登陆

60 周年纪念活动。

2006 年

9 月 22—23 日,俄罗斯总统普京前往巴黎出席法德俄三国元首峰会。

2010 年

12 月 24 日,法俄总统召开联合新闻发布会,宣布俄罗斯海军决定购买法国的"西北风"级两栖攻击舰。

2011 年

6 月 17 日,法俄两国签署两艘"西北风"级两栖攻击舰的军售合同,法国将为俄罗斯建造两艘"西北风"级两栖攻击舰,合同总价值为 12 亿欧元。

2012 年

6 月 1 日,俄罗斯总统普京访问巴黎,并与法国总统奥朗德会晤。

2013 年

2 月 27—28 日,法国总统奥朗德访问俄罗斯并与普京总统会面,主要讨论与俄罗斯相关的国际事务。

9 月 5—6 日,法国总统奥朗德前往圣彼得堡出席二十国集团圣彼得堡峰会。

2014 年

6 月 5—6 日,俄罗斯总统普京访问法国并与法国总统奥朗德会晤,出席盟军诺曼底登陆 70 周年纪念活动。

12 月 6 日,法国总统奥朗德在回国途中突访莫斯科,在伏努科沃国际机场与普京总统会晤,就乌克兰危机进行商讨。

2015 年

2 月 6 日,在访问基辅之后,法国总统奥朗德和德国总理默克尔访问莫斯科,与俄罗斯总统普京就乌克兰危机的和平倡议进行讨论。

2月11—12日,法国总统奥朗德、德国总理默克尔、俄罗斯总统普京和乌克兰总统波罗申科前往明斯克出席峰会,讨论乌克兰危机的和平倡议。

10月2日,俄罗斯总统普京访问巴黎,与法国总统奥朗德、德国总理默克尔以及乌克兰总统波罗申科会晤。

11月26日,继巴黎恐袭案之后,法国总统奥朗德与俄罗斯总统普京在莫斯科会晤,讨论在打击"伊斯兰国"组织方面的协调工作以及叙利亚冲突。

2016 年

10月19—20日,法国总统奥朗德前往德国柏林出席由德国总理默克尔主持的峰会,与俄罗斯总统普京以及乌克兰总统波罗申科就乌克兰危机展开磋商。

2017 年

5月29日,法俄两国元首峰会,法国总统马克龙对叙利亚冲突的态度发生根本改变,商谈双边合作的同时也抨击俄罗斯人权问题。

6月20日,法俄两国外长会晤,讨论反恐及地区热点问题。

7月8日,二十国集团汉堡峰会期间法俄两国元首会面,就气候变化及5月元首峰会合作计划的进展情况进行交流。

9月8日,法俄两国外长会晤,讨论地区热点问题、特里亚农市民对话机制。

2018 年

2月27日,法俄两国外长会晤,就叙利亚冲突、乌克兰危机、法俄关系以及2018年5月法国总统马克龙访俄准备工作进行讨论。

3月26日,因为索尔兹伯里间谍中毒案,法国加入英国、欧盟抵制俄罗斯的行动,驱逐俄罗斯4名外交官。

5月24—25日,法国总统马克龙出席圣彼得堡国际经济论坛,两国元首会面:马克龙强调在国际问题上与俄合作的必要性,并批评俄网络攻击以及马航 MH17 航班坠机事件。

7月15日,法国总统马克龙赴俄罗斯观看世界杯比赛时与俄罗斯总统普京见面,在叙利亚问题上的分歧减少。

8月,俄罗斯宣布禁止法国的"商业法国"在俄罗斯境内运营。

11月11日,俄罗斯总统普京参加法国纪念第一次世界大战结束百年活动的仪式。

11月27日,法俄两国外交部长会晤,就刻赤海峡事件中的俄方立场进行交流。

11月30日,二十国集团峰会间隙法俄两国元首会晤,就刻赤海峡事件进行交流。

2019 年

6月24日,法俄两国总理会晤(这是自 2013 年 10 月艾罗[Jean-Marc Ayrault]访俄以来的首次总理会面),讨论两国经济合作。

6月25日,法俄两国总理会谈,讨论两国在贸易、能源、经济、文化等领域的合作,以及叙利亚和乌克兰危机等问题。

6月28日,二十国集团大阪峰会期间,法俄两国元首会面,法国总统马克龙提出建设"欧俄安全信任新架构"。

8月19日,七国集团召开之前一周法俄两国举行元首峰会,讨论国际及区域热点问题,互有批评。

9月9日,第 12 次法国—俄罗斯安全合作理事会会议,重启两国"2+2"战略对话,两国外交部长和国防部长就乌克兰、叙利亚、伊朗、朝鲜等地区热点问题进行讨论;就马克龙提出的新欧洲安全架构以及重启与俄罗斯对话的构想进行交流;讨论美国退出《中导条约》后欧洲战略稳定的问题。

12月9日,俄罗斯总统普京访问巴黎,与法国总统马克龙、德国总理默克尔、乌克兰总统泽连斯基会晤。

2020 年

1月3日,法俄两国元首互通电话,就伊拉克和中东局势、叙利亚冲突、乌克兰危机、利比亚危机展开讨论。

7月16日,俄罗斯外交部和国防部官员访问巴黎,与法国同行就战略稳定、区域和国际危机包括伊朗、利比亚、叙利亚、非洲事务以及新冠肺炎疫情的地缘政治影响展开磋商,并为即将举行的两国安全事务委员会会议做准备。

9月8日,因纳瓦利内"中毒案"持续发酵,法国外交部表示将延期举行法俄"2+2"战略对话。

2021 年

3月30日,法德俄三国元首举行视频会议讨论公共健康及疫苗合作事宜,法德两国元首呼吁俄罗斯尊重纳瓦利内的人权、稳定乌克兰的局势,强调就白俄罗斯局势展开包容性对话的必要性;在利比亚问题上,法德两国元首强调法德俄三国共同致力于利比亚转型及安全稳定的重要性;就叙利亚人道主义形势表达关切;在伊朗核问题上,三国元首均表示要协作对话让伊朗重回谈判轨道。三国元首发表联合公报。

4月19日,法国发表声明请俄罗斯根据欧洲安全与合作组织(OSCE)的要求尊重车臣的人权。

6月7日,法德俄三国外交部长举行电话会议,就国际危机、纳卡冲突进行讨论。

7月2日,法俄两国元首互通电话,讨论扩大欧洲大陆战略稳定的结构性对话的必要性。马克龙总统重申法国希望在欧盟和俄罗斯之间建立更加信任的关系。

在乌克兰问题上,马克龙回顾了"诺曼底模式"的相关性,其中法国和德国充当调解人,使乌克兰和俄罗斯能够结束冲突并找到持久的解决方案。在利比亚问题上,马克龙呼吁俄罗斯和所有其他利益攸关方遵守已达成的协议,他确信这将使外国军队和民兵迅速撤离。

11月12日,在就利比亚问题召开的国际会议期间,法俄两国外长和防长举行"2+2"战略对话会,主要讨论战略稳定及欧洲安全所面临的挑战,具体包括乌克兰危机、萨赫勒-撒哈拉地区问题。同时,两国外长、防长也强调了两国所做出的共同努力。

11月15日,法俄两国元首通电话,就双边关系,白俄罗斯与欧盟国家边境难民危机等国际热点问题进行讨论。

参考文献

一、中文著作、论文

[美]布热津斯基:《大棋局——美国的首要地位及其地缘战略》,中国国际问题研究所译,上海:上海人民出版社 1998 年版。

[德]海因里希·奥古斯特·温克勒:《西方的困局:欧洲与美国的当下危机》,童欣译,北京:中信出版集团 2019 年版。

钱端升:《法国的政府》,北京:北京大学出版社 2009 年版。

[法]让-巴蒂斯特·迪罗塞尔:《外交史(1919—1984 年)》上册,汪绍麟等译,上海:上海译文出版社 1992 年版。

[法]让-巴蒂斯特·迪罗塞尔:《外交史(1919—1984 年)》下册,汪绍麟等译,上海:上海译文出版社 1992 年版。

[法]瓦莱里·吉斯卡尔·德斯坦:《法国人》,胡茂瑾译,北京:清华大学出版社 2016 年版。

[法]埃德加·莫兰:《反思欧洲》,康征、齐小曼译,北京:生活·读书·新知三联书店 2005 年版。

[法]费尔南·布罗代尔:《法兰西的特性:人与物》(上),顾良、张泽乾译,北京:商务印书馆 1995 年版。

陈乐民:《20 世纪的欧洲》,北京:生活·读书·新知三联书店 2007 年版。

冯绍雷:《20 世纪的俄罗斯》,北京:生活·读书·新知三联书店 2007 年版。

[法]乔治·杜比主编:《法国史》,吕一民、沈坚、黄艳红等译,北京:中国出版集团、商务印书馆 2010 年版。

[法]马克龙、福托里诺:《重塑法国:法国总统马克龙访谈录》,钱培鑫译,上海:上海人民出版社 2020 年版。

[法]吉埃斯贝尔:《希拉克传》,曹松豪译,北京:世界知识出版社 1995

205

年版。

张锡昌等:《战后法国外交史》,北京:世界知识出版社1993年版。

吕一民:《大国通史·法国通史》,上海:上海社会科学院出版社2007年版。

〔美〕亨利·基辛格:《大外交》,顾淑馨、林添贵译,海口海南出版社2010年版。

〔俄〕瓦·奥·克柳切夫斯基,《俄国史教程》第5卷,刘祖熙等译,北京:商务印书馆2009年版。

张宏明主编:《大国经略非洲研究》上册,北京:社会科学文献出版社2019年版。

张宏明主编:《大国经略非洲研究》下册,北京:社会科学文献出版社2019年版。

严双伍:《法国精神》,武汉:长江文艺出版社1999年版。

吴国庆:《战后法国政治史(1945—2002年)》,北京:社会科学文献出版社2004年版。

〔澳〕波波·罗:《孤独的帝国:俄罗斯与新世界无序》,袁靖、傅莹译,北京:中信出版社2019年版。

〔法〕帕特里克·布琼编:《法兰西世界史》,上海:上海教育出版社2018年版。

〔法〕乔治·杜比、罗贝尔·芒德鲁:《法国文明史 II:从17世纪到20世纪》,上海:东方出版中心2019年版。

韦德里纳:《面对超级强国》,张平译,上海:上海人民出版社2006年版。

彭姝祎:《从戴高乐到马克龙:法国的非洲政策变化轨迹与内在逻辑》,《西亚非洲》2019年第2期,第85—110页。

沈孝泉:《萨科齐的"相对大国"论内涵》,《瞭望》2008年第4期,第58页。

唐永胜:《法国精神变迁与大国责任担当》,《当代世界》2018年第7期,第17—20页。

杨洁勉:《当代大国相互定位及时代特征分析》,《国际展望》2020年第3期,第1—19页。

冯绍雷:《欧盟与俄罗斯:缘何从合作走向对立?——论围绕乌克兰"东—西"取向的三边博弈》,《欧洲研究》2015年第4期,第43—66页。

余南平:《法国在南部非洲国家的影响力塑造:以法国对非洲援助为视角》,《欧洲研究》2012年第4期,第90—108页。

赵纪周:《法国的叙利亚政策析论》,《欧洲研究》2017 年第 2 期,第 119—136 页。

张林初:《法国新版〈国防与国家安全白皮书评析〉》,《法国研究》2014 年第 1 期,第 1—8 页。

张红:《法国的俄苏研究:发展、影响因素及思考》,《国外社会科学》2020 年第 2 期,第 136—153 页。

张红:《马克龙政府对俄政策调整与法俄关系》,《国际展望》2020 年第 6 期,第 108—126 页。

张红:《法俄重启战略对话与合作:动因及局限》,《国际问题研究》2020 年第 6 期,第 77—93 页。

张红:《新世纪法国对俄"钟摆式"政策的国内外因素探析》,《俄罗斯研究》2018 年第 1 期。

张红、刘会宝:《俄罗斯国家身份探寻之旅》,《俄罗斯研究》2012 年第 3 期。

张红、刘会宝:《观念结构与转型时期的俄罗斯外交》,《东南亚纵横》2011 年第 9 期,第 86—91 页。

张红:《对俄关系考验欧美"团结"》,《文汇报》2021 年 5 月 21 日,第 8 版。

张红:《美俄攻守战》,《环球》2021 年第 9 期,第 14—16 页。

张红:《俄罗斯的 5G 战略及对中美 5G 博弈的态度分析》,观察者网,2021 年 3 月 20 日,参见 https://www.guancha.cn/zhanghong1/2021_03_20_584734.shtml。

张红:《法俄"特殊伙伴关系"强势回归了吗》,《文汇报》2019 年 8 月 21 日,第 6 版。

张红:《G8"复活"的可能性》,《环球》2018 年第 13 期,第 39—41 页。

张红:《"普特会"弦外之音》,《环球》2018 年第 15 期,第 26—27 页。

张骥:《欧债危机中法国的欧洲政策——在失衡的欧盟中追求领导》,《欧洲研究》2012 年第 5 期,第 29—45 页。

张骥:《法国的欧洲政策与欧洲的未来》,周弘主编:《认识变化中的欧洲》,北京:社会科学出版社 2013 年版。

张骥:《开放的独立外交——2017 年总统大选与马克龙政府的外交政策》,《欧洲研究》2017 年第 5 期,第 113—127 页。

张骥:《美国缺席的多边主义能否拯救世界》,《文汇报》2018 年 11 月 14 日,第 6 版。

张蕴岭、杨光斌等：《如何认识和理解百年大变局》，《亚太安全与海洋研究》2019年第2期，第1—14页。

张蕴岭：《百年大变局：变什么》（上），《世界知识》2019年第8期，第72页。

赵慧杰：《法国对非洲政策的调整及其战略构想》，《西亚非洲》1999年第1期，第31—36页。

《帝国轨迹：20世纪的非洲和俄国——简·伯班克与弗雷德里克·库珀在华东师范大学的讲演》，《文汇报》2014年7月28日，第12版。

海镜：《俄海军"重返大洋"的重要一步》，《解放军报》2020年11月21日，第4版。

刘畅：《俄罗斯释放"重返非洲"强烈信号》，《文汇报》2019年10月26日，第5版。

董媛琪：《俄在非洲"保障点"的反制意义》，《解放军报》2020年11月26日，第11版。

徐超：《普京：地缘博弈牌局"老手"》，《新华每日电讯》2019年12月19日，第7版。

陈小沁、王璐：《从北溪-2项目看德俄关系及俄美欧三方博弈》，《俄罗斯学刊》2021年第11卷总第62期，第92—107页。

张建：《大国博弈背景下的俄罗斯中东政策》，《和平与发展》2020年第3期，第77—95页。

魏敏：《俄罗斯对中东国家的经济外交与大国地位塑造》，《阿拉伯世界研究》2020年第2期，第3—22页。

高飞：《俄罗斯介入叙利亚会如何影响中东局势的变化?》，《当代世界》2016年第2期，第18—19页。

唐志超：《俄罗斯强势重返中东及其战略影响》，《当代世界》2018年第3期，第21—25页。

庞大鹏：《俄罗斯外交战略中的中东》，《俄罗斯中亚东欧研究》2006年第1期，第74—81页。

俄罗斯国际事务委员会：《俄罗斯与大中东》，粟瑞雪、李燕编译，《俄罗斯学刊》2016年第1期，第12—28页。

段君泽：《俄罗斯与中东国家军事关系的历史与现状》，《国际研究参考》2020年第3期，第38—47页。

周承、朱威烈：《俄罗斯欲借中东事务构建地区战略均势》，《俄罗斯研究》

2006 年第 1 期,第 2—5 页。

彭玲:《俄罗斯在中东的国家利益解读》,《西安交通大学学报》(社会科学版)2015 年第 35 卷第 5 期,第 66—71 页。

朱长生:《俄罗斯中东战略的新动向及其影响》,《当代世界》2020 年第 3 期,第 26—30 页。

申林:《俄罗斯中东政策的演变》,《西伯利亚研究》2012 年第 1 期,第 24—27 页。

王京烈:《俄罗斯重返中东刍议》,《西亚非洲》1995 年第 2 期,第 24—28 页。

母耕源:《法国对伊朗的政策演变及其对伊核问题的影响》,《区域与全球发展》2018 年第 6 期,第 121—134 页。

田德文:《法国能否成为第三种力量?》,《当代世界》2016 年第 2 期,第 30—33 页。

张宜健:《法国全面重返北约的影响要素探析》,《法国研究》2010 年第 1 期,第 16—22 页。

母仕洪、冀开运:《法国在两伊战争中的外交政策探析》,《内蒙古民族大学学报》(社会科学版)2017 年第 3 期,第 68—74 页。

袁胜育:《冷战后俄罗斯与中东主要国家间的关系》,《俄罗斯研究》2003 年第 3 期,第 29—36 页。

盛世良:《论中东形势对俄罗斯的影响》,《阿拉伯世界研究》2011 年第 5 期,第 14—19 页。

余国庆:《马克龙时代法国中东政策初探》,《当代世界》2017 年第 9 期,第 42—45 页。

母耕源:《马克龙政府的中东政策》,《国际问题研究》2019 年第 6 期,第 99—110 页。

毕洪业:《中东战略的支点:俄罗斯地缘外交中的叙利亚》,《俄罗斯东欧中亚研究》2016 年第 2 期,第 23—35 页。

徐广淼:《变动世界中的北极秩序:生成机制与变迁逻辑》,《俄罗斯东欧中亚研究》2021 年第 1 期,第 106—124 页。

兰顺正:《俄罗斯强化北极地区力量部署》,《解放军报》2020 年 12 月 3 日,第 11 版。

二、法文著作、文章

1. 法文著作

Hélène Carrère d'Encausse, *La Russie et la France : De Pierre le Grand à Lénine*, Fayard, 2019.

Hélène Carrère d'Encausse, *La Russie entre Deux Mondes*, Pluriel, janvier 2016.

Jean De Gliniasty, *Petite Histoire des relations franco-russes*, février 2021.

Jean Robert Raviot et al., *Russie : vers une nouvelle guerre froide?*, La Documentation Française, 2016.

Thierry de Montbrial, Thomas Gomart, *Notre Intérêt National : Quelle Politique Etrangère pour la France?*, Editions Odile Jacob, janvier 2017.

L'avenir des relations franco-russes, l'Institut Diderot, Automne 2015.

Sous la direction d'Arnaud Dubien, *RUSSIE 2016 : Regards de l'Observatoire franco-russe*, Agence Novyi Vek Media (NVM)/Les Editions L'Inventaire, 2016.

2. 法文文章

Sophie Dakaton, «France-Russie : Une Relation à Réinventer», *Outre-Terre*, N°33—34, 2012/3, pp.381—384.

Pierre-Emmanuel Thomann, «Géopolitique de la France et réforme du projet européen : les avantages d'un pivot vers la Russie», *Méthode : Revue des Instituts franco-russes*, N°22, Oct-Nov 2020, pp.5—31.

Françoise Thom, «France-Russie : les liaisons dangereuses?», *la revue géopolitique*, le 15 février 2020.

Sonia Le Gouriellec, «Un regard sur la politique africaine de Nicolas Sarkozy dans le pré carré francophone», *Dynamiques Internationales*, N°4, mai 2011, pp.1—16.

Arnaud Kalika, «Le "Grand Retour" de la Russie en Afrique?», *Russie. Nei. Visions*, N°114, IFRI, avril 2019.

Arnaud Kalika, «Le Brouillard Manichéen de la Relation Franco-russe», *la Revue des Deux Mondes*, septembre 2015.

Aline Leboeuf, Hélène Quénot-Suarez, «Renouvellement et impensé stratégique», *La Politique Africaine de la France sous François Hollande*, IFRI, 2014.

Alice Besacier-Picard, *Acteurs de la politique arctique russe : des divergences à coordonner*, Centre d'études supérieures de la Marine, 2013.

Lasserre F., «La course à l'appropriation des plateaux continentaux arctiques, un mythe à déconstruire», *Géoconfluences*, septembre 2019.

Marlène Laruelle, «La Politique Arctique de la Russie : Une Stratégie de Puissance et Ses Limites», *Russie. Nei. Visions*, N°117, IFRI, mars 2020.

Hélène Ruaut, «L'ouverture de l'Arctique : enjeux géoéconomiques et enjeux de puissance de la Fédération de Russie», *Géographie*, 2016.

Philippe Faure, La Place de la France dans le Monde : Un Défi Permanent, *La Revue Internationale et Stratégique*, automne 2006.

Indra Øverland, La politique énergétique de la Russie en Arctique, Journal *Études Internationals*, 42(2), juin 2011, pp.145—158.

Alexandre Taithe, avec Isabelle Façon, Patrick Hébrard, Bruno Tertrais, Arctique : perspectives stratégiques et militaires, la Fondation pour la Recherche Stratégique N°03, 2013.

Emmanuelle Quillérou, Mathilde Jacquot, Annie Cudennec, Denis Bailly, Arctique : opportunités, enjeux et défis, janvier 2015, pp. 55—67, ocean-climate.org.

Frédéric Lasserre, Les changements climatiques : moteur des politiques étrangères en Arctique?, *la revue géopolitique*, le 10 mai 2020.

Thierry Garcin, Géopolitique. L'Arctique ou les Arctiques?, *la revue géopolitique*, le 5 juin 2021.

Vers une amélioration des relations entre la Russie et l'Union européenne? Etude sur le rôle de la coopération en matière de lutte contre le terrorisme dans les relations Russie-Union européenne, Global Studies Institute de l'Université de Genève Collection 'Mémoires Électroniques', Vol.94, septembre 2017.

3. 法文官方文件

Jean-Pierre Chevènement，Colloque France-Russie：Préserver—et pourquoi pas? développer—la relation franco-russe en 2014，le 24 avril 2014.

Konstantin Kossatchev，M. Christian Cambon，Rapport Conjoint N°484，Session Ordinaire de 2019—2020，«un agenda de confiance entre la France et la Russie»，Sénat，le 3 juin 2020.

la commission des affaires européennes，*Rapport d'Information N°499 sur la politique de l'Union européenne pour l'Arctique*，Session Extraordinaire de 2016—2017，Sénat，le 5 avril 2017.

Robert del Picchia，Josette Durrieu et Gaëtan Gorce，*Rapport d'Information N°21*，Session Ordinaire de 2015—2016，Sénat，le 7 octobre 2015.

la commission des affaires européennes，*Rapport d'Information N°684 sur les stratégies européennes pour l'Arctique*，Session Extraordinaire de 2013—2014，Sénat，le 2 juillet 2014.

L'accord entre la France et la Russie relatif à la coopération en matière de sécurité intérieure et de lutte contre la criminalité，No°1365，l'Assemblée nationale，le 21 janvier 2004.

Le grand défi de l'arctique：Feuille de Route Nationale sur l'Arctique，le ministère des Affaires étrangères et du Développement international，juin 2016.

Anna Fotyga，Projet de Rapport sur l'Arctique：perspectives，problématiques et enjeux de sécurité(2020/2112(INI))，Commission des affaires étrangères，Parlement européen(2019—2024).

三、英文著作、文章、报告

Roberta Haar and Gergana Noucheva，"The Russian dilemma for NATO and the EU"，*Atlantisch Perspectief*，Vol.44，No.6(2020)，pp.17—22.

Kadri Liik，Winning the Normative War with Russia：An EU-Russia Power Audit，European Council on Foreign Relations(2018).

Trine Flockhart，A New Transatlantic Relationship? European Responses to U.S. Global Hegemony，No 13，Danish Institute for International Studies (2007).

Scott Lawless, "American Grand Strategy for an Emerging World Order", *Strategic Studies Quarterly*, Vol. 14, No. 2 (Summer 2020), pp.127—147.

Deborah Welch Larson and Alexei Shevchenko, "Status Seekers: Chinese and Russian Responses to U. S. Primacy", *International Security*, Vol. 34, No.4(Spring 2010), pp.63—95.

Mario Esteban and Miguel Otero-Iglesias et al. (ed), Europe in the Face of US-China Rivalry, A Report by the European Think-tank Network on China (ETNC)(Jan. 2020).

Luis Simón, Linde Desmaele and Jordan Becker, "Europe as a Secondary Theater? Competition with China and the Future of America's European Strategy", *Strategic Studies Quarterly*, Vol.15, No.1(Spring 2021), pp.90—115.

Kadri Liik, European Policy on Russia: Unity for Power, Trade-offs for Unity, Exploring EU Coalitions, Edited by Josef Janning, Christel Zunneberg, Christoph Klavehn, European Council on Foreign Relations(2017).

Zofia Studzińska, "How Russia, Step by Step, Wants to Regain an Imperial Role in the Global and European Security System", *Connections*, Vol.14, No.4(Fall 2015), pp.21—42.

Tony van der Togt, "How the US and Europe could realign their Russia and China policies after the Presidential Elections", *Atlantisch Perspectief*, Vol.44, No.5(2020), pp.53—58.

Andrew S. Weiss, Russia and Europe: Stuck on Autopilot, Carnegie Endowment for International Peace(2020).

Ulrich Krotz and Richard Maher, International Relations Theory and the Rise of European Foreign and Security Policy, *World Politics*, Vol.63, No. 3 (Jul. 2011), pp.548—579.

Alina Polyakova, Strange Bedfellows: Putin and Europe's Far Right, *World Affairs*, Vol.177, No.3(Sep./Oct. 2014), pp.36—40.

"The state of transatlantic relations", *Transatlantic Trends 2020: Transatlantic opinion on global challenges before and after COVID -19*, German Marshall Fund of the United States(2020).

Iver B. Neumann, "Russia as a Great Power, 1815—2007", *Journal of*

International Relations and Development (2008) 11, pp.128—151.

Brittany Beaulieu and Steven Keil, *Russia As Spoiler: Projecting Division in Transatlantic Societies*, German Marshall Fund of the United States (2018).

Dmitri Trenin, "Russia Leaves the West", *Foreign Affairs*, Vol. 85, No.4(Jul.—Aug., 2006), pp.87—96.

Geir Flikke, "Inviting Europe", *Damage Limitation and Decline in Institutional Powers: Russia's Perception of the EU as a Security Actor 1999—2002*, Norwegian Institute for International Affairs(NUPI)(2003).

Sergey Utkin, Together and apart: Russian debate on Europe, European Leadership Network(2019).

Deborah Welch Larson and Alexei Shevchenko, "Shortcut to Greatness: The New Thinking and the Revolution in Soviet Foreign Policy", *International Organization*, Vol.57, No.1(Winter, 2003), pp.77—109.

Eugene Rumer and Richard Sokolsky, The Building Blocks of Russian Strategic Culture, *Etched in Stone: Russian Strategic Culture and the Future of Transatlantic Security*, Carnegie Endowment for International Peace (2020).

Victor Hugo, "The Franco-German Couple as the Pillars of Peace in Europe", *The Idea of Europe: Enlightenment Perspectives*, Editor(s): Catriona Seth and Rotraud von Kulessa, Open Book Publishers.

Jeff Lightfoot, *The French-American Alliance in an America-First Era*, pp.1—13, Atlantic Council(2018).

Jean Chesneaux, "The Function of the Pacific in the French Fifth Republic's 'Grand Design': Theory and Practice of the 'Puissance Mondiale Moyenne'", *The Journal of Pacific History*, Vol.26, No.2(Dec., 1991), pp.256—272.

Peter E. Harrell, Tom Keatinge, Sarah Lain and Elizabeth Rosenberg, *The Future of Transatlantic Sanctions on Russia*, Center for a New American Security(2017).

"The State of Transatlantic Relations", *Report: Transatlantic Trends 2020: Transatlantic Opinion on Global Challenges before and after COVID-19*,

German Marshall Fund of the United States(2020).

Eugene Rumer and Richard Sokolsky, Sources of Russian Foreign Policy Behavior, *Report*: *Thirty Years of U.S. Policy Toward Russia*: *Can the Vicious Circle Be Broken?*, Carnegie Endowment for International Peace(2019).

Doug Stokes and Richard G. Whitman, "Transatlantic triage? European and UK 'grand strategy' after the U.S. rebalance to Asia", *International Affairs*, Vol.89, No.5(Sep. 2013), pp.1087—1107.

Eugene Rumer, Richard Sokolsky and Aleksandar Vladicic, "A European Power, Not an Asian One", *Report*: *Russia in the Asia-Pacific*: *Less Than Meets the Eye*, Carnegie Endowment for International Peace(2020).

Andrei P. Tsygankov, "Assessing Cultural and Regime-Based Explanations of Russia's Foreign Policy: Authoritarian at Heart and Expansionist by Habit?", *Europe-Asia Studies*, Vol.64, No.4(Jun. 2012), pp.695—713.

Hugo Klijn and Bob Deen, *Coming in from the Cold Macron's overtures towards Russia deserve support, not scorn*, Clingendael Institute(2020).

Éric André Martin, *COVID -19 Reveals Europe's Strategic Loneliness*, Istituto Affari Internazionali(IAI)(2020).

Alistair Cole and Helen Drake, "Europeanisation of French Politics?", *Economic and Political Weekly*, Vol. 33, No. 35 (Aug. 29—Sep. 4, 1998), pp.PE99—PE106.

Thomas Gomart and Marc Hecker(eds), *Foreign Policy Challenges for the Next French President*, IFRI(Apr. 2017).

Ronald Tiersky, "France in the New Europe", *Foreign Affairs*, Vol.71, No.2(Spring, 1992), pp.131—146.

Thomas Gomart, "France's Russia Policy: Balancing Interests and Values", *The Washington Quarterly* Vol.30, No.2(Spring 2007), pp.147—155.

James Long, "Franco-Russian Relations during the Russo-Japanese War", *The Slavonic and East European Review*, Vol. 52, No. 127 (Apr. 1974), pp.213—233.

Angela Stent, Franco-Soviet Relation from De Gaulle to Mitteran(Mar. 1989).

Julie M. Newton, "Gorbachev, Mitterrand and the Emergence of the Post-

Cold War Order in Europe", *Europe-Asia Studies*, Vol.65, No.2, Special Issue: Perestroika: A Reassessment(Mar. 2013), pp.290—320.

Hubert Védrine, Dominique Moïsi and Philip H. Gordon, "Classic Diplomacy in the Information Age: Hubert Védrine Explains French Foreign Policy, France in an Age of Globalization", *Foreign Affairs*, Vol. 80, No. 4 (Jul.—Aug. 2001), pp.137—142.

Andrii Kutsenko, "Emmanuel Macron and Franco-Russian relations at the present stage", *Political Science and Security Studies Journal*, Vol. 1, No.1(Sept. 2020), pp.94—100.

Juliette Faure, "Macron's Dialogue With Russia: A French Attempt to Fix the European Security Architecture", *Russia Matters*, May 12, 2021.

Troitiño, David Ramiro and Färber, Karoline and Boiro, Anni, "Mitterrand and the Great European Design—from the Cold War to the European Union", *Baltic Journal of European Studies*, Vol.7, No.2(2017), pp.132—147.

Angela E. Stent, "Restoration and Revolution in Putin's Foreign Policy", *Europe-Asia Studies*, Vol.60, No.6, Power and Policy in Putin's Russia(Aug. 2008), pp.1089—1106.

Marie Mendras, "Russia—France: A Strained Political Relationship", *Russian Analytical Digest*, No.130(Jul.1, 2013), pp.2—8.

Sophie Pedder, "Atypically French: Sarkozy's Bid to Be a Different Kind of President", *Foreign Affairs*(May.—Jun. 2007), Vol.86, No.3, pp.122—127.

Ulla Holm, Sarkozysm: New European and Foreign Policy into Old French Bottles?, DIIS Working Paper(2009:30).

Alice Billon-Galland, The 2017 French Presidential Election: Leading Candidates' Positions on NATO, EU Defence, and Russia, European Leadership Network(2017).

D.N. Collins, "The Franco-Russian Alliance and Russian Railways, 1891—1914", *The Historical Journal*(Dec. 1973), Vol.16, No.4, pp.777—788.

The Franco-Russian Alliance, The American Advocate of Peace and Arbitration, Vol.52, No.6(Oct.—Nov. 1890), p.152.

The Illusive Mitterrand and French Foreign Policy, The Heritage Foundation(Aug. 3, 1981).

Gadi Heimann, "What Does It Take to Be A Great Power? The Story of France Joining the Big Five", *Review of International Studies*, Vol. 41, No.1(Jan. 2015), pp.185—206.

John B. Wolf, "The U.S.S.R.: France's Dilemma", *World Affairs*, Vol.101, No.2(Jun. 1938), pp.81—86.

Why the Concept of Gaullo-Mitterrandism Is Still Relevant, Le point de vue de Pascal Boniface(avril 2019).

Steven Keil and Sophie Arts, Strategic Spiral: Arms Control, U.S.-Russian Relations and European Security, German Marshall Fund of the United States(2020).

CSIS European Trilateral Track 2 Nuclear Dialogues 2020 Consensus Statement, Center for Strategic and International Studies(CSIS)(2021).

Marta Domínguez-Jiménez and Niclas Poitiers, FDI another day: Russian reliance on European investment, Bruegel(2020).

Pieter D. Wezeman, Aude Fleurant, Alexandra Kuimova, Nan Tian and Siemon T. Wezeman, Trends In International Arms Transfers 2017, Stockholm International Peace Research Institute(2018).

Pieter D. Wezeman, Aude Fleurant, Alexandra Kuimova, Nan Tian and Siemon T. Wezeman, Trends In International Arms Transfers 2018, Stockholm International Peace Research Institute(2019).

Pieter D. Wezeman, Aude Fleurant, Alexandra Kuimova, Diego Lopes Da Silva, Nan Tian and Siemon T. Wezeman, Trends In International Arms Transfers 2019, Stockholm International Peace Research Institute(2020).

Zhihui Ma, Xinlei Pei, Yunfeng Yi, Yi Liu and Xiaotao Zhang, "The Impact of the Ukraine Crisis on the Planning of Russian-European Natural Gas Pipeline Projects", *Journal of Coastal Research*, Special Issue No.98: Recent Developments in Practices and Research on Coastal Regions: Transportation, Environment and Economy(Winter 2019), pp.392—401.

Samuel Ramani, "'Engaged Opportunism' Russia's Role in the Horn of Africa", the Foreign Policy Research Institute(Jul. 2020).

Giovanni Faleg and Carlo Palleschi, African Strategies, European and global approaches towards sub-Saharan Africa, Chaillot Paper/158(Jun. 2020).

Francis Kornegay, Global Commons Security: An African Grand Strategy?, Institute for Global Dialogue(2021).

Mathew Burrows, How the US Does Foresight The United States' Difficulty in Accepting Multipolarity, European Union Institute for Security Studies (EUISS)(2021).

Elizabeth Sidiropoulos and Chris Alden, Russia in Africa—post-Soviet reengagement, Inside the Russia-Africa matryoshka: Summitry, Geopolitics and Resources, South African Institute of International Affairs(2019).

Zvi Magen, Vera Michlin-Shapir, Daniel Rakov and Yoel Guzansky, Russia in the Middle East and Africa: A Higher Gear or Media Buzz?, Institute for National Security Studies(2019).

Gerrit Olivier and Dmitry Suchkov, "Russia is Back in Africa", *Strategic Review for Southern Africa*, Vol.37, No 2(2015).

Jakob Hedenskog, Russia is Stepping Up its Military Cooperation in Africa, Swedish Defence Research Agency(2018).

Eugene Rumer, Russia Returns to North Africa, Russia in the Middle East: Jack of all Trades, Master of None, Carnegie Endowment for International Peace(2019).

Gerrit Olivier, Russia's rediscovery of Africa, South Africa in the World Navigating a Changing Global Order, Chisola Chembe, Jesuloba Ilesanmi, Remofiloe Lobakeng, Simphiwe Mongwe and Arina Muresan, Arina Muresan, Philani Mthembu(eds), Institute for Global Dialogue(2020).

Changes in the Arctic: Background and Issues for Congress, Congressional Research Service(May 17, 2021).

Elevating the Conversation and Dispelling the Great Misunderstandings, Sovereign Solidarity: France, the US, and Alliances in a Post-Covid World, Jeffrey Lightfoot and Olivier-Rémy Bel(eds), the Atlantic Council(2020).

Glenn Diesen, "Europe as the Western Peninsula of Greater Eurasia", *Journal of Eurasian Studies*, Vol.12 No.1(2021), pp.19—27.

Tony van der Togt, "In Search of a European Russia Strategy", *Atlantisch Perspectief*, Vol. 44, No. 1, Special Edition: Putin's Russia (2020), pp.36—41, Stichting Atlantische Commissie.

Stronger Together: A Strategy to Revitalize Transatlantic Power, Harvard Kennedy School Belfer Center for Science and International Affairs, DGAP(Dec. 2020).

Pierre Rimbert, The Battle over Nord Stream 2, Le Monde diplomatique (May 2021).

Jana Puglierin and Ulrike Esther Franke, The Big Engine That Might: How France and Germany Can Build A Geopolitical Europe, European Council on Foreign Relations(2020).

Abdurrahim Siradağ, "Understanding French Foreign and Security Policy towards Africa: Pragmatism or Altruism", *Afro Eurasian Studies Journal* Vol 3. Issue 1(Spring 2014), pp.100—122.

Martin Rempe, "Decolonization by Europeanization? The Early EEC and the Transformation of French-African Relations", KFG Working Paper No.27(May 2011).

四、英文文件、档案

A Comprehensive EU Strategy for Africa Trade and Investments, Policy Department for External Relations, Briefing N°3, the European Parliament (2020).

Joint Communication to the European Parliament and the Council, Towards a comprehensive Strategy with Africa, Brussels(Mar.9, 2020).

Martin Russell, Eric Pichon, Russia in Africa: A New Arena for Geopolitical Competition, European Parliament(2019).

Renewed Great Power Competition: Implications for Defense—Issues for Congress, Mar.4, 2021, Issues for Congress(2021).

Christian von Soest, The End of Apathy: The New Africa Policy under Joe Biden, German Institute of Global and Area Studies(GIGA)(2021).

Elmar Sulk, What's next for the United States? Part 1: Foreign and Security Policy, Konrad Adenauer Stiftung(2021).

Arctic Climate Change Update 2021: Key Trends and Impacts, the Arctic Council(2021).

图书在版编目(CIP)数据

霸权之侧:后冷战时期法俄相处之道/张红著.—
上海:上海人民出版社,2021
ISBN 978-7-208-17528-0

Ⅰ.①霸… Ⅱ.①张… Ⅲ.①外交关系-研究-法国
、俄罗斯-现代 Ⅳ.①D856.52 ②D851.22

中国版本图书馆 CIP 数据核字(2021)第 262462 号

责任编辑 王 琪
封面设计 谢定莹

霸权之侧
——后冷战时期法俄相处之道
张 红 著

出　　版　上海人民出版社
　　　　　(201101　上海市闵行区号景路 159 弄 C 座)
发　　行　上海人民出版社发行中心
印　　刷　常熟市新骅印刷有限公司
开　　本　635×965　1/16
印　　张　14.5
插　　页　2
字　　数　212,000
版　　次　2021 年 12 月第 1 版
印　　次　2021 年 12 月第 1 次印刷
ISBN 978-7-208-17528-0/D·3893
定　　价　58.00 元